日本の台所とキッチン一〇〇年物語

阿古真理

平凡社

日本の台所とキッチン一〇〇年物語　もくじ

第二章

主婦たちの夢、台所の近代化

第五章 居住権がない国で 291

はじめに

庶民は、まともなキッチンを使えない？

改めて考える、キッチンとは？

本書の企画は、私自身が、東京都心にアクセスがよい地域で部屋探しを始めたことがきっかけで生まれた。私は夫と二人暮らしだが、私たちの予算では、心身ともに健康を損なわずに暮らせ、「まっとうで使いやすいキッチン」があるファミリー向けの賃貸住宅はほとんどない、という現実にぶち当たり、七転八倒の日々がざっくり一年半も続いた。

中流層の暮らしが近代化されてから約一〇〇年。途中で過酷な戦争の時代はあったものの、復興に成功した日本は、曲がりなりにも経済大国の一角を占めたはずだった。それなのに、人の命を支えるキッチンが、いまだに庶民には狭くて使いづらいものばかり提供されているのはなぜなのか。二〇二一年夏、「令和の台所改善運動」と名づけ、日本のキッチンがどんな歩みで今に至ったのか、探るプロジェクトを開始。本書はその一環で執筆している。

まず、読者の皆さんと問題意識を共有するため、キッチンの基礎知識を押さえておきたい。キッチンは、調理と後片づけ、掃除という家事が行われる場所である。必要な食材や調味料、鍋やお玉などのキッチンツール、食器、炊飯器、電子レンジ、冷蔵庫などの調理家電・ガス器具の収納場所でもある。入りきらない場合は、隣接する部屋や通路、パントリー（収納庫）などに置く。

食事の支度では、食材を洗って切って火を入れる、加工食品を温めるといった調理を行い、器に盛りつけ食卓に運ぶ。調理中は待ったなしの作業が多いので、動線は効率的なことが望ましい。使ったザルや鍋などの道具や、食べた後の食器を下げて洗い、片づける場でもある。食器洗い乾燥機（食洗機）に入れる場合もある。一から調理すると、水や油脂、食材の切れ端が飛び散り汚れるので、キッチン自体も清掃する。

キッチンとダイニングが同じ空間にある家なら、そばにおしゃべりする家族や、宿題や書きものをする人がいるかもしれない。二人以上が一緒に作業する場合もあるだろう。キッチンは、コミュニケーションの場にもなる。

家にいるときは、ほとんどキッチンで過ごす台所の担い手もいる。家庭によってはキッチンが暮らしの中心にある。逆に、ほとんどの食事が外食で家では料理はしないなら、シンクでペットボトルなどを洗う以外にほぼ何も使わないかもしれない。いずれの場合も、現代日本の住まいには、必ず火と水が使えるキッチンが置かれている。つまり、人が暮らすうえで必要不可欠、という意味では共通の理解がある。

キッチンの位置と方角

キッチンの一般的な形も押さえておきたい。

戸建て住宅では、キッチンから外に出る勝手口があり、家の裏手に常温で保存できる食品や、ゴミ箱を置ける場合がある。そこから出かけることもできるし、昔なら御用聞きがモノを届けに来る入り口でもあった。マンションなどでは、出入り口が玄関だけの家が多いが、その場合は買ってきた食材を置くため、キッチンが玄関から行きやすい位置にあることが望ましい。

日当たりは、重要な要素である。冷蔵庫がなかった時代は、食べものを腐らせないため北側に設けられる台所が多かったが、とても寒かった。電気冷蔵庫が普及し、南側にキッチンを置く住まいもふえたが、西向きは望ましくない。朝、気持ちいい東向きのキッチンはよい。窓がなくても、通気性は確保したい。

独立型のキッチンなら、出入り口が二カ所あると、回遊性が高まり、お互いが邪魔にならないよう避《よ》けられるので、家族で一緒に作業しやすくなる。出入り口が二つある場合は「ツーウェイ動線」と呼ぶ。

どんなレイアウトが使いやすい?

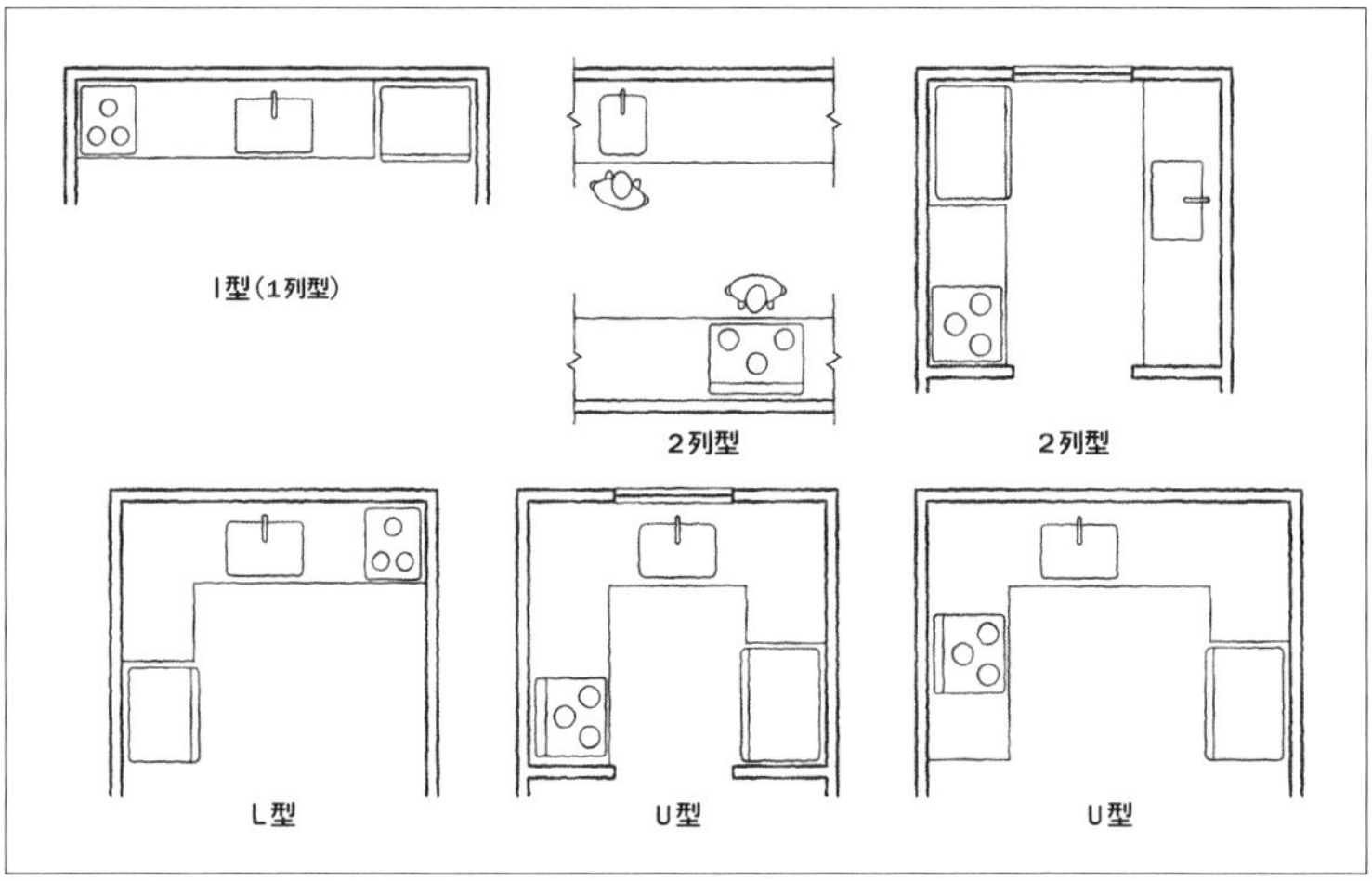

一般的なキッチンのレイアウトパターンは、これだけある。

キッチンには、壁側に台を置き、コンロやシンク、作業台をセットした壁付型と、ダイニング側を向いて作業する対面型がある。シンクやコンロがある台を天板（ワークトップ）と言う。素材はステンレス、人工（人造）大理石が一般的だ。天板の下のキャビネットに引き出しまたは扉をつけることが一般的で、中は収納である。表面の素材を面材と言い、ここにどんな素材のどんな色を使うかは流行がある。

出し入れしやすさや通気性、中身の把握しやすさを考え、キャビネットをオープンにしたモノを、フレームキッチンなどと呼ぶ。割安だが、中のモノに汚れがつきやすく、ゴチャゴチャしている、と見た目を気にする人もいる。見せる収納と、隠す収納のどちらがよいかは、好みやライフスタイルによって異なる。最近は対面キッチンで、開放感を重視し、以前は主流だったダイニング側の吊戸棚をつけないケースがふえている。

天板が二列ある場合を、二列型キッチンと言う。対面キッチンの場合は、壁側に調理家電置き場や作業台として使える棚があるか、壁付キッチンで対面側に台つき収納が置かれる。シンクとコンロが壁側、対面側に分かれているキッチンもあり、作業効率は高いが、食材を移動させる際、床が濡れがちだ。二列型で、対面側の両サイドから出入りできるアイランドキッチンも人気だ。片方が壁についている場合は、ペニンシュラ型と呼ぶ。

対面側の天板の奥行きを広く取って、ダイニング側をカウンターテーブルにする場合もある。その際はキッチンを一段下げる、あるいは椅子をハイスツールにするなどの工夫が必要だ。テーブルの高さは七〇〇ミリほどが使いやすいが、立って作業する天板の高さは八五〇ミリが一般的で、一五〇ミリの差ができるからだ。

壁を挟んで直角で天板がつながっているキッチンをL字型と言い、回り込んで三方向に台がある場合をコの字型（U字型）と言う。どちらの場合も、コーナーの収納をデッドスペースにしない工夫が必要である。この型のキッチンは、一人で作業するなら動線が短いため効率的であると同時に、天板が広く使える。

キッチンのサイズ

キッチン・バス工業会の分類では、天板の幅（長さ）が九〇〇～一三五〇ミリで奥行き五〇〇ミリがミニキッチン、幅一二〇〇～一九五〇ミリがコンパクトキッチンとされている。サイズに被りがあるのが気になるが、適正サイズの基準はないのかもしれない。私がこれまで使ってきた、調理台に水切りかごとまな板を置いたら一杯となるキッチンの幅は、一八〇〇ミリだった。

シンクの大きさは、幅六〇〇～七〇〇ミリ、奥行き四〇〇～五〇〇ミリ、深さ一七〇～一八〇ミリ程度が一般的だ。一〇〇〇ミリ前後の巨大なワイドコンロもあれば、ヨーロッパで好まれるダブルシンクもある。最近は、深めのシンクの中にスライドできる台をセットし、水切りプレートにするなど多彩なシンクがある。

別置き用コンロの幅は六〇〇ミリ弱で、三口コンロも六〇〇ミリ程度が多い。作業台の奥行きは六〇〇ミリ程度が一般的。シンクやコンロの左右にどの程度の幅があるかはキッチンによって異なるが、消防法の規定があるため、コンロは壁から一〇〇ミリ以上離す必要がある。別置きコンロの場合は、防火性が高い壁がある前提なのか、コンロが壁に接する設定が少なくない。

今は横並びで二口または俵型に火口が並んだ三口のコンロが一般的だが、四口以上の場合もある。パナソニックには、横一列の三口または四口のＩＨコンロがある。ガスとＩＨの両方を並べる高級キッチンもある。幅が狭く、コンロが一口または縦置き・斜めの二口のキッチンもある。

『図解住まいの寸法』（日本建築協会企画、堀野和人・黒田吏香著、学芸出版社、二〇一七年）によると、天板の幅は二四〇〇～二七〇〇ミリが一般的。私の理想は、シンク横に三〇〇ミリ程度の水切りかご置き場、シンクとコンロの間に七〇〇ミリ幅以上の作業台、コンロ横に三〇〇ミリ程度の鍋置き場が欲しいので、二六〇〇～三〇〇〇ミリ幅が必要になる。『図解住まいの寸法』に目安は記されていないが、『キッチンとダイニングのレシピ』（グラフィック社、二〇一四年）は、作業台の幅は一〇五〇ミリ欲しい、としている。最初に書いたように、キッチンでは作業中に食材や鍋、皿などたくさんのモノを広げる必要があるからだ。後ろにカウンターがあればなおよい。しかし、幅が長過ぎても動線が長くなり、非効率だ。『図解住まいの寸法』によると、冷蔵庫・コンロ・シンクを結ぶワークトライアングルは、合計三・六〜六メートルが使いやすい。

『図解住まいの寸法』によると、キッチンに立つ空間は後ろの壁または棚までの幅が、一人で使うなら最低でも八〇〇ミリ、できれば一メートルだが、二人で立つなら一三〇〇ミリが最適。『キッチンとダイニングのレシピ』は、人の横幅が約六〇〇ミリで、スムーズに動くには七五〇ミリが必要としている。

天板の高さは、『図解住まいの寸法』によると、身長÷二+五センチだ。八五〇ミリ（八五センチ）の高さのキッチンが今は一般的だが、それは身長一六〇センチの女性が使うと想定しているからだ。高過ぎると肩を、低過ぎると腰を痛める危険がある。

吊戸棚の下部の高さは、『図解住まいの寸法』によると、身長一六〇センチの人なら、床から一八四〇ミリが手が届く限界の高さだ。

システムキッチンとは？

賃貸住宅では、コンロが別置きで、シンク台、調理台、コンロ置き場のキャビネットを組み合わせて設置する割安なセクショナルキッチン（セットキッチン）か、天板が一体になったシステムキッチンが一般的だ。システムキッチンは、クリナップやTOTOなどのキッチンメーカーが提供するが、日本のメーカーはサイズやパーツの選択肢に限界があり、基本的に他社製のパーツは入れられないので不便を感じる人もいる。

持ち家の戸建て住宅の場合は、新築やリフォーム・リノベーション時に、カスタマイズできるキッチンを選べる。工務店がつくる造作キッチンや、デザイン性に優れた高級でおしゃれなオーダーキッチンもある。

換気扇や水栓にもさまざまなタイプがあるが、こちらは第四章で歴史とともに紹介したい。いずれにしても、キッチンはさまざまなパーツを組み合わせてつくられ、主な台所の担い手の身長とライフスタイルや好み、家族構成などで必要な機能、サイズが違う。そしてもちろん色や素材などで変わるイメージの要素も大きい。何より重要なのは適切なサイズである。しかし、庶民の住まいには、

システムキッチンから、パントリー、クローゼットがつながった、家事動線が短い人気の設計。

サイズが合わず使いづらいキッチンがあふれている。ここまで、適正と思われるサイズのみご紹介してきたが、実は使いにくいサイズが採用されたキッチンは非常に多い。次にここ三年で六一件を内見した私の体験からお伝えしたい。

貧し過ぎた私のキッチン遍歴

私たちはフリーランスの文筆業の夫婦で、東京都区部に二人で暮らして二四年。自宅は二人の事務所を兼ねているが、職業柄もあり収入が多いとは言えない。デスクを二つ置いて本棚も並べ、フットワークの良さも考えて利便性が高い地域に家賃を抑えつつ住むと、何らかの問題を抱えた部屋になりがちだ。私のキッチン遍歴は、以下の通り。

関西の郊外の持ち家一戸建てだった実家のキッチンは、壁付一列型のセクショナルキッチンで、後ろにダイニングテーブルがあった。高校時代に週二〜三回夕食づくりを任され、とんかつやハンバーグとサラダ、スープまたは味噌汁といった料理をつくったが、スペースが足りないと感じたことはなかった。

一九九六年、一人暮らしをするため大阪市内で部屋探しをしたが、電熱ヒーターを内蔵した電気コンロ一口しかなく作業スペースがほとんどないキッチンにやたら遭遇した。一口コンロだと料理しなくなる、とその手の物件は選ばなかった。阪神・淡路大震災で傾いた家を修繕するついでに、母が大工に頼んでコンロ置台をつくってくれたので、水切りかごとまな板を置いたら作業台が一杯になる幅一八〇〇ミリ程度のキッチンを確保し、四年半の間、私は焼き魚と味噌汁、ひじきの煮ものといった和定食を中心に料理していた。

結婚後は、次第にふえる本の置き場を確保するため、少しずつ面積を広げて五カ所に移り住んできた。私たちは家事をシェアし、料理番と洗いものを交替で行っている。

最初に住んだのは、五六平方メートルの3LDKと称する3DK。システムキッチンだが幅は一八〇〇ミリで二口コンロつき。キッチンは家の真ん中の一角で左側のダイニングに接する。調理台から背面の壁まで一メートルしかないので、背面は奥行き三〇〇ミリ程度の棚しか置けない。一人暮らしのときから使うミニ食器棚に、組み立て式でスチール製のルミナスの棚、通販で買った野菜ボックスなどを置いたらいっぱいになり、ダイニングの入り口に夫が持ってきた二ドア冷蔵庫を置いて電子レンジ、オーブントースターを重ねて載せた。ダイニングには食器棚にするサイドボードを置いた。

マンションの前の交通量が夜眠れないほど多くなって引っ越した先は、広さは同じの2LDKと称する2DK。ダイニングテーブルも作業台として使えたが、今度も幅は一八〇〇ミリだがセクショナルキッチンで、別置きコンロ下の掃除もする必要ができた。シンクの前に奥行きが深過ぎるタイル張りの棚があり、そこに鍋のほか謎のモノがあふれるようになった。

特に困ったのは換気扇で、身長一六二センチの私の頭より下にあったので、かがまなければ鍋の中をのぞけず、頭をぶつけることがよくあった。冷蔵庫が壊れて買い替えたが、電子レンジ置き場を上に確保するため二ドアタイプにするしかなかった。コンロの手前に通路幅を残して野菜ボックス、その上に炊飯器を置いた。その横に、サイドボードとミニ食器棚。調理台の高さが八〇〇ミリしかなかったので、私もしんどかったし、身長一七二センチの夫は、作業後に腰が痛くなっていた。この部屋に居た時期は私がうつで寝込んだ時期と重なり、料理するのは夫のほうが多かった。

『小林カツ代と栗原はるみ』（新潮新書、二〇一五年）を書くため、大量のレシピ本を買ったことをきっかけに、七〇平方メートル3LDKのメゾネットに引っ越した。食事中に仕事机を見なくてすむ。初めて人間らしい暮らしを手に入れたように思った。

キッチンは小窓からモノを出し入れする対面式。LDに誰かが居て受け渡しができるなら便利だが、夫は私が調理中、外出しているか上階の仕事部屋に居る。エアコンを使う夏と冬は、ダイニングと行き来するたびにキッチンのドアを開け、廊下を回ってLDのドアを開けなければならない。しかも、その小窓が小さいせいで、リビングの壁につけたエアコンの冷気・暖気がほぼ届かない。コンロ横にはルーバー窓があり、断熱材を入れても冬場は冷気が入り込むので、遭難しそうな気分に陥って頭が回りにくくなり、工程が単純な煮ものばかりつくっていた。最初の部屋と同様、調理台から壁まで一メートルしかないので、ルミナスの棚と食器棚などを置いたら、小さな電気ストーブすら置く余裕はなかった。

この部屋にいる途中で仕事がふえ、社会的にも認められ始めた。レシピを考案する仕事ではないが、珍しい食材や流行りの食品などを買って試す機会もふえた。家事論を書いたり語る場もいただくようになる。生活の幅を知る必要があるのに、最小キッチンの世界しか体験していないのはどうなのか、と考えるようになった。

『日本外食全史』（亜紀書房、二〇二一年）を書くため、段ボール箱八個分もの資料が追加されて手狭になり、コロナ禍に入ってリモートワークをする必要もできて、それぞれの仕事場が必要になり、また引っ越した。ただでさえ供給が少ない八〇平方メートル以上の部屋で、「まっとうなキッチン」を求めたことで、物件探しの放浪旅が始まった。

見つけた部屋は定期借家で二〇三二年に取り壊す予定の、元社宅の賃貸マンションにある。設備は良いのに家賃は格安で、システムキッチンつき。ある程度お金もかけて、私の理想に八割届くキッチンにカスタマイズした。五・五畳ほどの独立型で、玄関からすぐの廊下側とLD側に引き戸がついたツーウェイ動線。天板の幅は二二五〇ミリで人生初の三口コン

著者の理想を8割実現したキッチンをダイニングから撮影。

ロ、調理台の向かい側に冷蔵庫を置いても八七〇ミリの通路幅を確保でき、二、三人が行き来できる。

コンロ横に配管を納めた柱があるため、横の壁面に四〇〇ミリのスペースがあり、そこに約八〇〇ミリ幅のルミナスの棚を置いて鍋置き場とし、上に通販のディノスで買った金属製の薄い引き出しつき棚を載せ、隅に炊飯器を置く。隣に無印良品で買った一七五〇ミリ高さの棚を並べ、上から電子レンジ、オーブントースター、食器やクロス類を入れた引き出し、ゴミ箱置き場にした。いくつかパターンを試した末、冷蔵庫を廊下からの通路横で調理台向かいに設置したら、食材の出し入れ作業に無駄がなくなった。サイドボードは壁を挟んですぐのダイニングに置いた。

キャビネットは扉式だが、ディノスで買った引き出し式の収納を入れたので、出し入れしやすい。ザルや缶詰などをシンク下に、コンロ下に調味料などを入れた。これができたのは、排水管を奥に納めてあり収納スペースが広いからだ。今までシンク下は、真ん中にある配管を通せる組み立て式の棚を使っていた。

さらに冷蔵庫の横に無印良品で買ったオープン棚を置き、ゴミ袋類、根菜、ミキサー、コーヒーセットなどを置く。シンクの左側に伸縮できる水切りかごを置くと、奥行き六二〇ミリで幅は六七〇ミリの調理台がまるまる使えるようになった。また、小鍋ならコンロの右側にも置ける。空間にゆとりがあるうえ、一時置き場がたくさんできた。コンロ横の棚は便利で、炊飯器の横を空けたので、残った料理の皿や料理が入った鍋の一時置き場にも、配膳用の皿置き場にも使える。夫も「むちゃくちゃ使いやすくなった」と喜ぶ。このキッチンで私は、『クロワッサン』（マガジンハウス）二〇二二年四月二五日号の台所の工夫特集に出させてもらった。

二割理想に届かないのは、調理台とシンク横、コンロ横にもう少しスペースが欲しいからだ。夏場は空気がこもりがちなので、緑が見え、まな板が置ける小窓が調理台の前あたりにあるとありがたい。シンク下、コンロ下はオープンにして、シンク下にはゴミ箱を置きたい。音が静かな薄型換気扇なら、お手入れもラクになる。

以前は大手企業の社宅だったこの部屋に住んでわかったのは、エリートたちは庶民のキッチンが貧弱な実態に気づかないかもしれない現実だ。キッチンには大きな格差がある。持ち家暮らしの女性たちは、「家を選ぶときはキッチンは重視したいですね」と当たり前の顔をして言う。

見てきた問題のあるキッチンたち

このキッチンの満足度は高かったが、隣接地に大きなマンションが建つことになり、騒音を逃れるためにまた物件探しを始めた。何しろ私は騒音で不眠が悪化し、うつへと進んだ過去がある。しかし、庶民なのに都会でまともなキッチンとまともな部屋を両方求めるのは、分不相応らしい。どちらか片方なら実現できる可能性はある。もともとオーナーが住んでいた物件には、背面の棚用スペースが十分にある、あるいはシステムキッチンのセットとして家電置き場つき食器棚が据えつけられたキッチンもある。しかし、西向きのサンルームがある、仏間の和室だけが巨大なクセが強過ぎ、本棚用に必須の壁が足りない。賃貸用のキッチンがまともな部屋は、幹線道路・線路のそばや不便な立地、一九八一年以前の旧耐震基準（震度五強までを想定）の建物が多い。

逆に壁が多く利便性が高い部屋は、キッチンに難がある。セクショナルキッチンで、幅が狭過ぎる、動線が悪い、吊戸棚が高過ぎるといったキッチンは当たり前。ギリギリまで住むかどうか迷った部屋は、天板が二一〇〇ミリ幅で、シンクが幅・奥行きが五〇〇ミリで鍋一つでいっぱいになるうえ、深さがわずか一五〇ミリしかなく、青菜を洗ったらそこら中に水を跳ね飛ばしそうだった。しかも、背面には奥行き三〇〇ミリ以下の棚しか置けない。

調理台が狭いキッチンは珍しくない。ペニンシュラ型で作業スペースがシンクの向こうにあるキッチンは、いちいち回り込んで作業するので面倒になりそうだった。一〇〇平方メートルもの広い家なのに、コーナー部分にある調理台の幅は四〇〇ミリ前後ずつのＬ字型キッチンもあった。シンクは幅が五三〇ミリで奥行きは四一〇ミリと、シンクを一時置き場にするにも狭い。調理台にはまな板一枚すら置けず、コーナーの収納はデッドスペースになりそうだった。

冷蔵庫を置いたらコンロ前の空間が三〇〇ミリ程度、と命がけで使わざるを得ないキッチンもあった。壁を凹ませた空間に冷蔵庫を置いたら一〇〇ミリ以上飛び出し、シンク前の扉を半分しか開けられなくなるキッチンもある。かと思えば、冷蔵庫はＤＫ空間のキッチンと向かい合う壁にしか置けず、食材の出し入れが不便になるキッチンもある。キッチンの一番奥に洗濯機置き場があり、洗濯機に横のコンロから飛ぶ油汚れがつきそうな部屋もあった。水回りの出入り口がキッチン、という部屋もときどきある。ＬＤが通路になる部屋、水回りが集まり過ぎて家族がぶつかりそうな部屋など、動線が悪い部屋もある。

シングル用の三〇～四〇平方メートルの部屋は、コンロ一口が当たり前で、使いづらい縦置き二口コンロも最近は目立ってきた。シングル用は、コンロが一口で作業台がないうえ、玄関から入ってすぐの通路にあり、背面に水回りのドアがあって棚の一つも置けないキッチンが珍しくない。

手料理の大切さを訴える人たちは、このような住まいの実態をどれほど知っているのだろうか。

一方でキッチンは、流行の商品を手に入れられる人にとっては進化が著しい生活道具でもある。憧れのキッチンの情報は、雑誌や書籍でくり返し紹介されてきた。今はウェブメディアやSNSにもあふれている。いったいどんな進化がキッチンで起こってきたのか。そしてなぜ、庶民は流行どころか、普通レベルにすら手が届かないのか。キッチンは、人の命を支え、ともに暮らす人たちの関係を育てる大事な場所だ。本来なら、住まいの中で最も大切に考えるべき空間である。令和の台所改善運動の一環としてキッチンのトレンドと歴史、その背景にある日本社会のありようを本書では考えてみたい。

第一章

みんなの「理想のキッチン」探し

1 キッチンが変われば料理も変わる⁉

私の場合——肉野菜炒めと二口コンロ

三口コンロと広めの作業スペースを持つキッチンを使い始めた私は、キッチンとつくる料理の浅からぬ関係を実感した。以前はあまりつくらなかった料理を、つくるようになったからだ。その代表はフライ。調理台にまな板一枚分のスペースしかないと、フライづくりは面倒になる。なぜなら、小麦粉用、卵用、パン粉用の三つのバットを並べ衣をつける必要があるからだ。しかし調理台が広ければ作業しやすい。

コンロが三口になると、時短にもなる。三口あると一口で湯を沸かし、一口で汁ものを、残りの一口で炒めものなどをつくることができるので、残りものがあるときは一〇分、一五分で食事の支度が完了する。ホウレン草のおひたしなどの小鉢も出番が多くなった。以前は肉野菜炒めの一品もしくはプラス汁もの、といった一菜、一汁一菜の献立が大半だった。

通路も広くなったので、コメを新しくライスストッカーに移す作業がラクである。コメ袋を開けるたびに、今までどうやってあの七〇〇ミリ幅の通路で移し替えていたのか不思議になる。しかもツーウェイ動線で通り抜けできるので、買いものしたカバンをキッチンに置いてから、上着を脱いでクローゼットに片づけ、再びキッチンに戻って作業を始めるのが妙に楽しい。

どんなに作業スペースが広くても、料理しない人はしないし、極小キッチンでも、料理が大好きな人は手をかけるだろう。しかし、その間にいる多数派は、作業しやすいかどうかで、つくる料理や頻度、家族が一緒に作業するかしないかが変わるのではないか。

キッチン設計のスペシャリストが書いた『プロが教えるキッチン設計のコツ』（井上まるみ、学芸出版社、二〇〇四年）には、作業空間が広いキッチンにリフォームした女性が、野菜料理をつくる頻度が上がり、一カ月で体脂肪率が減った例が紹介されている。開放的なキッチンに替えたら、家族が料理や後片づけをするようになった、という事例もたくさん紹介されている。

レシピを見る人、見ない人

私は以前、下町の台所事情を知るべく、懇意にしていた八百屋で九カ月ほど日中に手伝わせてもらったことがある。そこで気づいたのは、下町のおばちゃんたちの多くは、あまり新しい料理に挑戦しないことである。「新しい野菜を置いても売れないんだよね」と店主は言っていた。その後、高級住宅地の一角に引っ越すと、駅前のスーパーに何種類ものナス、ルッコラ・セルバチカやかつお菜といった流行りの野菜が並んでいた。

私は長年、家庭料理の歴史やトレンドを研究してきたが、インターネット時代になるまで、レシピを見て料理する層は基本的に中流層だったとみている。中流主婦は、セレブと違い自ら台所に立たなければならないが、庶民のおかみさんと違って、料理を楽しむ時間的・経済的余裕があったからだろう。家庭向けのレシピ自体、中流層が誕生した二〇世紀初頭に、彼女たちをターゲットに発信され始めている。中流層はいつの時代もトレンドに敏感で、目新しい料理を知りたがる。昭和時代は、彼女たちが率先して洋食や中華などを採り入れてきた。

インターネットが普及して、タダで気軽にレシピを見つけられるようになり、気がつけばレシピなしでは料理ができない、と思い込む人がふえている。SNS出身の料理家たちが、比較的単純で時短になるレシピを提案しがちなのは、多忙などで料理に手をかけたくない人々もレシピ界に巻き込んだからではないか。

私がますますそう思うようになったのは、キッチンを研究し始めたからだ。庶民が手に入れられるキッチンは、どうやら不便なことが多い。台所の担い手がどこまで自覚しているかわからないが、キッチンのスペースが狭く作業がしづらいから、コロッケやギョウザなどの加工食品・総菜がよく売れる側面もあるのではないか。

『プロが教えるキッチン設計のコツ』は、不便なキッチンは世の中に多いが、使いやすくリフォームしたら料理に熱心になった人は多いとしている。一人暮らしの人が、料理しない傾向が高かったのは、まともに料理できる環境がなかったからではないか。今は一人暮らしが最も多い世帯構成となり、年齢層も幅広くなり、家庭科で栄養教育を受けた男性もふえた。その結果、鍋一つでできるなどの極小キッチンに対応した一人分レシピが、ＳＮＳを中心に人気が高くなっている。

キッチンと家庭料理の歴史

近現代の家庭料理の変遷をキッチンと照らし合わせると、台所環境が料理に影響を与えてきたことがもっとはっきりする。農家では、昭和半ばの台所改善運動までは土間のかまどや囲炉裏が使われていた。昔の農家は穫れたて野菜の泥を落とす作業に加え、漬けものや味噌などの保存食をつくるため、広い作業場が不可欠だった。

かまどの数は庶民の場合少なく、しかも薪で火を熾《おこ》すのでかまどの前から動けない。農家の食卓で、常備菜や漬けものの出番が多く、鍋一つでうどんなどの麺類と野菜を煮込んだ一品で済ませる場合があったのも、多忙さや貧しさだけでなく、火口の少なさも影響したと考えられる。

都会の事情はまた別だ。日本では保存された昔の建物で台所が見学できる例は少ないが、東京・小金井市の江戸東京たてもの園では一部見学できる。お屋敷の台所には巨大な四口コンロやオーブンが内蔵され、真ん中に大きなアイランドの作業台がある、あるいは配膳室があるが、庶民の町家ではセメントモルタルに石片や砂利などの骨材を加えて左官仕事でつくる人研ぎの流しとコンロ置台があるだけで、調理台はほぼない。しかも出入り口を兼ねた台所が多い。

大正時代には、急激な近代化で、関東地域で主流だった、床にしゃがんで作業する台所を立って作業する洋風キッチンにしよう、と知識人から雑誌の読者まで都会を中心に幅広い人々が台所改善運動に加わり、理想のキッチン像を描いた。都市部にライフラインが整い始めた時代で、安定した火力のガスコンロ、水道と電気が台所で使えるようになったことも、運動に貢献したと思われる。

第二次世界大戦後は、高度経済成長の波にのって、戦前は一割程度だった中流層が一気に数倍へ拡大した。戦争で焼け野原になった大都市の郊外には、公的な住宅が大量に供給された。いわゆる団地である。注目が集まった理由の一つが、近代的なダイニング・キッチンだった。ライフラインも全国で整い、板の間で立って作業できるキッチンが全国に広がっていったことを、第二の台所改善運動、と私はみなしている。空間を中心にした「台所」は、ここで設備が中心の「キッチン」へと転換する。私も本書で、この時代を区切りに二つの呼び名を使い分けたい。

団地を追いかけるように普及していくのが、電気で動く換気扇である。それまでの台所には換気口や窓しかなかった。換気扇はニオイと油脂・煙をすばやくキッチンの外へ出す。この頃流行した洋食、中華には炒める、焼く料理が多い。ギョウザやハンバーグも焼く料理で、和食の煮ものとは異なり、油脂をたくさん使う。ちなみに魚もグリルが発達し、七輪を使わなくても気軽に焼けるようになっていく。高度経済成長期は、近海の豊漁と世界を股にかけた遠洋漁業で魚が安く手に入った時代でもある。

一九八〇年代になると、冷蔵庫の大型化が始まる。システムキッチンの登場で、収納力と美しさを売りにしたキッチン自体の大型化も進む。システムキッチンとメーカー住宅の全盛期だった一九八〇～一九九〇年代の建物のキッチンは、比較的広い傾向がある。一九八〇年代はオーブン料理のブームだったこともあり、この時期に建った賃貸物件には、ガスオーブンが内蔵されたシステムキッチンがときどきある。

高度経済成長期、主婦雑誌が発信していた献立情報は一汁二菜が中心だった。その後、低成長時代に入って専業主婦は中上流層に絞られていく。グルメブームが始まったこの頃、彼女たちの中に手の込んだプロ級の料理を学ぼうとする人たちがいた。『きょうの料理』（NHK）は、フランス料理のソースなどの高級料理の特集を組む。懐石料理の回で紹介された一汁三菜の言葉が流行し、やがて献立の基本形とみなされるようになる。家庭料理がゴージャスになった要因の一つは、大型化し高機能になったキッチンではないだろうか。その後、一人でキッチンにこもる孤独を訴える女性がふえ、対面キッチンが流行する。やがて対面キッチンの吊戸棚は圧迫感があると敬遠され、背面収納を充実させる、食品庫としてのパントリーをつくるなどして、吊戸棚がないオープンなキッチンがふえる。スペースに余裕がある家では、キッチンの両側から人が行き来できるアイランド型が登場し、家族で作業をシェアできるようになっていく。

このように、歴史を振り返ると、キッチンはつくる料理に影響を与える、という私の仮説はあながち外れてはいないと思われる。ということは逆に、キッチンの環境が悪ければ料理しづらくなる→食生活が貧しくなる→家族の関係や健康状態にも影響する、と負の連鎖が起こる可能性がある。家庭のキッチンというあまり人の目にさらされない場所の問題が、実はさまざまな問題につながっているかもしれないのだ。

2 みんなの「理想のキッチン」は？

どんなキッチンを使っていますか？

世の台所の担い手たちは、キッチンに何を求めているのだろうか？　キッチンメーカーその他の企業がここ一〇年余りの間に実施した、キッチンに関するさまざまなアンケート結果から探ってみたい。

クリナップの「おいしい暮らし研究所」は、同居家族がいる全国の既婚主婦を対象にしたアンケートを毎年実施している。キッチンのレイアウトをテーマにした『キッチン白書２０１７』では、二〇一六年四月に全国の二〇～七〇代を対象に調査を実施。使っているキッチンは対面二列型が最も多く、四五・一パーセントを占める。続いて壁付一列型が二六・九パーセント。持ち家は一戸建て・マンションともに対面二列型を使っている人が多数派で、賃貸住宅は壁付一列型が主流だ。

『キッチン白書2021』は、マーケティング会社のリサーチ・アンド・イノベーション協力のもとで二〇二〇年八月二〇日〜九月一七日、大都市圏の三〇〜四〇代の女性に行った調査と、二〇二一年一月、全国の三〇〜六〇代のフルタイムで働く既婚女性に聞いた調査を元にしている。「あなたにとってキッチン空間とは」という設問に対し、料理する場所というだけでなく、滞在時間が長く居心地がよいといった回答が寄せられた。一目惚れした北欧風のキッチンツールを置いて苦手な料理に立ち向かう女性など、自分好みの空間に仕立て上げる人もいる。一方、郵便物など家族の私物が置きっぱなしで困っているという声も多い。

ガスコンロなど熱エネルギー機器メーカーのリンナイは、リンナイ公式部品販売サイト会員で関東の一都六県在住者に二〇一七年七月、意識調査を実施している。こちらでは、独立型キッチンが四割弱、オープン型（壁付のダイニング・キッチン）が三割、カウンター型（対面キッチン）が四分の一強という結果で、クリナップ調査より対面キッチン使用者は少なめだ。理想の形は対面キッチンが三五パーセント、アイランドキッチンが四分の一で、家族とコミュニケーションを取れる対面型にしたい人が半分以上いる。

理想のキッチンの条件は？

リンナイの調査では、現状のキッチンに満足し、人に見せられると思う人は約四割で、見せたいと思っている人は約一割に過ぎない。住宅を購入・リフォームするとすれば、キッチンにこだわりたい人が約八割を占める。重視したい点で回答が多いのは、使い勝手が八七・四パーセント、お手入れ・掃除のしやすさが七三・五パーセント、収納性が七〇・九パーセント。三〇代以下は、デザイン性や家族の様子が見られることを重視する傾向が高かった。

クックパッドが住宅ローン専門金融機関のアルヒと共同で行った「料理と暮らし白書2021」は、二〇二一年六月に全国の男女を対象にアンケートを実施。コロナ禍での生活の変化を尋ねた中に、住まいについての項目もあった。コロナ禍で在宅勤務になる一方、都心に近い場所に住む必然性が薄れ、より広い部屋を求めて転居する人たちが続出。二〇二二年一月時点で東京の人口は記録がある一九七五年以降、初の減少となった。しかし、コロナ前の日常が戻り始めた二〇二二年一〇月には再び増加した。

在宅時間が長くなり、住まいの問題点が見えてきた人は多かったのだろう。改善したい空間がある人は約八割もいた。最も改善したいのはリビングで一六・六パーセントだったが、キッチンが二位で一五パーセントもいた。住み替えやリフォームを検討した人も五分の一以上いた。住宅に求める条件のうち、キッチンの使いやすさを重視したい人は、今の住まいを選んだときは三割強だったのに、次の機会は四六・四パーセント、半分弱の人たちが重視したいと考えている。

『家事は大変って気づきましたか?』（亜紀書房、二〇二二年）で書いたが、クックパッドの担当者から、自由回答では「狭い」「動きにくい」「収納できない」の三点が、特に不満が多かったと聞いた。家事の担い手が一人では回らなくなっている家庭は多いが、動線の悪さや狭さが、効率が悪くシェアしにくい問題を生んでいるキッチンは多い。

収納が足りない、という人は多い

各種アンケートから浮かび上がるのは、現状のキッチンに満足している人が少ない実態だ。大きな不満点として挙がった収納の少なさとキッチンの狭さについて、順にアンケートから拾ってみよう。まずは、収納問題から。

オレンジページが日鉄興和不動産の運営する「プラスワンライフラボ」と共同でシングル用の夢のキッチンをつくるプロジェクトで調査した結果が、二〇一九年一二月四日配信の『オレンジページくらし予報』のニュースリリースにある。収納が少ない不満は二八・七パーセント。収納が使いづらい、という人も二四・四パーセントいた。具体的な声として、「収納の奥にあるものを見やすく、取りやすくしたい」が挙げられている。

クリナップの『キッチン白書 2017』でも、アパートで六五・六パーセント、マンションで六三・四パーセントの人が、キッチンの収納スペースが足りないと感じている。年代別では、二〇~四〇代で足りないと感じている人は六割弱いる一方、五〇~六〇代は足りている人が半数を超える。家族の人数などにも影響されていそうだ。余裕があると答えた人は、全体で五分の一しかいない。そういった事情からか、断捨離する人も多いようだ。六〇代以上は、子どもが独立したからか、使用頻度が低くサイズが大きい鍋、ボウル、ザル、包丁、ふたなどがへる傾向があった。

『キッチン白書 2020』では、二〇一九年六月にキッチン収納に関するアンケートを、全国の同居家族がいる二〇～六〇代の既婚女性を対象に実施している。キッチン空間の収納に余裕があると感じている人は全体の二割半しかおらず、二〇一六年調査と同様、四〇～五〇代に収納不足を感じる人が多く、六〇代は少なめだった。

調査開始時の二〇一一年と比べ、キッチン空間で保有する調理器具類の平均点数は、四七・六点から三五・六点へと約二割、食器類は約四割もへっている。へらしたのは、泡立て器や缶切り・栓抜き・コルク抜きといったふだん使わない調理器具で、特に二〇～三〇代の低下が大きい。食器も全般的にへっているが、特に湯飲みや急須の保有率が、四〇代までで低下が激しい。急須は二〇一一年に全体の八四パーセントが所有していたが、二〇

吉祥寺の人気雑貨店「だいどこ道具ツチキリ」では、キッチン空間にキッチンツールを展示・販売している(編者撮影)。

一九年は六割弱。一方で、六〇代は九割以上が所有しほぼ減少していない。若い世代は、ペットボトルで足りる人がふえたのだろう。ほかに、お盆やトレイ、ナイフの保有率も四〇代以下の減少が激しく、六〇代は九割以上であまりへっていない。

中高年はライフスタイルを変えない一方、若い世代は食器や調理器具をできるだけ少なくしている。五〇代以上は、日本が右肩上がりに豊かになった時代を記憶し、食器をそろえていく流行なども体験したことや、好みが固まっていることも影響がありそうだ。

片づかないのはなぜ？

もう一つの大きな悩みは、作業スペースの狭さ。『オレンジページ』のアンケートでは、特に多い不満五つのうちトップ二が狭さに関係しており、作業スペースの狭さが四六・一パーセント、キッチン全体のスペースの狭さが三八・六パーセントを占めている。「コンロ横が狭く、熱い鍋を置く場所に困る」「作業台が狭いので、作った料理をのせておくところがない」といった声が上がっている。

パナソニックグループが二〇一三年二月、大都市圏在住の三〇〜五〇代の持ち家に住む主婦一〇〇〇人を対象に行ったキッチンと料理に関するアンケートでは、キッチンが片づかないことに不満を持っている主婦が多い実態が明らかになった。要因は夕食の準備回数が多いことで、二回以上準備する人が八割余りもいる。子どもが成長すると家族の生活時間がバラバラになり、食事の時間もバラけがちだからだ。悩みの内容を掘り下げると、スペース不足にも問題があることがわかる。

困ったこととしては、お手入れ関連が七～八割あるが、収納や作業のスペース不足に関する悩みも多い。ペットボトルなどのリサイクルゴミを乾かす場所がない、料理を盛りつける場所が狭い、家族と一緒に調理するスペースがない、食器や鍋の水切りスペースが狭い、調理スペースが狭いといった項目を挙げる人が、いずれも五割台いる。収納不足とスペース不足は、お手入れとともにキッチンの三大不満点なのである。

二〇一二年一二月六日配信の『マイナビニュース』（マイナビ）で、オールアバウトと三菱レイヨン・クリンスイが同年に実施したアンケート結果が紹介されている。調査対象は『暮らしのAll about』の女性利用者一三四九人。七割がキッチンに満足していない。最も多い不満は収納が少ないことで六五・七パーセント、次が水はね・油汚れがつくことで、五一・四パーセントだった。

ジャストシステムが、ネットリサーチサービス「ファストアスク」を利用した三〇～六〇代男女に聞いたアンケート結果を、『@Living』（ワン・パブリッシング）二〇一九年七月一六日配信記事で紹介している。ここでも不満として最も多いのが、調理スペースが狭いことで約五割、食材を置く場所、収納、調理機器置き場が足りない、という声も四割台。「シンク以外で洗い物を置く場所が狭い」、洗ったモノを並べにくい、シンクが狭い、という声も三割台あった。

キッチン回りの商品の宣伝で強調されるのは、お手入れしやすさだが、その問題は解決が進んでいる。フラット型の換気扇には、年に一度整流板を取り外して洗い、中のファンは一〇年に一度、とお手入れのラクさを謳う商品がある。プロペラファンにべっとりと油がついた時代から、格段の進歩を遂げている。

天板、壁パネル、扉や引き出しなども、サッと拭くだけなどの謳い文句で売られているパーツが多い。システムキッチンも、継ぎ目がないためゴミが詰まらないことが売りだし、冷蔵庫などのキッチン調理家電も、汚れを落としやすい表面加工を施すモノが多い。洗剤などの掃除道具も改良されてきた。

もちろん、キッチンは誰もが最新の高機能製品を使えるわけではない。プロペラファンを使う人は今もいるし、月に数回交換するフィルターをつける換気扇も多い。タイルの壁は目地が汚れやすいし、通気性がよくないため、油汚れがたまりやすいキッチンもある。お手入れに悩む人が今も多いのは、性能が改善されていないキッチンを使う人も多い、という側面もあるからだろう。

収納に関しては、さまざまな便利商品が売られているが、拡充が難しいキッチンはたくさんあるし、持ち家でなければキッチン自体が交換できない。持ち家でも、経済的あるいはスペース的に改善が困難な場合がある。二〇二三年春、「輝きの邸宅」と謳ったファミリー向け新築マンションの広告がわが家に入っていたが、描かれた図面を見ると、調理台幅は三〇センチあるかどうか、というコンパクトキッチンを入れたようだ。

交換できない、という意味では調理スペースの狭さが最も深刻だ。私が見てきた分譲賃貸物件やオーナーが以前住んでいた物件でも、狭いキッチンは散見される。日本のキッチンは日常的に料理をする人たちにとって、かなり狭めなモノが一般的なのではないだろうか。いったいなぜ、このような問題が残り続けているのだろうか？

キッチンは、どのように使われるのか？

なぜスペースが足りないのか、日常的に料理をする人の使い方から検証してみよう。さまざまなモノを使うキッチンでは、一時置き場がたくさん必要である。

まず、台所の担い手が、買いものから帰る、あるいは宅配の食材が届く。キッチンで、食材を冷蔵庫などに入れていく。冷蔵庫は開けっぱなしにしたり、何度も開け閉めすると電気代が余計にかかるので、できるだけまとめて作業しようとする人は多いだろう。となると、いったんどこかに食材を並べる必要がある。その後、野菜は野菜室に、肉や魚介類は冷凍庫または冷蔵室、あるいはその両方に入れる。まとめ買いした肉や魚介類を、小分けする、下味をつけるなら、その作業スペースも必要になる。

料理を始めるときは、まず使う食材を出す。このときも、冷蔵庫の開閉頻度をへらすため食材や調味料をできるだけ一度に出したい。一時置き場が少ないと、工程ごとに出さざるを得ないかもしれない。それは煩雑でもある。洗う、切るなどした野菜をボウルやザルに入れる。肉・魚介に下味をつけトレイなどに入れておく場合がある。カレーや煮込み料理、サラダなど、食材を何種類も使う料理をつくる、あるいは一度に何品も出すなら、下ごしらえした食材置き場はたっぷり必要になる。

火を通しておくことが必要な食材もある。ハンバーグをつくるため、タマネギをみじん切りして炒める。ニンジンやジャガイモなどの根菜を下ゆですることもある。コンロ回りに一時置き場があるかどうかや、コンロの火口の数も問題になる。品数を多くつくるときや、手をかけてつくるときは、鍋や容器の一時置き場が欲しい。

調理過程では、まな板や包丁、ザルやボウル、菜箸その他、汚れものがいくつも出る。とりあえずシンクに溜めておきたい場合も、シンクが小さかったり、切った食材が入っている場合は、置き場所に困る。テキパキと洗って乾かすには、水切りかごまたは吸水シートを置いておきたい。すぐさまそれを拭き上げ、収納する場合も、洗った食器と拭いた食器をいったん置く場所が必要だ。食洗機があっても洗浄・乾燥に二〜三時間もかかるので、ザルや鍋は手洗いする日本人は多い。だから、大型食洗機を導入した家でも、洗いものの一時置き場は必要になる。

料理が完成したら、盛りつける場所が必要である。品数が多い、また家族が多い場合は、皿をたくさん並べる場所が欲しい。対面キッチンのカウンターやダイニング・キッチンのテーブルは、そうした配膳の場として使われている。しかし、そうした場所がない、あるいは動線上使いづらい部屋もある。

食事が終わり、皿やドレッシングなどを下げる。食洗機に入れる場合も、さっと残った食材を流してから入れるので、とりあえず食器を溜める場所が必要だ。キッチンのシンクとダイニングスペースが一続きになっている場合は、テーブルの端に寄せておけば順に洗えるかもしれない。

しかし、独立型キッチンで距離がある場合は、どこかにまとめておく必要がある。皿数が多い、油ものとそうでないもので分けておきたい場合など、広いスペースが欲しい場合もある。

食器を元の場所に戻す際も、一時置き場が必要な場合がある。たとえば洗ってすぐ拭き上げる場合、同じ場所に入れる食器を重ねる。ワンオペで、まずは全部拭いてから片づけたい。食洗機はあるが、食器棚が離れていてまとめて運びたい。さまざまな理由で、食器の一時置き場も必要になる。作業をシェアするにも空間が必要である。

このように、台所仕事はさまざまなモノを一時的に広げて収納するくり返しで成り立っているが、そうした配慮がない設計のキッチンは実に多い。だから皆、スペース不足に悩んでいるのだ。

収納については、単に量があればいいわけではない。手が届きやすく取り出しやすい場所に欲しいが、吊戸棚の下段も脚立がないと手が届かない高さに設置されているキッチンはたくさんある。奥行きが深過ぎる収納も、奥のモノが取り出しにくい。ダイニングその他に収納を置かざるを得ない部屋もある。動線が長くなり、行ったり来たりする回数が多くなって手間取る。『プロが教えるキッチン設計のコツ』に、大手メーカーの社員研修で自宅キッチンのアイテム数を調べたところ、三〇～四〇代の核家族で一五〇〇～二〇〇〇点あったと紹介している。キッチンには、鍋やボウル、キッチンツール、保存食、調味料、食器など多様なモノを入れる必要があるのに、十分なスペースがないキッチンは少なくない。狭いから、と食器を断捨離する、あるいは少ない調理道具でやりくりする人もいるが、料理をマメにする人、料理好きな人は、そうした生活にストレスを溜めやすい。たまにしか出番がないモノを持つことも、暮らしを豊かにするのではないだろうか。

狭過ぎるキッチンは、台所の担い手の料理意欲を萎《な》えさせ、料理技術を低下させるリスクすらある。家族でシェアして効率化したくても、二人が立てないキッチンなら、ワンオペでやるしかない。このようにして、食卓が貧しくなってしまっている人も、料理に対してストレスを溜めている人もたくさんいるのではないか。

キッチンが使いづらく不満が多いと、台所の担い手にとってはもちろん、ともに暮らす人たちにとっても、過不足なく食事をすることが難しくなる。また、食事はコミュニケーションの大切な場でもある。料理や片づけをシェアすることで、コミュニケーションしている場合もある。しかし、キッチンが狭く不便だと、家族の絆がもろくなる恐れすらあるのではないだろうか。

3 どんなキッチンが人気？

「オープン」が人気　その一：対面キッチン

本節では、近年の流行から、現代人が求めるキッチンを探ってみたい。

システムキッチンメーカーのパイオニア、クリナップの広報課の小泉恭子さんは、「肌感覚ですが、ショールームでアドバイザーが接する顧客の八〜九割が対面キッチンを希望します。その中でも、二〇二二年二月に発売した作業台より一段高い位置にカウンターを設置する「デュアルトップ」が伸びてきています。以前は、工務店が造作していた部分でした」と話す。私も以前、システムキッチンに工務店が高めの天板をつけ加え、手元を隠すとともに料理の一時置き場にしている例を取材したことがある。「こうしたら便利」という現場の発想が、やがて商品化されて売り出される。そのようにして、キッチンは進化してきた。

小泉さんはもう一つ、対面キッチンでフラット型を求める人は高級価格帯ブランドの購入者に多い、と指摘している。おそらく中流家庭では台所の担い手が日々料理するため、手元を隠したいが、富裕層はふだん料理しない、あるいは家事代行サービスを頼む、シェフが来て目の前で調理するなどして、自分たちは使わないので、使い勝手よりかっこよさを優先できるからではないだろうか。

対面式でかつ、上に吊戸棚をつけないオープンキッチンも人気だが、収納力がへるので、背面の収納を大きくするか、スペースがあればキッチンの横にパントリー（食品庫）をつける人が多い。キッチンの流行にくわしい建築家の鈴木信弘さんは、「パントリーは二〇一一年以降に欲しいという人がふえ、今は絶対欲しい、と言われます。セカンド冷凍庫を希望する人もふえました。東日本大震災がきっかけで、急にみんなが家を大事にするようになった。LDKを広くして充実させ、個室は小さくていいという人が多くなりましたね」と話す。

「オープン」が人気　その二：アイランドキッチン

二〇〇〇年代以降に憧れの対象としてクローズアップされたアイランドキッチンは、左右に動線ができる。動きが自由になって使いやすいが、部屋の面積が広くないと入れられないので、導入事例は限られる。一方で、建築家の鈴木さんは、「対面でコの字型のキッチンだと、一人で料理する場合が多いですが、アイランドになるとみんなが手伝うんです。反対側から回れるだけでも、アクションが変わる」と指摘する。

二〇〇四年四月九日の朝日新聞のシリーズ記事「食卓は、語る⑧台所改革」は、家族のだんら ん中に独りキッチンにこもるのがイヤ、と感じる主婦がふえたことが流行の要因とし、料理する夫たちもふえたと伝える。料理好きの男性の増加は、『SMAP×SMAP』（フジテレビ系）のコーナー「BISTRO SMAP」などテレビ番組で人気タレントが料理する企画が一九九〇年代半ば以降にふえたことや、一九九三年で中学校、翌年に高校で家庭科の男女共修が必須になったこと、グルメブームなどさまざまな要因があるが、同記事によると、男性誌が住宅やインテリア、斬新なキッチンを紹介するようになったことも影響している。

二〇一七年一一月一四日の日本経済新聞夕刊でも、「住まいが変わる　家族と間取り㊥　多忙な家族をつなぐキッチン」という記事で、中古マンションを購入しリノベーションをしたところ、狭い壁付キッチンだった賃貸マンションの頃と違い、夫がキッチンに立つことがふえたカップルの事例を紹介し、対面キッチンの流行を報じる。

対面キッチンの流行は、女性が自分だけが料理と後片づけをすることに異議申し立てを始めたこと、家事をシェアしなければ回らない多忙な人たちがふえたことが背景にある。

女性が対面キッチンでダイニングの近くに置きたがるのはシンクで、後片づけのラクさが重視される傾向がある。一方、昭和後期に大人気だった建築家の宮脇檀は、プレゼンテーションができるコンロをダイニングのそばに置くことを提案し、自身も実践していた。鈴木さんも「僕はコンロがダイニング側のほうがいいと思うけど、排気のしやすさを考えると換気扇が壁際のほうがいい」と話す。家事の効率性より見られる問題に敏感なのは、男性は料理の楽しさをより重視するからだろうか。

実際、男性はプロの料理人に憧れて、キッチンをつくりたがる傾向があるそうだ。「業務用のコンロを入れた施主は、全部男性が料理するご家庭でした。メモなどを書きたいと言って、黒板を入れたりね。ある人は昔風のお湯用と水用が別になった蛇口を入れました。シングルレバー水栓のカーンという音が嫌いだそうです」と鈴木さん。昭和の時代には、男性がつくると言えばハレの料理だったが、日常の営みになってきた今でも、趣味的な傾向があるようだ。

「オープン」が人気　その三：見せる収納派が増加？

鈴木さんの顧客は、自由度が高くコストが低めの造作キッチンを選ぶ人が多い。『建築家は住まいの何を設計しているのか』（藤山和久、筑摩書房、二〇二二年）で、鈴木さんはおしゃれなモザイクタイルと道具類を出し並べするキッチンが人気、と語っている。一昔前は隠す収納が人気だったが、今の特に若い世代は、鍋やフライパンはかっこよく見せられるなら出すほうがいい、という人がふえたという。「扉で隠したい人は二〇〇五年頃までは多数派でした。それがリーマンショックの翌年、コストが厳しくなってオープン派がふえました。料理をよくする人も多いです」と話す。

隠さない究極の形はフレームキッチンだが、こちらはリノベーションのパイオニア企業、アートアンドクラフトの事例に多い。リーズナブルにつくれる点に加え、今は無印良品やニトリなど、さまざまな企業の収納アイテムが充実しているので、キッチン本体はリーズナブルにし、自分好みの収納でカスタマイズしたい人が多いそうだ。

シンクの下がオープンでゴミ箱を置く、というスタイルは近年かなり広がっている。建築家の駒田由香さん（116～125ページ）は二〇〇〇年代後半頃、ハウスメーカーのキッチンの設計でそうしたキッチンを提案し、今は標準的なタイプになっているという。クリナップの商品にも、シンク下がオープンなタイプがある。実はゴミ箱置き場がきちんと計画されていないキッチンは多い。キッチンをリフォームするにあたり、周りの友人にポイントを聞いて回り、「みんなが口をそろえて後悔している、と言うのはゴミ箱置き場でした」と教えてくれた人もいる。今は自治体によっては十数種類もの分別を要求することがあるが、分別すべきゴミの大半がキッチン回りで発生する。

カウンターの下がオープンなキッチンといえば、

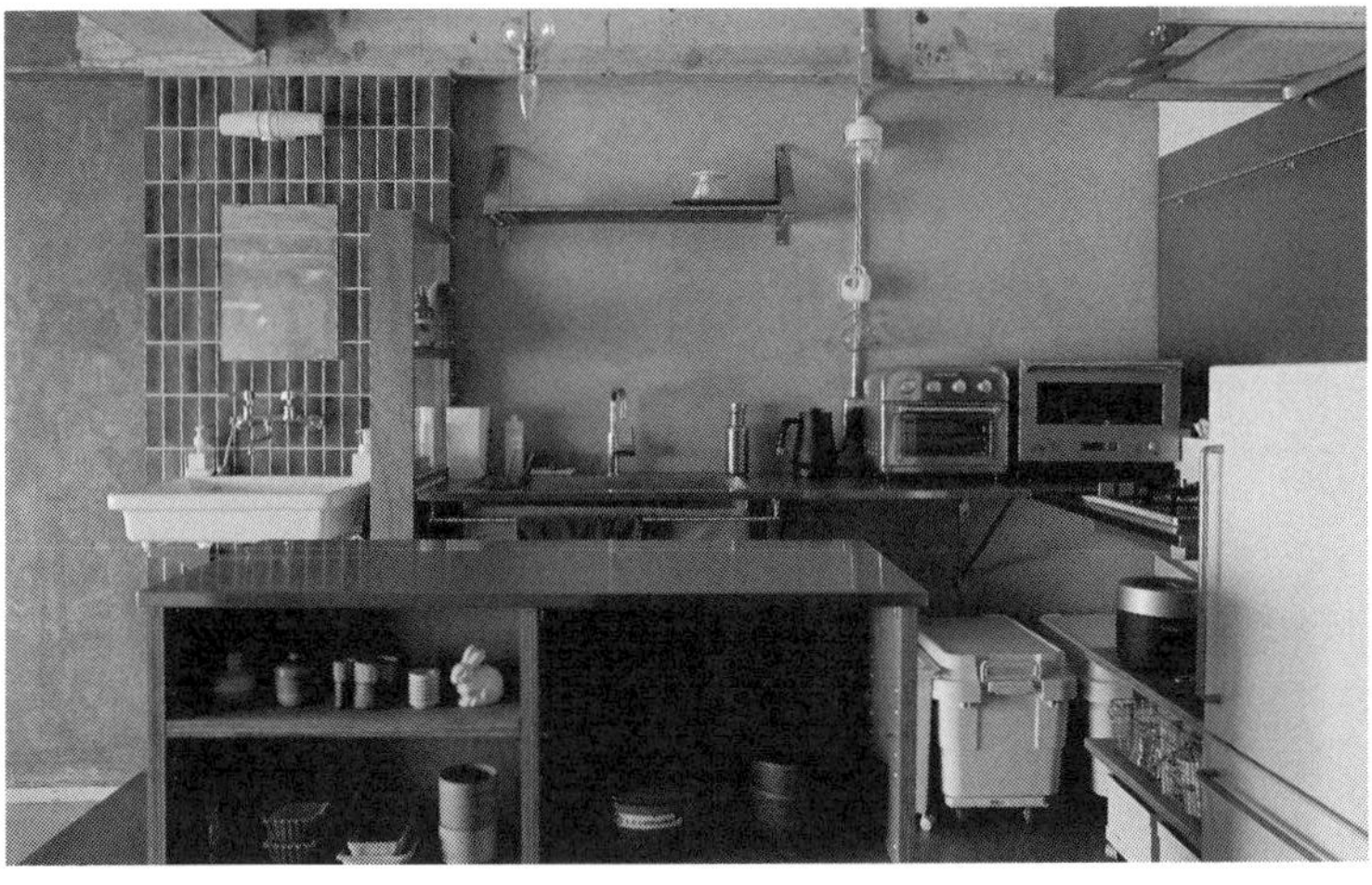

アートアンドクラフトが携わったフレームキッチンの例。

二〇〇七年に出た『ずらり　料理上手の台所』（お勝手探検隊編、マガジンハウス）と二〇一一年の続編を思い出す。ていねいな暮らしをアピールしていた雑誌『クウネル』の人気シリーズを編集し、料理家やデザイナーなどのクリエイターのキッチンを中心に紹介したビジュアルブックだ。システムキッチンも一応あるが、古い家の古い台所を上手にカスタマイズした事例が目立ち、カウンターの下をオープンにし、ワインや果物などの木箱に調味料や鍋を入れる、といったキッチンがいくつも紹介されていた。周りにオープンな棚や作業台を置き、食器や鍋を並べる例も目立つ。キッチン自体は古びたセクショナルキッチンだったりするが、収納の選び方次第でおしゃれで機能的に変身する。当時、憧れだったスタイルが今、一般の人たちにも広がってきているのかもしれない。

憧れの理想のキッチンとは？

二一世紀に入って、ライフスタイル誌が紹介してきたキッチンから、現代人が描く理想のキッチンを確かめてみよう。先に紹介した二〇〇三年創刊の『クウネル』と並んで、憧れの対象になったのは、同年創刊のライフスタイル誌『天然生活』（地球丸、現在は扶桑社）の特集。画一的な大量消費社会に疑問を抱く女性たちの心をつかんだ。

手元にある『台所の工夫』（地球丸、二〇一三年）、二〇一八～二〇二一年の同誌記事を集めた『別冊天然生活　暮らしを育てる台所』（扶桑社、二〇二一年）、『天然生活』二〇二二年一〇月号から拾っていこう。

『クウネル』と共通するのは、オープンラックを置く、壁に細長い磁石を水平に設置し、大量の包丁を貼りつける、お玉やザル、鍋などをズラッとフックにぶら下げるなど、出し並べするキッチンが多いこと。『台所の工夫』で、料理研究家の坂田阿希子は、「オープン収納は、使いたいときに、扉を開けるひと手間がないのが楽。それと、アシスタントさんや料理教室の生徒さんに、物のありかをすぐに覚えてもらえるのもいいですね。より使いやすいように、同じ道具や皿は一カ所にまとめるように心がけています」と語る。私が以前取材した中にも、「合宿所」をイメージして家族全員が料理に関われるよう、オープン収納にリフォームした女性がいた。夫婦と二〇代の娘と息子は、それぞれ自分の朝食を自分で用意する。

他人がキッチンに入る機会が多い料理家たちは、見た目がすっきりする棚や容器に工夫している。家電を見えにくい場所に設置する人、海外製の冷蔵庫など見た目がスッキリする家電を選ぶ人もいる。ただ、そうしたおしゃれさを過剰に意識する一般の人が今はふえているように感じる。ユーチューブで「キッチンツアー」と題して自宅キッチンを紹介する動画は、扉で隠すシステムキッチンと無印良品の収納グッズを並べ、調味料やストック食材を統一デザインのガラスの器などに交換、といった同じタイプのシンプルさを強調するモノが多い。

雑誌で紹介される事例では、ダイニングテーブルも含め、作業台を別に設けている人が多い。『クロワッサン特別編集　50代からの、住まい塾。』（マガジンハウス、二〇一七年）で大御所料理家、有元葉子も「台所というくらいだから、「台」がなくては始まりません。ものがあふれている台ではなく、何ものっていない、作業ができるスペースを確保することが大事です」、と台不足に悩む人たちが大きくうなずきそうなコメントをしている。

朝日新聞デジタルの長期連載『東京の台所』シリーズで知られる文筆家、大平一枝と建築家の青木律典の対談ページでは、青木が「目に入るモノがストレスにならないことって大事ですよ」と言い、予算に制約がある中で好みの床材に貼り替えた顧客が満足しているエピソードを伝える。容器を統一する人の中には、あふれかえる宣伝臭の強いラベルやパッケージに辟易《へきえき》している人もいる。

屋外の要素を取り込んだキッチン

『Casa BRUTUS』「完全保存版！　理想のキッチンの作り方。」（マガジンハウス、二〇一三年）は、長野県にある半屋外の「アウトドア・キッチン」を紹介している。二〇〇八年にこの場を設けたアパレルブランドオーナー、小林節正《せつまさ》はこの場所をキャンプ場的に使っているらしい。実用性より楽しさを重視し、シンクの代わりにブリキのバケツを使うなど、極力既製品を避けている。キッチンに続くデッキにテーブルを置いてパーティも開く。この頃からキャンプブームは広がってきたが、アウトドアで最高の調味料は、新鮮な空気と開放感だ。

『Casa BRUTUS』二〇一七年七月号のキッチン特集でも、半屋外のキッチンが登場する。一級建築士の伊藤博昭が二〇一三年に建てた自邸に三年後、半屋外部分を増築した。向かい側には両親の家、祖父母の家が並び、デッキテラスを加えたら、三家族の行き来が格段にふえた。しつらえたセカンドキッチンは簡易的なつくりで、誌面に掲載された写真ではわかりづらいが、ステンレスシンクの左側にカセットボンベをつけるアウトドア用二口コンロを置き、右側にわずかな作業台がある。コンロ台の下にはガスボンベで保冷できるポータブル冷蔵庫がある。セカンドキッチンなので、これで十分なのだ。

二〇二四年にクリナップが発表した「モビリティキッチン」のプロトタイプ（模型）は、持ち運び自由と画期的なコンパクトキッチン（下の写真）。アウトドアはもちろん、災害時やセカンドキッチンとしても活用できる。熱源はバッテリーを使用。作業台となるプレートを外せば、中はろ過装置つきのシンク兼収納になっている（81ページ）。

ときどき注目されるのが、土間を取り込んだキッチン。二〇一二年七月三〇日の朝日新聞「住まい私記　こだわり水回り⑨」は、古民家を再生した兼業農家の夫婦が、一九畳もの土間のLDKをつくった例を紹介する。床材は断熱材入りのタイル。玄関にマットを敷き、泥を落とす

2024年、クリナップが発表した「モビリティキッチン」のプロトタイプ。

形にしたので、毎日掃除する必要はない。前年、古民家を再生したモデルハウスで土間キッチンを見て即決したという。繁忙期に足袋のまま入れるし、近所の農家との交流がしやすいと喜んでいる。

土間キッチンは、エッセストの玉村豊男が一九八三年に軽井沢へ移住した折に実現していた。『座談会　台所空間学』（山本夏彦・玉村豊男・石毛直道・楜沢成明・栄久庵憲司・柴田献一・野口瑠璃・曽根真佐子・山口昌伴著、筑摩書房、一九八五年）でその意図を話している。

「台所はもともと半分はエクステリアであったわけだし、この台所はそのつもりで作ったんです」「台所の仕事というのは動物の皮を剝《は》いだり骨を叩っ切ったり、殺戮《さつりく》とか解体とかそういう仕事ですよね」などと語る玉村がつくったのは、大きめのコの字型キッチンで、真ん中に大きな四口コンロを置き、下にオーブンを入れている。左側に大きなシンク、右側の天板はすべて作業台。床はコンクリート製で「物を落とせばこわれるというのは難点ですけれど、水を流して全体を洗えるようにしています」（上の写真）。

エッセイストの玉村豊男が、業務用設備を採用した土間キッチン。

約四〇年が過ぎて、土間の便利さは一般の人にも伝わり始めている。何と商品化され始めているのだ。二〇二一年一一月一一日の朝日新聞記事は、マンションに土間を取り込んだ例を紹介する。大和ハウス工業が神戸で土間つきマンションを分譲したなどで、洗面所へ直接行ける需要がコロナ禍で高まると見込んだ。若いファミリー層の人気が高いという。野村不動産は二〇一七年から手がけている。阪急阪神不動産によると、土間をつくるリノベーションは二〇一六年以前から人気があり、アウトドアブームの影響があり、室内で自転車を保管したい人にウケている。私が取材した、二〇一四年にリノベーションしアイランドキッチンを入れた東京郊外在住の夫婦も、マンションでベランダに通じる部分を土間にし、玄関横に土間のシューズクローゼットを設けていた。また、二〇二三年一月二五日放送の『WBS（ワールドビジネスサテライト）』（テレビ東京系）でも、玄関を入ってすぐが土間のカウンター席になっていて、キッチンをバーのように使える一人暮らしのマンションの部屋が、縁側感覚で人が入ってきやすいと紹介されていた。

どうやら二一世紀のキッチンは、コミュニケーションが軸。家事をシェアし、一緒に食卓を囲みやすい、住まいの中心にしたい人がふえているようだ。

未来のキッチン　その一：座って使えるキッチン

クリナップが二〇一九年に発表したコンパクトキッチン「HIROMA」は、デザインを合わせた飛騨産業のダイニングテーブルとつなげて使える便利さから、注目されている。このシリーズに、シニア世代のセカンドキッチンを想定した、座って使える商品がある。保存食やギョウザをつくるなど、作業時間が長いときは座れるとラクだ。体調は悪いが料理しなければならない人、高齢者、身体障碍《しょうがい》者にとっても、座って使えるキッチンは便利ではないか。車椅子の人も使えるのか聞いたが、「車椅子対応のコンロはありますが、車椅子の型によって適切なキッチンが異なるので難しい。HIROMA自体は対応していないです」と、開発担当の齊藤隆一さんは言う。

クリナップでは、一九七六年にも座って使えるキッチンは提案していたのだという。同社に残っていた一九七八年版のカタログの画像を送ってもらったところ、天板の一部がダイニングテーブルを兼ねていたり、ダイニングテーブルを天板につなげて使う提案がすでにされていた。広い部屋全体が家事室（ユーティリティ）となっていて、ペニンシュラ型の突き出たカウンターの下がオープンで、椅子を納めてダイニングテーブルとして使えるプランもある。奥側はワークスペース、洗濯機置き場となっている。ワークスペースも今の流行りと同じだが、おそらくこの頃に想定されていたのは、家計簿をつけるなど家事に関わる書きものだろう。

積水ハウスも、座って使えるキッチンを研究中らしい。残念ながら取材はできなかったが、積水ハウスのウェブサイト『住ムフムラボ』二〇二一年一一月一〇日の同社の住生活研究所の所員インタビュー記事に書かれている。同年開業したモデルハウス「みんなの暮らし　4Storiｅｓ」の一つ「山本さんち。」は、定年退職したアクティブシニアの住まいを想定し、座って囲めるキッチンを採用している。座る作業台の下部は収納が引っ込んだ形になっていて、座りやすくなっている。重視したのは、コミュニケーションの取りやすさとある。

未来のキッチン　その二：二極化

リノベーション会社の「リノベる。」の設計担当、山神達彦さん（二〇二四年三月まで在籍）は、社内の勉強会で五〇年後のキッチンは二極化する、と予想した話をしてくれた。一つは各居室にテーブルつきのクリナップのHIROMAのようなコンパクトキッチンがある、あるいはひと通りの調理が行える家電だけになる。すでに経済評論家の勝間和代が実践しているが、電気鍋などの調理家電のみで構成される。「壁面収納がキッチンになる。コンロなどの火も使わなければ換気扇が不要になります」と山神さん。

すでに二〇二一年には、三菱地所レジデンスがタカラスタンダードと共同で、キッチンと洗面所を一体化させたキッチンを開発して

クリナップが飛騨産業と開発したコンパクトキッチン「HIROMA」。

いる。縦置きの二口ＩＨコンロとシンクが並ぶ。また、タカラスタンダードは日鉄興和不動産と調理台でデスクワークができるキッチンを開発。どちらも一から調理するのは難しそうだ。

もう一つは、料理が好きな人用のほぼキッチンのような住まい。実はこれもすでに実践者がいる。カレー店「エリックサウス」の総料理長の稲田俊輔は、大学入学時に1Kの部屋を借りた際、家全体をキッチンと考えモノを配置した（『メシ通』（リクルート）二〇二〇年七月七日配信）。また、『ＲＥＡＬ ＫＩＴＣＨＥＮ＆ＲＥＮＯＶＡＴＩＯＮ　キッチンからリノベーションを考える本』（本間美紀、小学館、二〇二一年）で紹介された一人暮らしの男性は、ホームパーティで料理を披露するのが好き。六五・四平方メートルのマンションの部屋の約四分の一をキッチンにリノベーションしている。業務用で知られるタニコーの個人向けオーダーキッチンシリーズ、マイスデルのダイニングテーブル兼用のアイランドキッチンと、背面収納のすべてがステンレス製。天板の幅は書いていないが、背面カウンターが四五七五ミリもある。天板より長めの高火力四口ガスコンロつき。一方、浴室はシャワーだけと割り切っている。こうしたキッチン中心の住まいが、料理好きの間で広まるのだろうか。

『新建築住宅特集』（新建築社）二〇一九年一二月号では、前・中・後編に分けた「〈キッチン〉再考――料理家と考えるこれからのキッチンのあり方」シリーズ最終回で、料理家・作家の樋口直哉、建築家の浅子佳英《よしひで》、建築家・リサーチャーの榊原充大《みつひろ》、建築家の西澤徹夫が未来のキッチンを二パターン予測している。

一つは、大きなテーブルがキッチンを兼ねる一〜三人暮らし用の「テーブル・キッチン」。料理する人、食べる人を分けず、料理しないときもキッチンを有効活用できる形として構想している。天板の中央にシンクと食洗機を埋め込み、コンロは可動式の小型電気調理器にし、電子レンジも小型を置いて、どの位置からも調理できるようにする。食洗機は食器棚を、電子レンジは保管庫を兼ねる。ケーブル不要でどの位置でも電子機器を使える。生活も仕事もごちゃまぜの空間である。「食べものと書類などを一緒にするのはどうなのか？」「家電内だけで収納は足りないだろう」など疑問は湧《わ》くが、少人数家族の「ながら生活」はありかもしれない。ただ、配線などなくても、ダイニングテーブルが仕事や学習の場となっている家は昔から珍しくないが。いや、配線つきが画期的なのか。

二つ目は四人以上で使う「コミュニケーション・キッチン」で、玄関を入ったらすぐにキッチンで、人が参加しやすい、外で調達した食材や料理の移動がスムーズなどが利点とされた、シェアキッチンやワンルームでは珍しくない形である。

私は配管が進化し、室内の換気力が大きく、換気扇の位置を気にせずコンロを使える、あるいはポータブル換気扇や内蔵型などコンロとセットになった換気扇があればキッチンはもっと自由に選べるのに、と思っている。料理がラクになる、生活の中心に置く、コミュニケーションを重視するなど、さまざまな可能性が考えられているが、ここまで書いたように一部はすでに実践が始まっている。次節以降はそれぞれ具体的に、実は長い歴史がある理想のキッチンの形を模索する動きを紹介していく。

4 対面キッチンに歴史あり

実は八〇年以上前に登場していた

一九九〇年代、二〇代だった私は、新婚の友人宅へよく招かれた。彼女たちは、そろって吊戸棚つきの対面キッチンがある新築マンションに入居していた。今は、大量生産される分譲マンションなどの多数派が対面キッチンである。

しかし対面キッチンの歴史は、意外に長い。最初に考案したのは、おそらく建築家のアントニン・レーモンドだ。実は私がキッチンの日本史を調べると、必ずこのレーモンドにたどり着く。

たとえば、日本住宅公団（以後、公団。現在はＵＲ都市機構）の創成期に阿佐ヶ谷住宅などの伝説の団地を手がけ、暮らしやすい集合住宅地を構想した津端修一。のちにロングラン・ヒットしたドキュメンタリー映画『人生フルーツ』の主役となった彼は、レーモンド事務所がキャリアの出発点だった。

『日本の近代建築（下）―大正・昭和篇』（藤森照信、岩波新書、一九九三年）によると、レーモンドは一八八八年のチェコ生まれ。プラハで建築を学んで渡米し、フランク・ロイド・ライトの事務所に入って、一九一九（大正八）年に帝国ホテル建設のために来日した。「しかし、ライトのマンネリズムにあきたらず、けんか別れして独立し」た。やがてヨーロッパで生まれたモダニズムのデザインに鋭く反応して、日本で初めてモダニズム建築の自邸を一九二四年、東京・麻布に建てる（下の写真）。

レーモンド設計事務所のプロフィールを見ると、一九三八～一九四八年の戦中戦後はアメリカで事務所を開いている。それ以外の後半生のほとんどを日本で暮らし、一九七六年にアメリカで亡くなった。弟子の有名建築家に前川國男、吉村順三がいる。前川國男の弟子には、公団のダイニング・キッチンに関わる浜口ミホがいる。

『昭和住宅物語』（藤森照信、新建築社、一九九〇年）によると、レーモンドは昭和の時代はそれほど重視されていなかったが、実は日本の建築史で欠くべからざる人物だ。モダニズム建築と言うと、コンクリートの打ちっぱなしで四角い建物というイメージが浮かぶが、それを中流層がようやく洋室を導入し始めた大正時代に、早くも自邸に使っている。

アントニン・レーモンドの自邸「麻布笄（こうがい）町の家」（撮影者不明）。

一九二九（昭和四）年に竣工したソビエト大使館では、一階部分を柱で支えるピロティ建築を試みた。日本人の建築家がそうした設計をするのは、戦後になってから。軽井沢で奇跡的に残された「軽井沢夏の家」（一九三三年、現在はペイネ美術館）を観に行った著者の藤森はその空間で過ごし、桂離宮を連想する。ル・コルビュジエは、日本の建築はモダニズムを表現するのに適している、と指摘していた。

『日本の建築』（隈研吾、岩波新書、二〇二三年）によると、レーモンドは、アメリカを中心に広がったバウハウス的な機能と経済を優先するモダニズムは、非人間的だと批判している。レーモンドがユダヤ系だったことも、ドイツのデザイン学校だったバウハウス批判につながった、と推測している。ただ、バウハウスは戦間期のワイマール時代に生まれ、ナチスに息の根を止められた学校で、ビルディングなどの建築物をはじめとするモダニズムを世界に広めた。

そんなレーモンドのキッチン思想を教えてくれたのは、浜口ミホに続く世代の女性建築家、林雅子の弟子で林雅子資料室を運営する白井克典さんだ。「レーモンドは一九四〇年頃にオープンキッチンをつくっています。レーモンドは、バーにいるような感覚でキッチンの中にいる人と外の人が会話できるようにしたい、と考えた。吉村順三さんがレーモンドのところから独立してすぐにつくった軽井沢の別荘を、ひょんな経緯で今私が管理しているのですが、当初の形に復元したこのキッチンが、その意味でおもしろいんですよ」と話す。

レーモンドの弟子の吉村順三は、どうやら対面キッチンの思想を受け継いだ最初の日本人のようである。

暮らしを中心に据えた吉村順三

東京・本所の呉服商の家で一九〇八（明治四一）年に生まれた吉村順三の人物像を、ひも解いてみよう。『昭和住宅物語』によると、子どもの頃、普請道楽の叔父の家の建設を担当した番頭から、「どうすれば住みやすくて維持が楽な家をつくれるかといった実際的なことを聞かせてもらった」。東京美術学校（現東京藝術大学）在学中は、京都へ通い「バウハウスなんかの仕事を見るように古建築を見ていた」。直線が基本の日本の建築物とモダニズムの共通性を見抜いていたのだ。『巨匠の残像 「建築」を拓いた17人の遺風』（日経アーキテクチュア編、日経BP社発行、日経BP出版センター発売、二〇〇七年）によると、吉村は大学在学中の一九三一年からレーモンド事務所に通って卒業後に就職する。その後、アメリカに移ったレーモンドに呼ばれ、一九四〇年から一年間ペンシルバニアに滞在し、太平洋戦争開戦と同じ日に東京で吉村設計事務所を開く。

一九四四年にバイオリニストの大村多喜子と結婚。二年後に六畳二間の建売住宅を購入し、六回も手を加え、一二・五坪を六〇・五坪まで広げた。その家を多喜子は「だんだん良くなっていく。踊り場のある階段は上りやすく、二階に行くのもちっとも苦労しない。家に長くいるのがすごく楽しい」と語る。書き手も吉村が設計した九軒を回り、「中に入ってしばらくすると、すっと体に建築がなじんでくる」感覚を味わい、心地よい寸法を決めることが重要とする吉村の言葉を引いている。また、暖房など設備の重要性に早く気づいた建築家の一人でもあった。

窓の断熱性能を高めるダブルサッシも、一九六二年竣工のNCRビル（現日本財団ビル）で、快適性を高めたいという動機で工夫して採用している。窓研究所のウェブサイト「窓の変遷史」第4章と第6章（真鍋恒博、二〇一五年、二月一六日）によると、当時、日本にはヨーロッパからダブルサッシが入ってきていたが、つい最近まで寒冷地以外では、どちらかといえば防音用として採用されていた。

日本デザイナー学院の校長で建築家の野口朝夫さんは、吉村事務所でキャリアをスタート。「僕は生意気だったから、吉村事務所でははぐれ者だった。吉村事務所は、基本的に住宅設備もオーダーメイド。吉村先生自身には、欧米型の生活スタイルが善である、という前提があるように感じました」と振り返る。

アメリカの近代生活を体験した吉村は、おそらく相当感化され、遅れていた日本の近代化を進めようとしたのだろう。その一つがキッチン。野口さんが入所した当時は、ダイニング・キッチンが一般化し始めた頃。「調理するお母さんのお尻ばかり見ているのが家庭ではない」、と吉村が言ったことを野口さんは覚えている。そのために、使いやすい対面キッチンをつくろうと試行錯誤していたが、排気問題で苦労していた。「僕は一九七五年から一九八一年まで吉村事務所にいましたが、板金屋さんにレンジフードをつくってもらい、モーターも選び、そしてどうやって取りつけるか悩みました」、と野口さんは話す。壁に直接つけるプロペラファンが一般的になったばかりの時期で、天井につける既製の換気扇はまだなかった。一九七一年に竣工した現代美術家、猪熊弦一郎邸は対面キッチンでは、換気扇もダイニング側についているが、おそらく造作したと思われる。

ここで、白井さんが『住宅建築』（建築資料研究社）二〇二三年四月号に寄稿した記事から、吉村が独立し最初につくったキッチンを見てみよう。白井さんがこの「鍵富邸（旧村田別荘）」を管理するきっかけは、長年の顧客が二〇一四年に土地を取得したこと。軽井沢の中で最も古い別荘地で、山間ながら日当たりもよい。竣工は一九五二年で、現在は軽井沢の文化遺産として「旧村田別荘」とされている（下の写真）。最初のオーナー、村田の妻は著名な園芸家の村田ユリで、旧姓が鍵富だ。

キッチンは壁付だが、リビングに面して木製の折り畳み式カウンター収納がある二列型で、カウンターで飲食もできる。驚くのはキッチンの天板がステンレスであること。この頃のステンレスキッチンは手づくりの高級品で、ほとんどの日本人はなじみがなかった。

吉村順三の「旧村田別荘」（1958年）。カウンターを通して台所を見る（写真＝野秋達也）。

南側にリビングの窓が見え、東側は全面窓で朝日がさんさんと射し込む気持ちのよい空間になっている。

時代的な制約もあり、天板の奥行きは五二〇ミリしかない。「ビルトインシンクには下地材を入れるので、八〇ミリほどの幅があり食材がちょっと置けるけど、これは板が一枚入っているだけだから、三〇ミリしかない。だから床が濡れる。水栓も壁に直接つけているので、シンク奥にもスポンジを置ける平場がない」と白井さんは説明する。

それでも、吉村がキッチンの中と外のコミュニケーションを重視したことは間違いがない。

林雅子のオープンキッチン

林雅子についてくわしくは第四章で解説するが、正規学生として大学で建築を学んだ女性のパイオニアである。『巨匠の残像』では吉村とともに「住宅設計を究めた本格派」に位置づけられている。

林は一九二八（昭和三）年、北海道旭川市の生まれで、日本女子大学生活芸術科で住居を専攻したのち、東京工業大学清家研究室の研究生になる。戦後、若手の旗手として脚光を浴びた清家清が師匠だ。しかし、白井さんによると、独立後に吉村事務所に通い図面の描き方を教わっている。「だから吉村事務所とうちの事務所の設計は似ている。開口部のディテールとか、コンクリートと木の納まりといった寸法の決め方の哲学は、吉村さんにある。アルミサッシの全盛期でも木の

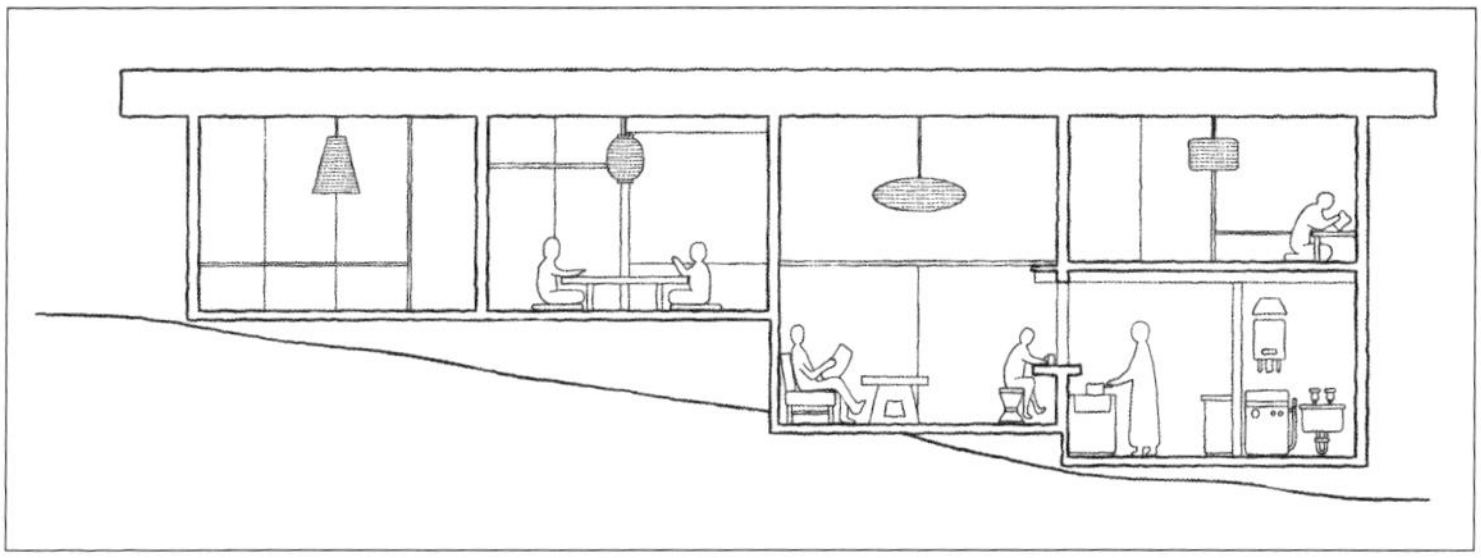

林雅子の「傾斜地に建つ家」（1958年）断面図。

サッシを使ったり、しっかりと骨組みをつくるところも似ていて、林が設計した建築は頑丈で長持ちします」と白井さんは語る。

林も対面キッチンがお気に入りだった。「吉村さんの影響、と言うと林本人は否定するかもしれないけど、カウンターで手元を隠す対面キッチンをよくつくりました」と白井さん。「林は一九五六年の『室内』（工作社）で、両側から使える対面キッチンがいい、という話をしています。キッチンから家じゅうを見渡せるのがいい。カウンターの両側の目線を合わせるため、立って作業するキッチンの床は下げる」と説明する白井さんは、『住宅建築』二〇二二年四月号に書いた林雅子論を見せてくれた。記事によると、林が独立した一九五六年から取りかかり一九五八年に竣工した「傾斜地に建つ家」は、キッチンを南東に置くなど、先の吉村設計のキッチンと似ていて、対面式のカウンターキッチンがだんらんの中心にある、斬新な設計だったと説明がある。「林の設計は、いつも台所が中心にある。台所から見える景色があり、家族も台所を見ている。見通しが非常にいい」と白井さん。

最初の作品、一九五一年竣工の「Oさんの家」には、玄関を入ると、天井までの収納が正面に見え、奥のキッチンの目隠しとなっている。天板の続きは、ワークスペースだ。その奥にリビングダイニング。「流しの先にダイニングテーブルをつなげている。今の流行りと同じです。流しが中心にありました」と白井さん。『巨匠の残像』に、この「プランは中央に家族が集まるリビングとキッチンを配した斬新なもので、創刊まもない住宅雑誌「モダンリビング」に、リビングキッチンの最初の例として取り上げられた」と説明がある。

林もやはり、換気扇の設置に苦労したようだ。「私が事務所に入った一九八〇年には、まだその葛藤があって、私もチャレンジしました。何年か後に、住宅に使える排気エース（現グリーンハイキ）が登場したんです。コンロの前の壁に排気口を設け、圧力をかけてダクトから排気するシステムです。業務用ではすでにあって、林は『てんぷら屋にあるような下引き排気をやりたい』とずっと言っていたのです」と白井は話す。

目の前で料理したい宮脇檀《まゆみ》

次に新しい形の対面キッチンを考案したのが、昭和後期から平成初期にかけて、「マユラー」と呼ばれる熱狂的な女性ファンを獲得した宮脇檀だ。エッセイやインタビューなどのメディア露出が多く、わかりやすい言葉で住宅について語り続けた。宮脇についてもくわしくは第四章で紹介するが、かんたんにプロフィールをさらっておこう。

生まれは一九三六（昭和一一）年の名古屋市で、一九五九年に東京藝術大学美術学部建築科を卒業後、東京大学大学院で修士課程を修了し、朝吹一級建築士事務所に勤め、一九六四年に宮脇檀建築研究室を設立した。藝大時代の師匠が吉村順三である。『巨匠の残像』で、宮脇の部下だった山崎健一が、何かにつけて吉村の言葉を引き合いに出していたと語り、宮脇が生涯にわたって住宅にこだわっていたのも、人間観察を設計の原点とする考え方も、吉村の教えから来ている、とある。

シングルファーザーとして子育てした経験があり、当時としては珍しい、主夫業もこなす建築家だった。そんな宮脇が興味深い対面キッチンを設計した。『宮脇檀の「いい家」の本』（宮脇檀、PHPエディターズ・グループ発行、PHP研究所発売、一九九八年）に、自宅で試したのち、十数軒の施主宅で導入した対面キッチンについて書いている。

「日本台所史上初めて」と大きく出たそのキッチンの構想は、一五年以上前とあるから、一九八〇年代初めぐらいだろうか。教えていた女子大の家政学部の卒業論文で学生とともにまとめ、自宅に導入した。

六畳と三畳の部屋をつなげて一つの部屋にし、端にシンクと小さな一口コンロを備えた調理台をつくり、その先に長さ四メートル、幅一・一メートルの巨大なテーブルを置く。その一角にはプロ用のハイカロリーコンロを埋め込み、来客と対面しつつ調理する。さらにテーブルの中央にもコンロを内蔵し、ふたを取れば鍋ものや焼き肉などができる。

このようなLDKが一体になったキッチンをつくったのは、家と事務所を一緒にしているうえ来客も多く、狭い家で接客しながら料理ができるキッチンをつくりたいと考えたからだ。自然に来客たちも料理を手伝い、子どもたちも料理を覚えていった。

一般的なダイニング・キッチンは、台所で食事させる形だが、オープンキッチンはダイニングの一角で調理をする。バックヤード感を出さないためには、汚れたモノがテーブルから見えないよう隠す収納をたくさん用意し、他の部屋と違和感がないようシンクを食卓から遠ざける、調理台を壁と同じタイルにするなどの工夫をする。そして、すぐに片づけるマメさも必要とする。

エッセイの続きに、「キッチン――「食卓側に流し」のナゾ」というコラムがある。今の対面キッチンは、宮脇が「ナゾ」と書いたパターンが多い。同書が刊行された一九九〇年代も、シンクが食卓側でコンロが奥のレイアウトが多かった。宮脇はその要因として、後片づけの負担をへらしたい、という点と、換気扇のコストがかかるから、と推測しているが、コンロを中心に料理している人の手元をみんなで見ながらワイワイ楽しむ光景がなくなっているのが残念、と書いている。

やはりここでも、男性建築家はコンロを中心に、女性建築家はシンクをダイニング側に持ってこようとしている。林と宮脇の感覚の違いは、実用性重視の女性と、楽しさを優先したい男性の感覚の違いとつながっているように思える。

5 コンパクトキッチンの魅力

クリナップのＨＩＲＯＭＡ登場

二〇一九年一二月にテスト販売を開始、二〇二一年一〇月に本格販売を始めたクリナップのコンパクトキッチン、ＨＩＲＯＭＡが注目を集めている。家具メーカーの飛騨産業とコラボしたこのキッチンは、四人掛けの木製ダイニングテーブルとコーディネートしていて、家具っぽいおしゃれなデザインだ。縦置きの二口ＩＨコンロ、シンクがセットされ、調理台は狭いが可動式のプレートでふたをすればシンク上でも、火を使っていないときはＩＨコンロ上でも作業できる。キャビネット部分はオープンで、オプションの可動式ワゴン、食洗機を取りつけることができる。

コンロつきのスタンダードタイプは、幅一三五〇ミリ、奥行き八五〇ミリ、高さ八五三ミリ。シンクが小さめのコンパクトタイプ、椅子に座って使えるロータイプもある。

クリナップでは、新築住宅の着工戸数が減少する時代に対応し、キッチンや水回り設備以外の新しい事業を立ち上げよう、と二〇一五年から取り組んできた。料理をあまりしないライフスタイルでも、食事空間でくつろぎたい気持ちはおそらく変わらない。ならば、ダイニングとしてもキッチンとしても成立する新しい空間を、と構想したのである。しかし発想の幅に限界を感じ、二〇一七年頃から家具メーカーとのコラボレーションの道を探り出合ったのが、職人によるモノづくり精神で共感した飛騨産業だった。同社の岡田贊《さん》三《ぞう》会長は実家の荒物屋をホームセンターにした実績を買われ、飛騨産業に呼ばれて立て直した業界の有名人。二〇一八年に岡田の快諾を得、できあがったのがHIROMAだった。

二世帯住宅の親世代用のセカンドキッチンにする、シンクとテーブルだけを導入してLDKの真ん中に置き、壁付のコンロつきキッチンと併用する、オフィスや賃貸住宅でパーティ用に使う、宿泊施設に入れるなど、メーカーの想定を超えて活用されている。

省スペースで場所やレイアウトを選ばない、クリナップのコンパクトキッチン「HIROMA」。

コンロを囲むパナソニックのキッチン

パナソニックも、ダイニングとテーブルを一体化させたキッチンを販売している。二〇一七年から販売する「いろりダイニング」がそれで、シンク、調理台、ＩＨコンロが並ぶ一般的な形だが、コンロをテーブルとして使える。バーベキューグリルや鍋、ホットプレートを内蔵したようなキッチンで、宮脇檀が考案したコンロ中心の対面キッチンを思い起こさせる。それが成立するのは、二〇〇八年に同社が横並びの三口コンロを開発していたからで、幅は一般的な三口コンロの一・五倍あるが、前後にできるスペースに皿を置ける。また、ＩＨコンロなら、鍋を下げればコンロ上もテーブルとして使える。

パナソニックは、さまざまなマーケティング調査に基づき、共働き時代で家事をシェアしたい、キッチンや食卓でコミュニケーションをしたいと望む人がふえていることから、こうした商品を開発した。このキッチンはテーブル兼用という意味ではコンパクトだが、キッチン単体として見れば、必ずしもコンパクトではないかもしれない。基本的にパナソニックの住宅設備が高級路線であることも考えると、どの程度の広がりがあるのだろうか。

パナソニックの「いろりダイニング」。囲炉裏のようにコンロを囲んで料理をつくりながら、集える。

パナソニックは二〇二三年一二月、シンクが壁側、コンロがダイニング側にある二列型で、ダイニングテーブルをコンロ横につなげるキッチンを開発した。それはここ二〇年ほど流行するレイアウトで、ＨＩＲＯＭＡと似ている。炊飯機能や湯沸かし機能がＩＨコンロに搭載され、壁側の吊戸棚下の棚に蒸気が出る家電を置かずに済むため低い位置まで戸棚にできることも売りだが、シンクを使う際、目の前の吊戸棚は圧迫感がないだろうか。また、土鍋やホーロー鍋をコンロで炊飯してきた人はすでにたくさんいるのではないだろうか。キッチン史の発展を支えてきた企業のどこかズレた提案は、これでいいのかと心配になる。

スープ作家が考えた「ごはん装置」

多忙で料理をする負担感が大きい現代の暮らしをアップデートしたい、とさまざまな提案をするのが、人気スープ作家の有賀薫さんだ。家事をラクにしたい人たちに、健康的な自炊生活を守る方法論の一つとして、マンションの自宅をリノベーションし、実験的に二〇一九年春につくったのがコンパクトキッチン兼ダイニングテーブルの「ミングル」だ。「入り混じる」という意味を持つ和製英語を使い、家事をシェアして人と作業の循環をつくりたい、と命名した（有賀薫 note 二〇一九年四月二三日記事）。

九五〇ミリ角のテーブルの真ん中に一口のＩＨコンロを埋め込む。横の小さなシンクで、ちょっとした洗いものができる。脚には食洗機が内蔵され、テーブル側面の引き出しにカトラリーが入る。ペンダントライトには、弱いが換気機能もついている。

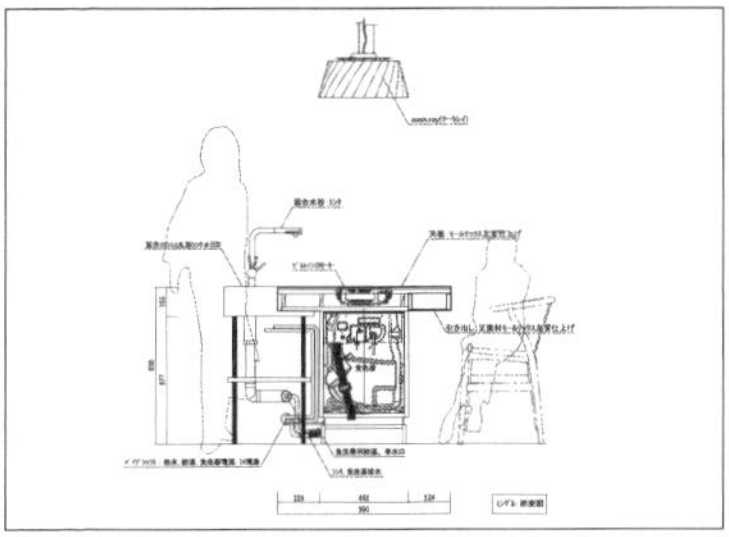

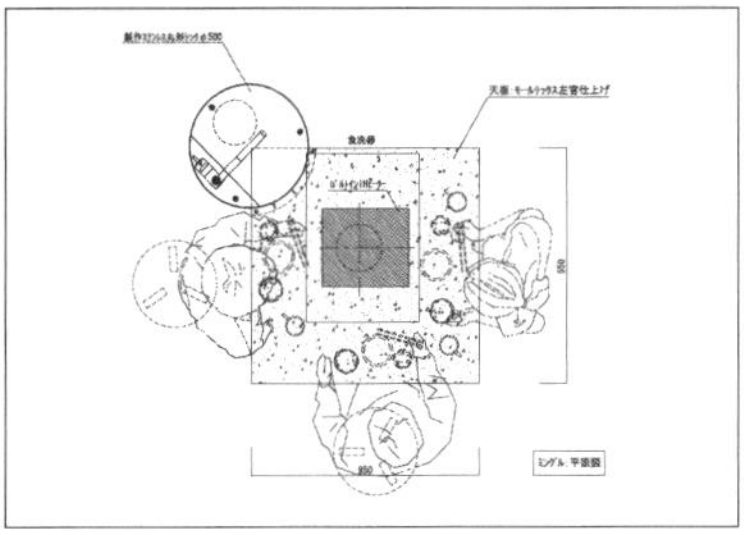

スープ作家・有賀薫さんが開発したごはん装置「ミングル」。

もともとダイニングだった空間にミングルを置いたので、三口コンロつき二五五〇ミリのキッチン本体も隣にある。撮影スタジオとして使うことも想定して、おしゃれな空間にした際、長年集めた食器はかなり処分したそうだ。

ミングルを装備した結果、取材依頼がかなりふえた。住宅雑誌やキッチンメーカーからも取材や視察、相談などがある。「囲炉裏みたい」と周りからは感心されるし、家事が億《おっ》劫《くう》になり、ガスコンロで火傷することが怖いシニア世代で憧れる人は多い。しかし、商品化に乗り出す企業はまだ現れていない。企業が登場しない理由は、本書でキッチン回りの関係者に取材をする大変さから、何となく推察できるようになった。

しかし少なくとも、ミングルは有賀さんの生活を変え、さまざまな人に新しい視点をもたらした。リノベーションに踏み切ったもう一つの理由は、一人息子が独立し、夫婦二人の生活が始まったこと。今まで家事の大半を有賀さんが担ってきたが、ミングルを使うと、夫が自発的に食器を並べる、食後に食洗機に食器をセットするようになったそうだ。また、どちらかといえば手をかけて料理をしてきたが、野菜を焼くだけでおいしい、と気づいてかんたん調理のレパートリーがふえた。友人や仕事仲間が来ると、小さなミングルを囲むだんらんが親密になり、調理に積極的に参加する人が多くなったという。対面キッチンもそうだが、食事する人とキッチンの距離が縮まると、家事がラクになるだけでなく自然にシェアするようになり、だんらんも楽しくなる効果があるようだ。

建築家たちの憧れ、移動できるキッチン

コンパクトキッチンにも、昔から魅了された建築家たちがいた。

先に紹介した林雅子もその一人。白井さんは「林は家具みたいに移動するキッチンを手がけているんです。ミニキッチンをつくるのが一つの夢で、林の家にも二階にミニキッチンがある。ビルトインしたのが冷蔵庫、シンク、電気ヒーター。当時の既製品はドイツ製しかなくて、一九六〇〜一九七〇年代に盛んにつくっているんです」と振り返る。

「だんらんの場にも、一二〇〇ミリ幅ぐらいの小さなアイランドキッチンを置きたい。家電のような装置として」と聞くと、どうやらそれは、セカンドキッチンのようだ。実はこうしたセカンドキッチンの構想は、歴史の中でときどき出てくる。

浜口ミホも、『家庭科教育』一九五五年七月号（家政教育社）で、イギリスのコンパクトキッチン、「キチネット」を紹介している。流しと一口コンロを納めた九〇〇ミリぐらいの幅の戸棚で、壁面に耐火性があるフレキシブル・ボードを貼り、耐水塗料が塗られている。流しはステンレス、扉の内側に調理器具やふきんなどをぶら下げ、戸棚や下部収納に鍋や食器、調味料などを収納できる。イギリスで戦後の住宅難対策として、一つの屋敷に数家族が同居した際、家族の独立性を守るため人気になったと記している。

キチネットは、イギリスのキッチン史の文脈に置くとわかりやすい。『近代家庭機器のデザイン史』（面矢慎介、美学出版、二〇二〇年）によると、イギリスの労働階級の家庭では第一次世界大戦開戦前、台所と居間は一つの空間で、暖房を兼ねたオープンな石炭レンジが置かれていた。水を使う食器洗い場は別の場所にあり、洗濯用の煮洗い釜と一緒になっていることもあった。一九二〇年代にガス調理器が登場すると、それが食器洗い場に置かれ始める。

中産階級では、使用人の空間である厨房は、家の中心から離れていた。しかし、二〇世紀初めに発展し始めた郊外では、使用人不足と家のコンパクト化により、厨房と食器洗い場が一つになった。中下流層で台所が主婦の空間になる変化のもとで、キチネットは導入されている。ヨーロッパのキッチンには、しばしば洗濯機が置かれているが、それはこうした時代の名残りだろう。

『Casa BRUTUS特別編集　完全保存版！　理想のキッチンの作り方。』に、一九五九年にフランス人デザイナーのジョエ・コロンボなどが考えた移動式キッチンが登場する。折り畳み式で、ふたを開くと二口の電気コンロが出てくる。

最近の例では、大正生まれの料理家、辰巳芳子が考案した移動式キッチンが紹介されている。辰巳の作品は、移動式のワゴンで一口のＩＨコンロ、コンパクト冷蔵庫が内蔵されている。食器やカトラリー、レシピ本も収納できる。コンロのふたが折り畳み式のテーブルを兼ね、開くと食事もできる。コロンボのキッチンもそうだが、シンクと水道はない。移動を前提にすると、電気はコードを延ばせば使えるが水はそういうわけにはいかない、という限界があるようだ。

3でも紹介したが、水の供給問題を解消するコンパクトキッチンを、クリナップが構想している。二〇二四年三月に、幅六〇〇ミリ、奥行き四八〇ミリ、高さ二〇〇ミリの箱型の「モビリティキッチン」のプロトタイプを発表したのだ。箱の中はシンクになっており、端にろ過装置を搭載して少ない水を循環させ、食材などを洗うことができる。加熱機器はバ

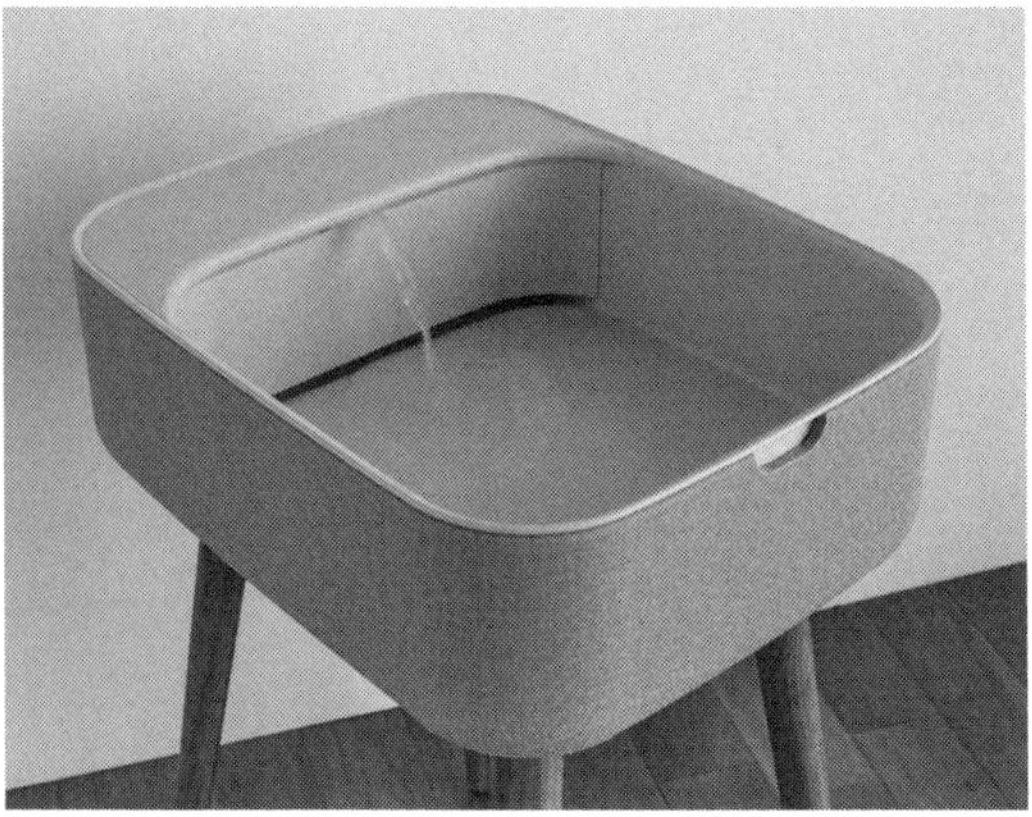

クリナップの「モビリティキッチン」。洗った水はろ過して再利用する循環システムを搭載。

ッテリー電源を使う前提だ。置く場所によって高さは調整できる。室内でも屋外でも、自由に使えるはずだ。

暮らしの規格化を考えた先駆的建築家

戦後まもない時期に住宅の工業化を構想したのは、当時若手建築家だった池辺陽《きよし》である。池辺は広い住宅を建てさせてもらえなかったこの時期、コンパクト化を試みた「立体最小限住宅」シリーズのうち、一九五一年に建てた「住宅No.8」で、アイランドキッチンを実現し注目を浴びる。さらに同年、「キッチンレス・キッチン」という先進的な台所ユニットも提案している。No.8はワンルームのLDKの真ん中に、台所設備およびダイニングテーブルをつなげて置いた。その奥は居間で、壁で仕切って書斎としている。池辺については、第二章でくわしく紹介する。

家の中心に置くことを想定したキッチンレス・キッチンは、家事を外注することも視野に入れた最小限の円型設備で、収納スペースが狭い。上部には食器収納、お玉などをかけるフック、調味料置き場の塔をセットした。台にシンクとコンロらしきものがつき、下部収納にカトラリーや包丁、食品などを納める。ダイニングテーブルは横づけする。「これは忙しい人のための台所であり、同時に家族団欒《だんらん》の中心として新しい意味の〝いろり〟である」と池辺は『建築文化』（彰国社）一九五一年一月号で述べている。

『戦後モダニズム建築の極北　池辺陽試論』（難波和彦、彰国社、一九九九年）によると、池辺が台所設備に注目したのは、「主婦の家事労働の合理化が家族の近代化・民主化の中心的テーマだと考えたからである」。家の中心に台所を置いて住空間を再編成し、新しい時代の家族にふさわしい生活様式を提案しようとしたのだ。

興味深いのは、コンパクトキッチンの構想には、家事の合理化とだんらんという二つのまるで異なるベクトルが共存していることである。実はこの二つの両立は、実現が困難だった歴史がある。そのあたりも次章以降に掘り下げていきたい。

6

リノベーションで理想のキッチンを手に入れる

人生を変える『魔法のリノベ』

二〇二二年夏に放送された連続ドラマ『魔法のリノベ』（フジテレビ系）は、二〇一五年から『JOUR』（双葉社）に連載されるマンガが原作。スゴ腕営業の真行寺小梅（波瑠）が、経験が浅い社長の長男、福山玄之介（間宮祥太朗）がいるリフォーム部の営業テコ入れのため、大手ゼネコンからまるふく工務店に転職して始まる物語だ。毎回、住宅のリノベーションを依頼する顧客とのやり取りを中心に展開する。

ドラマでは、真行寺が顧客とのやり取りで毎回、「リノベは魔法なんです」「想像なさってください、リノベーション後の生活を」と語りかける。不便を解消し、心地よい住まいをつくるリノベーションは、人生も変えるというわけだ。

二〇二二年に刊行された五巻では、三軒並んだ建売住宅のそれぞれから、リノベを依頼される。

最初の依頼主は、共働きの夫婦と子どもの核家族。妻はもともと在宅仕事だが、夫はコロナ禍で在宅勤務になり、落ち着いて仕事ができる書斎を求めていた。二軒目では、ワンオペで小学生の息子を育てる男性が、動線が悪い間取りに四苦八苦していた。三軒目は、定年退職したばかりの夫と専業主婦の夫婦で、息子と娘は遠い町で暮らす。

　建売住宅なので元の間取りはすべて同じだが、それぞれ家族構成もライフスタイルも異なり、悩みや要求も違う。キッチンを大きく変えたのは、三軒目。一階には、一〇・五畳のＬＤと五畳のキッチンがあり、廊下に大きな収納、奥に階段と水回りがあった。バラを丹精する夫人の要望は、園芸用の庭を広げつつ、ＬＤＫも広げたいという無茶ぶりだった。キッチンには備えつけのガスオーブン、ガスコンロも欲しいと言う。まるふく工務店の設計士が考えた案は、一階の廊下と収納をなくし、キッチンの端を通路としても使えるよう広げて壁面にパントリー、作業机を設ける形になった。リビング部分は増築し、ＬＤＫ全体で一九・五畳と四畳分も空間を広げた。増築で二階バルコニーも拡張し、水道つきのガーデンバルコニーにする。夫人は、娘から「おかあさんみたいな生きかたしたくない」と言われたことに痛みを感じていたが、家事に手をかけてきた人生を「ライフワーク」と玄之介に全肯定され誇りを取り戻す。

　一巻には、ドラマでも登場した新婚夫婦が登場。アイランドキッチンに惹かれて中古住宅を買ったが、キッチンが片づかなくなり、仕事を辞めた妻は「ダメ主婦」と自己否定し、夫は「客も呼べない」と嘆く。しかし、真行寺は妻にヒアリングし、問題は住まいにあると見抜く。一つは動線。この家ではＬＤＫに入ると、キッチンの中が丸見えになる。二階に上がるにも、キッチン

↓ダイニング↓リビングを通ってようやく階段にたどり着く。真行寺はキッチン横の収納をつぶし、リビングに直接入れるドアをつけるよう提案。さらに、アイランドキッチンの前にカウンターをつくり、手元が見えないよう工夫するとともに、収納を拡充し、シンク横にゴミ箱置き場を加える案にした。

これらのエピソードから見えるのは、家事の担い手目線で見れば動線が悪い住宅は珍しくないこと、その中でも、使い手の都合を考えていないキッチンが多いことだ。私自身、何百もの間取りをチェックし何十軒も内見するうち、キッチンと住まいの動線が悪い住まいが山ほどあることに気づかされた。

キッチンに関しては、二人以上で作業できないのは当たり前で、冷蔵庫が一番奥にありモノを取り出したくても調理中に他の人は入れない、手が届かない高い位置に吊戸棚があるといった物件が、珍しくない。そして何より狭い。だからこそ、自分たちの暮らしに合わせたリノベーションは、快適な住まいをつくるよい手段と言える。

リノベーションの誕生

二〇世紀の後半以降、日本では「家を買う」＝新築で一戸建てを建てる・買う、もしくは分譲マンションを買うことが一般的になった。最終章でくわしく紹介するが、焦土になった第二次世界大戦敗戦を経て、日本は借家社会から持ち家社会へ移行した。そして、中古住宅を買うのは肩身が狭い傾向があった。ところがこの一〇年ほどで、中古住宅を購入し大幅に手を入れるリノベーションがすっかり定着した。

今では、リノベ専門雑誌も、リノベをテーマにした書籍もある。それらをいくつか集めてみると、キッチンが二倍、三倍に拡大している例が多いことがわかる。こうした事例からも、既存のキッチンの狭さがうかがえる。また、ターゲットが子育て世代なのか、子育て世代が夫婦で家事をシェアし、子どもとコミュニケーションするために、オープンなキッチンにし効率的に使う工夫をしている例が多い。

『リライフプラス』vol.39（扶桑社、二〇二〇年）に登場する、カレーづくりが趣味の四〇代の夫と二〇代の妻は結婚を機に、一九七四年に建ったマンションの部屋をリノベーション。キッチンを壁付から対面に変えて広くし、壁側に棚をつけて家電置き場と作業台にした。カウンター前で夫が作業中、真後ろで妻がコンロ作業をしても空間に余裕がある。コンロの上にはスパイスなどの調味料用の棚も設置した。

共働きで四〇代の夫、三〇代の妻、幼い娘の三人家族は、オールステンレスのシンプルなキッチンを入れた。壁付だが、ダイニング側にもアイランド型のカウンターを設けコミュニケーションしやすくすること、夫婦が二人で立てることを考えている。キッチンツールはコンロ横の壁に、よく使う食品やザル類はシンク前の壁にぶら下げるなど、取り出しやすく、わかりやすいよう工夫している。一九六五年に建ったマンションの元のキッチンは、独立型で小さかった。

『リライフプラス　キッチン&ダイニングのベストプラン2019』では、取材した人にリノベーションのきっかけを聞いている。目立つ答えは、子育てするには賃貸マンションの部屋が手狭になったこと。七〇平方メートル以上の賃貸住宅が非常に少ないこともあり、子どもを産んだ人たちは住まいを購入するよう促されてきた。しかし、若い世代の所得水準が下がり、住宅価格が上昇する中で、新築住宅を買うのは困難になってきている。紹介した二例のように、旧耐震基準の割安な古い住まいをリノベーションする人たちは珍しくない。

リノベ前のキッチンを見ると、「主婦がワンオペで家事をする」前提の住まいが多く、設計者たちが家事や料理の現場を知らない実態も浮かび上がる。

リノベーションの考案者

「リノベーション」という言葉を広めたのは、一九九四年に大阪市で創業し、一九九八年からリノベーション事業を始めたアートアンドクラフトである。同社副社長の松下文子さんは「当時はまだ、都心で暮らした後は、郊外に庭つき一戸建てを買うライフスタイルが一般的で、家を買う人は郊外に流れていました。しかし、中古住宅なら都心でアクティブに住むことができる、と提案したくてこの事業を始めました」と話す。

創業者の中谷ノボルさんは一九六四年、大阪市生まれで、デベロッパーやハウスメーカーの設計士を経て、設計事務所として同社を創業した。『大阪新・長屋暮らしのすすめ』（橋爪紳也編、創元社、二〇〇四年）の記事「こうして私は再生にハマッていった」によると、それは結婚して住み始めた新築分譲マンションになじめず、昭和初期頃に建った市内中心部の長屋を、手作業でリノベして住み始めたことがきっかけだ。手を入れた住まいは、よくも悪くも季節がダイレクトに感じられる。長い年月に耐えてきた木の床の感触、しっくい壁の質感、木製の枠と建具の風合いも気に入った。こうした暮らしを体験し、巣作りの面白さに目覚めた中谷さんは、無駄なお金をかけずに住み手に合った家をつくろう、とリノベーション事業を始めるのである。

「当初は、既存の家には住みたくない、という高所得のクリエイターのお客さまが多かったです。リノベーションして一つ一つ新しい住まいをつくる、必要に応じて間取りも変える、という考え方は、当時は新しかったと思います。築年数や駅から徒歩何分、という数字では表せない住宅の魅力を大切にし、おおらかに生活できる箱をつくりたい、という考え方を当社のスタッフは共有していると思います」と松下さんは話す。

同社で人気のキッチンは、コストを抑えたフレームキッチン（52ページ写真）。シンク下に湿気がこもる、コンロ下に熱気がこもる、と気にする人がいるが、オープンにすれば通気性もよくなる。自分で収納グッズを使いカスタマイズすれば、自身の動作に合わせられる。割安でおしゃれで自由度が高い、この手のキッチンを好む施主がふえるのは当然かもしれない。

松下さんは以前、デベロッパーに勤め、住宅の見学に来た人に、キッチンの可動式吊戸棚を「ほら、便利でしょう」などとすすめていた。「日本のキッチンメーカーは細かい機能に目を向けがちで、そうした機能性の高さが選ぶ基準になりがちですが、あえて「本当にそれが重要ですか、と聞くのも私たちの仕事です」と話す。

同社顧客は、壁付のキッチンを選ぶ人が多い。「私たちが対面に重きを置いていないからかもしれません。対面にすると、通路や冷蔵庫置き場などを含めて、キッチンだけで奥行き二メートルぐらい必要になりますが、壁付だと六〇〇ミリ、八〇〇ミリに納まる。既存住宅に合わせていくリノベーションでは、対面にするとリビングやダイニングのスペースが十分取れなくなる部屋もありますし、水回りの移動が最小限になったほうが工事において合理的な場合があります」と設計担当の一森典子さん。

そんな同社でキッチンとダイニングテーブルをつなげるブームが起きたのは、二〇一四年。「自社物件でスタイリングした際、キッチンとテーブルを並べたらぴったり幅がそろった。お皿を出したり下げたりする動線もラクで、皆が吸いつくようにそこに行った気がします」、と一森さんは振り返る。ダイニングテーブルを対面キッチンにつなげるレイアウトは、二〇一〇年代に流行したが、もしかすると発信源は、アートアンドクラフトだったかもしれない。

アートアンドクラフトによる、ダイニングテーブルをつなげたキッチン。

創業当時は、一部のクリエイターが中心だった顧客も、近年は三〇～四〇代の子育て世帯、シングル女性など多様化している。シングルの男性は「もしかすると結婚するかもしれないから」と踏み切れない人が多い一方、女性は「結婚したら売ればいい」と割り切っている人が多いそうだ。

政府も後押し

近年では、政府も中古住宅市場の拡大を後押ししている。何しろ、新築住宅の価格は上昇し続け、二〇二〇年代に入って都市近郊の土地不足に加え、人手不足、資材不足で高騰した。『日経ビジネス』（日経BP社）二〇二三年五月一日・八日号は、「家が買えない　令和版バブルの舞台裏」という特集で、首都圏の新築マンション価格が平均一億円を超えたことを報じ、『AERA』（朝日新聞出版）二〇二四年二月二六日号「東京のマンションどこまで上がる」は、東京二三区の新築マンションの平均価格が、二〇一三年から一〇年で倍になったことや、パワーカップルはタワーマンションの住み替えで儲けていることなどを伝える。日本で持ち家に住む人は六割程度だが、四割の中下流層やボーダーラインにいる人たちにとって、持ち家はますます遠い世界になりつつある。

建築業界の転職をサポートするRFCパートナーズが二〇二一年一〇月二九日に配信した「高まるリノベーション需要の背景には何があるのか?」という記事によると、二〇二一年一〜三月の住宅リフォーム市場規模は、前年同期比で一二・四パーセントも伸びた。要因の一つは、コロナ禍で在宅仕事をする人がふえたこと。住宅価格の高騰でリノベを前提に中古住宅を選ぶ人もふえた。さらに三つ目の要因として、国土交通省が二〇一二年に発表した、「中古住宅・リフォームトータルプラン」があるとしている。

二〇一〇年一一月二〇日の朝日新聞土曜版be「高く売れるか中古住宅」という記事によると、国土交通省は日本の中古住宅市場を整えるため、「住宅がいつ、どんな材料を使って、どう建てられたのか、住宅診断やリフォームの際にも記録を残す仕組みを提言」した。二〇一〇年五月には社団法人「住宅履歴情報蓄積・活用推進協議会」が発足し、住宅診断を行い始めた。二〇一四年に経済産業省が開催した「第5回リフォームビジネス拡大に向けた勉強会」では、新設住宅着工戸数が一九九六年以降減少し、二〇一三年には一九九六年の六割弱にまで低下した一方、リフォーム市場が増加し始めたことを紹介している。

二〇一六年には、住宅金融支援機構（旧住宅金融公庫）が提供する長期固定金利住宅ローン「フラット35」が、リフォーム工事も対象にし始める。深刻化する空き家問題の解決策としても、政府や自治体はリノベーションに期待するようになった。

国内No.1のリノベ会社がめざす先

二〇一〇年に東京で創業した「リノベる。」は、リノベーション・プラットフォームを構築する国内No.1※のワンストップリノベーション会社である（※リフォーム産業新聞1574号　2023年10月23日発行「マンションリフォーム売上ランキング2023」）。一般的なリノベーション事業は工務店から始まった会社、設計士などが創業した会社、不動産会社から始まった会社などが行っている。ワンストップ型の会社は、物件探しから一緒に取り組む。

「リノべる。」の二〇二四年度の直営引き渡し実績によれば、顧客の中心は三〇～四〇代で平均年齢は約三七・五歳。家族構成はカップル、親子、単身者の割合がだいたい同じぐらい。夫婦の場合は共働きが多数派。平均世帯年収は八五五・八万円、平均リノベーション単価は一二三六万円、平均リノベーション面積は六六・六平方メートル。エリアは東京都が半分強で、その他の首都圏の県、京阪神、愛知県で、土地が高い大都市圏に集中している。

一級建築士の資格を持つ設計担当の山神さんは、七年前にリフォーム会社から転職した頃と今では顧客層が変わったと感じている。「当初は猫が部屋のあちこちでくつろげる、といった特殊なご希望がある方が多かったのですが、最近は新築かリノベかで迷ってリノベにした、という方もふえました」と山神さんは話す。

「リノべる。」では、「基本的にはコンクリートの構造だけを残すスケルトンにして、給排水管も必要であれば修繕し、安心できるお住まいにすることを目指しています。ほとんどは中古マンションですが、戸建ても、持ち家を中心に手がけています。築二〇年以上の管理修繕状態が良い中古マンションを購入されるケースが多いせいか、うちでリノベーションした物件は、住み替えのため売却する際、希望価格で売れることが多いんですよ」と山神さん。中には、子どもが生まれるなどして、二度目のリノベを依頼する顧客もいる。

キッチンの流行もある。数年前はフレームキッチンが流行ったが、最近はシンプルでスタイリッシュなモノトーンのキッチンが人気。若い施主は、使い勝手よりデザイン性を重視する傾向があり、顧客の九割がシステムキッチンを選ぶという。パントリーを求める人は多く、対面キッチ

「リノベる。」の携わった、カウンターの一画に勉強スペースをレイアウトしたキッチン。

ンが主流だが、近年はモノが少ない人は壁付キッチンを選び、部屋を広く見せようとするケースがふえてきているという。「壁付にする場合はオーダーキッチンが多いです。たとえば三メートル以上の長いキッチンをつくって、壁の端から端まで天板をつけ、一部をワークスペースにするといったご要望が目立ちます」と山神さん。「コンロの安全性能が上がっているからか、調理時間が短いのか、お子さんを見守りたいから対面を希望する、という方もへりました」とつけ加える。夫婦で一緒に料理する、料理教室を開く、といった顧客はアイランドの作業台をつける傾向がある。一方で、プログラマー夫婦でゲームが大好き、料理はしないから、とミニキッチンにして、部屋を広く取った例もあった。「お客さまによって、求めるキッチンは本当に違います。これからは、今までの一般解が当てはまらず、特殊解が最適解になっていくのかなと思います」と山神さん。

近年は法人の顧客が四割を占めるほどふえ、マンションを丸ごとリノベーションすることもある。広報の吉村采真《ことみ》さんは、「法人事業や買取再販事業などオーダーメイドではないリノベーションを提供することもふえてきましたが、キッチンにおいては、家事のしやすい動線を考え、洗面と隣り合わせにしたり、パントリーを設けたり、家電の置き場やコンセント位置など、暮らしやすさや使い勝手を考えてリノベーションしています」と語る（インタビューは、二〇二三年四月に実施）。

同社の山下智弘社長のインタビューが、二〇二三年二月二五日の朝日新聞土曜版beに掲載されている。同記事によると、生まれたのは一九七四年、奈良県で三人兄弟の長男だった。近畿大学でラグビー部に所属し、リコージャパンの実業団に入るが、実力不足と感じ一年で退社。建設現場でアルバイトを始めたことがきっかけで、ゼネコンに入る。初めて関わった大阪市の再開発は、団地をマンションに建て替える事業だった。ところが、数カ月かけて立ち退きを説得しマンションに移った高齢女性に再会すると、「あんたに人生、奪われた。思い出の家を返して」と胸倉をつかまれ、泣かれた。

ショックから長期休暇を取り、向かった欧米で中古住宅の魅力を知る。中古住宅のリノベーションができれば、彼女のような人も幸せにできるのではないか、と「リノべる。」を創業した。

「多くの国ではそもそも築年数で中古住宅が評価されることはありません」と言う山下社長。家探しをすると、オーナーがカスタマイズし過ぎた部屋にも多く出合うが、次の誰かに渡す家と考える人がふえれば、もしかするとクセが強過ぎない家で、使いやすいキッチンがある部屋ももっとふえるかもしれない。

7 キッチンのシェアという方法

「シェア」が人気になるのはなぜ？

「シェア」という言葉が一般的に使われ始めたのは、一〇年あまり前にSNSが登場してからだろう。右肩上がりの豊かさが信じられた昭和後期は、モノをたくさん所有することが豊かさと考えられていた。しかし、一通りモノが行き渡った社会で生まれ、自分の所得が伸びる可能性が低く見える世代にとって、モノを多く所有することはリスクとなる。

『「捨てる！」技術』（辰巳渚、宝島社新書、二〇〇〇年）がベストセラーになって以降、持ち過ぎたモノを捨てよう、と主張する片づけのスター専門家が次々と登場したことも後押しになり、シェアやレンタルでモノを使うライフスタイルが広まった。

シェアハウスの暮らしが脚光を浴びた直接的なきっかけはおそらく、二〇一〇年に出た『東京シェア生活』（ひつじ不動産監修、アスペクト）だ。同書では、運営会社などが管理し、リビングやキッチンなどの共有スペースで交流ができるといった、一定の暮らしの質を担保したシェアハウスの入居者たちの暮らしぶりを紹介した。近年は、母子家庭、高齢者、外国人や障碍者対応などの多彩なシェアハウスが登場している。

二〇一七年に制作された国土交通省の『シェアハウスガイドブック』は、シェアハウスを共同居住型賃貸住宅で、「リビング、台所、浴室、トイレ、洗面所等を他の入居者と共用して、共用部分の利用方法や清掃・ゴミ出し等に関する生活ルールが設けられていることが多い」と説明している。空き家対策としても注目しているようだ。同年に同省が実施したアンケートによれば、住人は女性が六八パーセントで、年代は二〇～四〇歳が八九パーセントを占める。必ずしも割安ではないためか、学生より社会人が中心らしく、正社員が半分近くを占める。

『シェアハウス図鑑』（篠原聡子＋日本女子大学篠原聡子研究室編著、彰国社、二〇一七年）によれば、ニューヨークやシンガポールなど、家賃が高い都市ではファミリー向けの部屋をシェアするシングルが多い。シングル向けの住宅が、基本的にないからだそうだ。

『シェアハウス図鑑』によると、日本が独自に生み出したワンルームは、一九七七年に早稲田で竣工した「メゾン・ド・早稲田」が最初である。広さは一三・五二～一五・八五平方メートルで、鉄筋コンクリート造の五階建て二七戸。建設したマルコーは投資用ワンルームマンションの開発会社で、バブル期に急成長した（住生活新聞デジタル、二〇一八年二月一二日配信）。

日本でシェアハウスの源流になったのは、外国人用のゲストハウス。一カ月以上の長期滞在をする外国人が住む家に、二〇〇〇年頃から日本人も住むようになり、シェアハウスと呼ばれるようになった。空き家を活用しようという動きの活発化もあいまってふえ、二〇〇五年にはシェアハウスの専門情報メディアのひつじ不動産が誕生するなど、環境が整備されていった。

二〇〇〇年代、近所づき合いが希薄になった現代の暮らしに疑問を抱く人が増加した。リーマンショックや東日本大震災、コロナ禍などの暮らしを問い直す契機も多くなった。そうした背景から、つかず離れずの生活ができるシェアハウスが人気になっていったのだろう。

シェアする豊かさの一つが、シングル用の賃貸住宅では手に入りにくい、広くて使いやすいキッチンである。『東京シェア生活』では、コメントした一〇人のうち三人が、自炊習慣がついた、としている。キッチンをフィーチャーしたわけではない本で三分の一は、割合として多いのではないだろうか。

シェアハウスのキッチンはどんな形?

　では、どんなシェアハウスにどんなキッチンがあるのか。『シェアハウス図鑑』から、事例を拾ってみよう。

　東京・目黒の不動前ハウスは、建築学科を出て不動産会社でリノベーション物件を担当していたオーナーが、築四〇年の倉庫兼住宅を、セルフビルドも加えつつリノベした住まいである。二階建てで個室は七室。共用部分は一一〇・九八平方メートルで、一階のLDKと水回りおよび二階のバルコニーなどである。土間に四口コンロとシンクがついたアイランドキッチン、大きなダイニングテーブルを置き、バーベキューなど居住者が主催するイベントも行う。シングルだったオーナーは、料理は好きだがキッチンが狭くオーブンも持てないワンルームで、寝るだけの生活がイヤになり、シェアハウスとして使える不動前の建物を手に入れた。その後結婚し、子どもも生まれたので、自らは本郷に引っ越したが、その際も古いビルを自宅兼シェアハウスにリノベした。長野県にもゲストハウス兼住宅をつくり、二拠点生活を送る。

神戸市須磨区の木造賃貸アパート（以下、木賃アパート）をリノベしたのは、地元の不動産会社社長。木賃アパートについては、第五章でくわしく紹介する。社長は高齢化が進む地元を活性化しようと、同級生で地元の神戸芸術工科大学の川北健雄《たけお》教授に相談した。

一九七四年に先代が建てた木造の二階建てアパートは、各階に四戸ずつ部屋があった。一階の三戸の壁を抜き共用のＬＤＫにつくり替えたが、それ以外の部屋は残し居住者も残った。壁付のフレームキッチンを置き、その横の壁にオープンな食器棚をつくりつけた。冷蔵庫は、段ごとに使用者を振り分け、冷凍庫内は保冷パックに名前を書くなどして区別している。リノベーションに神戸芸術工科大学が関わり、入居者も同大学の学生を募集する。

宇都宮市や石巻市などの地方都市の例も紹介している。運営によっては、多世代が住んで地域と住人をつなげるなど、可能性が広がっている。

シェアハウスの中でも、人をつなげる可能性が高い空間は、キッチンだ。料理や食事のシェアは、人との交流を深める、絆を育てるうえで、有効性が高い。そのためか、必ずしも住む部屋を伴わないシェアキッチンがふえてきた。

『住まいから問うシェアの未来』（住総研「シェアが描く住まいの未来」研究委員会編、岡部明子・鈴木亮平・山道拓人・猪熊純・前田昌弘・門脇耕三・小川さやか著、学芸出版社、二〇二一年）に、東京・墨田区の下町で、祖母の自宅兼事務所だった鉄筋コンクリート五階建てのビルを建て替え、自宅と賃貸住宅、コワーキングスペース「PLAT295」とシェアキッチン「ATELIER295」を設けた鈴木亮平のレポートがある。竣工は二〇二〇年四月。鈴木はもともと都市計画のコンサルタントで、相続した隣の木造戸建ての二階を事務所として使っていた。しかし、祖父母が施設に入居し、ビルも家屋も老朽化した。不便で災害への備えにも問題がある、と建て替えることにしたのだ。その際、子育ての負担をへらせ地域につながるシェアに、可能性を感じたのである。

開業がコロナ禍と重なったATELIER295は、飲食店へ行きにくいから、とサークルの飲み会、地域のママ会、法事などで利用された。キッチンカー営業の仕込み、インターネット通販やイベント出店の食品製造で利用する人、SNSで発信するスタジオとして使う人、飲食店のオープニングスタッフの研修、試作などの利用もある。また、鈴木の四歳の息子も、自宅の延長線として気軽に出入りし、鈴木自身も両親との会食をこの場所で行うなど活用している。

コロナ禍、デリバリー専門のシェアキッチンと言える、総菜を製造販売するゴーストキッチンが次々に誕生した。その少し前から、飲食店を始めたい人が交替で営業する店などはふえていた。また、地域の人が集う公共的な役割も果たすコミュニティレストランや、リーマンショック後に注目され、一気に全国へ広がった子ども食堂などもある。「シェア」と名前がついていなくても、経済難と人間関係の希薄さで悩む二一世紀の日本には、すでにキッチンをシェアするさまざまな選択肢が存在している。

シェアキッチンをつくる不動産屋

東京・西荻窪にある会員制の「ｏｋａｔｔｅにしおぎ」は、自宅の一部を開放する人たちを取材した『住み開き』（アサダワタル、筑摩書房、二〇一二年）を読んで感銘を受けた竹之内祥子さんが、自宅を建て替えた二〇一五年、敷地の一部に建てた賃貸住宅につくった土間のシェアキッチンで、ＬＤ空間を持つ。賃貸住宅は基本的にシングルを想定した四部屋が二階にあり、入居者用の簡易的なシェアキッチンもある。土間のシェアキッチンは、つくった料理やお菓子を販売できるように、ダブルシンクでキッチン空間だけを閉じるなど、食品衛生法の基準をクリアしている。

会員は二〇二四年三月現在、近辺の住人が中心の四五人ほど。料理をする、イベントをする、この場所でくつろぐなどの使い方ができる。会員は三種類に分かれており、ワークメンバーは水・金にリモートワークで使え月三〇〇〇円、キッチンを菓子製造など仕事用に使うメンバーは月八〇〇〇円、それからオープン時間に使えて予約利用もできる一〇〇〇円のメンバーもいる。マルシェなどメンバーが誰でも参加できるイベントも開く。企画時に開いたワークショップでの要望を受けてアイランドキッチンにしたところ、複数人が作業しやすい空間になった。

竹之内さんがシェアハウスづくりを相談したのが、東京・阿佐ヶ谷に事務所を構える不動産会社のエヌキューテンゴ（Ｎ９・５）の齊藤志野歩《しのぶ》代表だ。齊藤さんは「まち暮らし不動産」と銘打って、シェアハウスなど町に開く場の企画・コンサルティングなどを行っている。まち暮らし不動産の活動は、対談（P.280〜289）でくわしく紹介する。

二〇一三年の創業以来、まち暮らし不動産では、さまざまな住宅づくりに関わってきたが、そのほとんどがシェアキッチンを持ち、町に開いている。そのうちokatteにしおぎでは、現在も運営に関わる。毎月のメンバーの定例会後に、ご飯を一緒につくって食べる、年末に三〇人ほどで集まり一緒におせちをつくるなど、緩いつながり方で過ごすことが多いという。

シェアキッチンがあれば、余った食材を分ける、足りない食材や調味料を分けてもらえる、つくり過ぎた料理を食べてもらえる、つくるのがしんどいときに分けてもらえるといったシェアが容易に行える。一人で過ごしたくないときにも、気軽に人と一緒の時間が持てる。

okatteにしおぎには土間のダイニング・キッチンがあり、収納式の折れ戸で間仕切りできる（筆者撮影）。

齊藤さんがシェアキッチンを企画するのは、「共用できるスペースのうち、誰もが同時に使えるのが基本的にキッチンしかない」からである。浴室も共用できるが、不特定多数で使うなら男女別に分かれる。現代の小人数家族で手に余ることが多いから、シェアできるよう企画する、という齊藤さん。家族だと甘えが出て冷静に話せないことでも、他人ならかえって冷静に相談しやすいことがある。利用者同士が対立することもあるが、斎藤さんが相談にのる際は「感情的に話すのではなく、感情の話をする」ことで、怒りやいらだちの原因を明らかにし解決に導いていく。最初に携わった千葉県松戸市の「みかんハウス」オーナーの経済学者が、「正しい答えに行こうとしないで、なるべくみんなにとって優しい答えにしたい」と言ったことを、齊藤さんは大事にしている。

みかんハウスは二階建ての木造住宅で、一階の一部がシェアするＬＤＫと水回り、その他が住居になっている。ここでは靴を脱いでＬＤＫに入る形だったが、ｏｋａｔｔｅにしおぎではＤＫを土間にし、より気軽に出入りできるようにした。ただ、キッチンは業務用に使ううえで制約があるため、二〇二二年にオープンした「八王子ＯＭＯＹＡ」では、製菓用に特化したクローズのシェアキッチンと、入居者やメンバーが日常やイベントで使うシェアキッチンを二つつくった。「西荻窪は、シェアキッチンが町にいくつもあるので、たくさんつくって売りたい人は二、三カ所借りれば対応ができます。八王子にはないので、一カ所でできるようにしました」と齊藤さん。

齊藤さんは、シェアハウスでキッチンがどのように使われるかは、住む人とその属性で違ってくると言う。「お子さんがたくさん住んでいるところは、子どもが決まったコップでしか飲まないから、などの理由で個人用の食器棚が大きい場合がある。それぞれがご飯をつくって食べるだけのシェアハウスが、世の中にはたくさんありますし、できないと思い込んでいる人も多いんです。食事を共有できるようにつくられていない場合もあるし、できないと思い込んでいる人も多いんです。人につくって食べさせることは、相手の健康に責任を持つこと。そうした責任が、実は信頼関係を結ぶうえで大事なことなんです」と話してくれた。

外国人と交流するシェアハウスで

ボーダレスハウスは、日本で賃貸住宅の契約が難しかった外国人向けに、二〇〇八年に保証会社として発足した会社である。マネージャーの細木拓哉さんは、「日本に住んでいる海外の方は、日本人とつながるきっかけが少ない。一方、留学するお金はないけれど、外国人と知り合って異文化を知りたい日本人もいる。両者がお互いの文化や価値観を深く理解し合える人間関係をつくる場所として、と一三年ぐらい前から本格的にシェアハウス事業を始めました」と説明する。

当初は、シェアハウス自体が少なかったこともあり、この目的を知らずに入居を希望する人や、管理をしっかり行う分、割高なことから「賃料が高い」と不満を述べる人もいたが、ここ数年はそうした問題が発生しにくくなった。入居資格は、「同世代との交流で視野を広げて欲しい」と、一八〜三九歳に限定している。交流が生まれることを意図して、「日本人の女性を募集」など空き部屋の入居条件をホームページで開示し、基本的に外国人と日本人が同数、男女も同数になるよう調整する。さらに、事前になぜ入居したいのか、入居したら何をしたいかなどを確認し、入居者たちが求める交流を得られるよう、人と住居のマッチングを行う。契約時に三万円の礼金、二万円の保証金を家賃とともに払う。契約期間は一一カ月で、更新料は一万円。エリア内で他のボーダレスハウスへ移りたい場合、マッチングできれば一万五〇〇〇円で転居できる。いろいろな人と交流することが、ボーダレスハウスの目的であることもあり、移動する人は多い。

現在、ボーダレスハウスが運営するシェアハウスは東京・京阪神・ソウル・台北で展開し、合計七八棟に及び、二〇一八年には累積入居者数が一万人を超えた。ほとんどが空き家のリノベーションだが、この頃から新たにシェアハウスとして建て始めた。

自身が就職で上京し、知り合いが欲しくてボーダレスハウスに入居してきたという細木さん。入居者同士の交流を促進する役割も、受け持っている。取材した二〇二三年一月当時に入居していた岡根谷実里さんは、「ボーダレスハウスのケアはめちゃくちゃ細やかです。特に細木さんが」と言う。岡根谷さんは、世界の台所探検家として各地の家庭を巡り台所から社会を考えるフリーの研究者だ。

細木さんは、「それぞれのシェアハウスを月に一度は回り、キッチンと冷蔵庫は必ずチェックします。使っていないきれいさのキッチンがあれば、入居者に様子を聞いたりします。冷蔵庫も腐っているモノが多かったりすると、「冷蔵庫の掃除大会をします」と、入居者の方に呼びかければ、コミュニケーションが生まれます」と話す。また、年に一度以上は入居者に対面でヒアリングを行う。

ボーダレスハウスの約22畳の広いビングから、ダイニングとキッチンを眺める（筆者撮影）。

取材した田端のシェアハウスは一〇年ほど前、企業の社員寮からオーナーが管理するシェアハウスへ移行。一階の四〇平方メートル（二二畳弱）もあるＬＤＫは、長いテーブルと会議室があるレンタルスペースでプロジェクターも設置していたが、一六ある個室は半分程度しか埋まっていなかった。二〇二〇年、ボーダレスハウスが管理するようになると、語学学校がある御徒町《おかちまち》や日暮里《にっぽり》が近いことから、常に満室になった。

キッチンは壁付システムキッチンが二つつながった形で、高さは八五〇ミリ、幅四〇六〇ミリあり、シンクと三口コンロが二つずつある。新たにイケアで購入した九〇〇ミリ高さのアイランドの作業台は、作業する人、立ってお茶や酒を飲む人など、活発に利用されている。「仕事として試作した料理やつくり過ぎたモノは、置いておくと誰かが食べてくれるのでありがたいです」と岡根谷さん。

冷蔵庫は二つあり、それぞれトレイの中が私物、それ以外は共用になっている。「冷凍庫はすぐいっぱいになるんですよ。アイスや冷凍食品・食材を買う人が多いから、生野菜を食べない人たちが使う冷蔵庫では、野菜室にドリンク類や焼きそばを入れる人もいて、使い方の違いがおもしろいんです」（岡根谷さん）。

キッチンは夜八時ぐらいに混むものの、お互いの行動パターンを見て入居者同士が自然に調整している。岡根谷さんは、「誰かが置きっぱなしにしたモノも、他の誰かがしまってくれたり、布巾を洗ってくれる人がいるなど、何となく補い合って生活しています。この間は、ドイツ出身の人につくり方を聞かれて味噌汁を一緒につくりました。彼女はベジタリアンで食べられるモノが少ないんですが、先日は覚えたての味噌汁を大量につくっていました。イタリア人からパスタを教わったこともあります」と、楽しそうに話す。

実家から独立するにあたり、キッチンが広いシェアハウス暮らしを選んだ岡根谷さん。「疲れている日は、まっすぐ部屋に向かうこともありますが、キッチンでご飯を食べていると、そこにいる人と会話が生まれる。料理があれば何を食べているかなど、トピックがなくても、会話できるから便利です」と話す。

銭湯から始まったシェアキッチン

ＪＲ中央線の高円寺駅前商店街の路地裏に、一九三三（昭和八）年から続く登録有形文化財に指定された銭湯「小杉湯」がある。三代目オーナーの平松佑介さんは一九八〇年生まれ。六年前に株式会社化し、「踊る銭湯プロジェクト」と題してダンスイベントを開くなど新しい試みをしてきた。利用者は高齢者から若者まで幅広く、一般的な銭湯の利用者が一日一二〇人程度しかいないのに対し、平日は六〇〇人、土日は一〇〇〇人もが利用する。高円寺に風呂なしアパートが多いことや、若いクリエイターなどが多いサブカルチャーの街、という土地柄の影響もありそうだ。

隣に風呂なしの二階建て、一二部屋の木賃アパートを所有していたが、老朽化に伴い建て替えることになった。ところが入居者に退去をお願いしたところ、予想より一年も早く全員が退去。そんなときにオーナーがまちづくりに携わる建築家の加藤優一さんと出会い、一年限定でアパートを活用するプロジェクトを開始。アパートの外壁に絵を描くアーティストや銭湯でライブを行うミュージシャンなどのクリエイターが集まった。彼らは銭湯がある暮らしの伸びやかさも実感。いろいろな人にその楽しみを知ってもらおう、とアパートの入居者を中心に「銭湯ぐらし」という株式会社を設立した。アパートは二〇一九年に取り壊し、三階建ての鉄骨造で建て替え、飲食店としてオープンしたが、開業が二〇二〇年三月とコロナ禍に重なり、休業を余儀なくされる。

しばらくはテイクアウトの弁当販売でしのいだが、先が読めない状況になり、六月から会員制のシェアスペースに営業を切り替えた。一階はシェアキッチンと食堂、二階は当初と同じく畳敷きのコワーキングスペース、三階は予約制の六畳一間の畳の個室の「小杉湯となり」だ。入会金は一万一〇〇〇円、月々の会費は二万二〇〇〇円で日曜定休。

ＰＲ担当の樋口久菜さんは、「在宅だと煮詰まってしまう、と居場所を求めている人たちが入ってくださり、五〇～六〇人の会員さんがいます」と話す。

キッチンはL字型で壁面にIHの三口コンロ、客席側に椅子を置いたカウンターがあり、手元を隠す形で作業台とシンクがある。玄関側の天板下にガラス扉の業務用冷蔵庫があり、「銭湯のように使って欲しいので、ドリンク類は玄関側から取れるようになっています。ビールサーバーは両側から使えます」と樋口さん。「つくっている過程が見えるとワクワク感があり、「何ができるんですか」「いい匂いですね」と会話も生まれます」。

「一般向けのイベントもやりますが、会員同士のイベントが多いです。料理部の会員さんが魚をさばく会を企画する、主婦の会員さんがキムチづくりの会をやるなど、会員同士という安心感があるから、イベントに発展しやすいのかもしれません」と樋口さん。実家から送られたリンゴが食べきれない、と会員が持参し、お菓子づくりが得意

小杉湯となりのキッチン。カウンターに座れば厨房で調理する人とおしゃべりが弾む（筆者撮影）。

な会員がアップルパイにする、といった展開もある。

開業して一年後の二〇二二年三月から、土日の午前中は、一般に開放してカフェも始めた。土曜日は小杉湯となりの店長、白井杏実さんが店主を務める「となり喫茶」で、自家製パンやコーヒーなど、地元の店で調達した材料でモーニングセットを出す。日曜日は定休日だが、一階のみ元飲食店店長でデザイナーでもある小杉湯スタッフの松田大成さんが不定期で「おいしい朝ごはん cometo.」という朝食の店として開き、出身地、三重県熊野市産の生節《なまぶし》を載せたご飯などの和定食を出す。

二〇二三年二月に「おいしい朝ごはん cometo.」を取材したところ、高円寺に住み始めたばかりの主婦や、常連の古道具屋店主など、さまざまな人が来ていた。二〇二三年五月二七日放送の『Trailblazers～次なる日本の革新者たち～』（BSフジ）では、ご飯と味噌汁のセットを松田さんらが出していた。小杉湯となりがめざすのは、町全体を暮らしの場として開いていくこと。キッチンをシェアすることは、確実にコミュニティを充実させていっているようだ。

一〇〇年前の試み

シェアキッチンは、ざっと一〇〇年ほど前に先進各国で登場し、挫折した試みでもあった。今後を占うため、いったん時代をさかのぼってみよう。

現代のシェアキッチンは、シングル向けの住宅で広がり始めた。業務用厨房を持てない料理家・料理人・パティシエのスタートアップの厨房として活用されているキッチンもある。食事の場をシェアすることで、人間関係が広まり絆が深まることも期待されている。しかし、昔のシェアキッチンは、家事をシェアし効率をよくすることが目的だった。

『お母さんは忙しくなるばかり　家事労働とテクノロジーの社会史』（ルース・シュウォーツ・コーワン著、高橋雄造訳、法政大学出版局、二〇一〇年）によると、アメリカでは植民地化の初期、植民者たちは共同生活を行っていた。一九世紀後半になると、いくつかの宗教グループが共同家事を始め、二〇世紀前半にさらにふえる。シェーカー教徒の場合、男女別の共同寝室があり、男女別で仕事を行った。女性の労働は炊事、裁縫、掃除、洗濯の家事で、複数の女性たちが共同で携わり、ローテーションした。

一九世紀から二〇世紀初頭にかけて、無政府主義者などの社会主義的なコミュニティもアメリカ各地で一〇〇近く誕生し、共同家事が採用された。家族ごとに住まいはあったが、家事と育児は共同施設で行うことができた。

一九世紀後半から二〇世紀前半にかけては、共産主義や社会主義が、世界中で憧れの対象になっていた。ソ連は誕生当初、その理想を実現する国と見られ、日本でも無政府主義者や社会主義者が活発に活動を行ったが、弾圧された歴史がある。

中上流層の人たちも、家事のシェアを考えている。ハーバード大学教授夫人のメルシナ・フェイ・パースは、一八六九年に共同ランドリーと食料品店の設備をつくり人を雇ったが、シェアキッチンを実現する前につぶれた。一八八〇年代には、コミュニティ食堂やシェアキッチン、共同食事配達サービスが現れ始め、一九二〇年代半ばまでこうした組織の設立が相次いだが、四、五年でつぶれた。移民や貧しい人たちに向けた慈善事業としてシェアキッチンが生まれることもあったが、出身が多様な移民は北部の白人の料理を好まなかったので、成功しなかった。

アメリカの試行錯誤に、ドイツ人も注目していた。『ナチスのキッチン「食べること」の環境史』（藤原辰史、水声社、二〇一二年）によると、ドイツ社会主義労働者党（現ドイツ社会民主党）の創設者、アウグスト・ベーベルが、一八七九年に出版しヒットした『婦人と社会主義』で、シェアキッチンを「共産主義キッチン」と名づけ、煙も熱もニオイも出ないオール電化のキッチンとして構想し、私有キッチンは非合理的で非経済的と断じている。その構想を実現しようとしたのが、女性運動家のリリー・ブラウン。各部屋に置くのはガスコンロ一台。大きなシェアキッチンを持つ集合住宅で、家電を一通りそろえ、共同食堂もつくる。家事を引き受けるのは熟練した家政婦である。こうした「セントラルキッチンハウス」を実現するために一九〇三年、家事協同組合有限会社も設立。ヨーロッパ各地でセントラルキッチンハウスが設立されたが、ほとんどが一九一〇年代に挫折。唯一長く続いたのが、コペンハーゲンのキッチンで一九四二年に閉業した。

日本でも、農学者の横井時敬《ときよし》が、『小説　模範町村』（読売新聞社、一九〇七年）で、料理番つきの農村のシェアキッチンを描いている。しかし、世界各国で描かれたシェアキッチンの夢は、「第一次世界大戦を境に急速にしぼんでいく」とある。

近代住宅・建築・生活史を研究する須崎文代が、ウェブサイト『ＬＩＸＩＬビジネス情報』

「パブリック・フロントランナーズ7　共同キッチンの先駆者たち」（二〇二〇年一月二九日公開）で、シェアキッチンについて書いている。

イギリスのSF作家H・G・ウェルズは、一九〇五年に刊行した小説『A Modern Utopia』で、理想社会の住人たちは私有キッチンがない社会で暮らす、と描く。アメリカの文明・社会評論家で都市研究家のルイス・マンフォードも一九一四年に、都市では調理が共同化されると述べる。アメリカで家政学という学問のジャンルをつくり、学校給食制度の設立に貢献したエレン・リチャーズは、一八九〇年に「ニューイングランド・キッチン」という低所得者に安くて栄養がある料理を提供し、家事労働を削減する場をつくった。そして、三年後のシカゴ万博でシェアキッチン「ランフォード・キッチン」を出店し、注目を集める。田園都市を構想したイギリスの社会改良家エベネザー・ハワードは、一九〇九年に世界最初の郊外住宅地、レッチワースで個人の部屋に台所がない集合住宅「ホームズガース」を建設し、四年後に移り住んだ。イギリスではほかにもこうした郊外住宅地のシェアハウスが、一九一〇〜一九二〇年代につくられている。

日本でも、栄養学をつくった佐伯矩《ただす》が、栄養のある食事を供給する「栄養食共同炊事場」を構想し、大正期から昭和初期にかけて、全国の少なくとも一三八カ所で成立させていた。企業主などの有志の出資者が組織し、栄養学を習得した指導員が指導し料理を出したのである。

挫折体験を超えられるか?

一九世紀の終わり頃から二〇世紀の前半にかけて、先進諸国ではさまざまなシェアキッチンがつくられ、挫折していった。いったいなぜ、シェアキッチンはこの頃生まれ、そして挫折してしまったのだろうか。

この少し前、先進諸国は産業革命を体験していた。イギリスでは、植民地にしたインドの紡績産業の発展に対抗するため、一八世紀後半から綿工業を機械化し大量生産を始めた。ベルギー、フランス、アメリカは一八三〇年代、ドイツは一八〇〇年代から、日本は一八八〇年代から産業革命が始まる。その結果、資本主義体制が生まれるが、マルクスが一八六七年に出した『資本論』で批判したように、富は資本家に集まり労働者は搾取された。急速な経済成長で都市の人口が膨張し、劣悪な環境で暮らす人が増大する。深刻な格差を解決する方策として、共産主義の思想は生まれたのである。

家事労働の軽減も、社会問題になっていた。『家事は大変って気づきましたか?』でも書いたが、資本主義は公私の生活を切り分け、仕事に専念する労働者という存在を生み出し、家事とケアを社会の外に押し出す。世界に広がったのは、稼ぎ主の夫と家事・ケアを無償で引き受ける妻の性別役割分担だが、家事とケアをラクにすることは社会課題と認識されていた。

おそらく、手作業で行ってきた労働が機械化でラクになったから、家事とケアも効率化できると考えられたのではないだろうか。その方法論の一つが、シェアすることだった。しかし、半世紀ほど各国で行われた試みは挫折する。

『お母さんは忙しくなるばかり』は、収支が合わなかっただけでなく、もっと別の大きな要因があったことを、次のように記す。「問題の核心は、人間にあった。人の協力は難しい」「これは、要するに、単なる仕事ではなく「家庭の」仕事である。協同組織が破綻した理由はいつでも、内部での論争でメンバーの何人かが決別したり、メンバーの若い世代が親の協同路線についていこうとしなかったりといったことであった」。

家事は個人や家族の生活に密接に結びついており、生活そのものと言える側面もある。同じ釜の飯を食べ続けることが、家族が家族でいるために必要と次の世代は考えたのかもしれない。

興味深いことに、シェアキッチンは第二次世界大戦後に復活する。日本の農村では次章で紹介する戦後の台所改善運動の影響で、農産物加工品をつくる共同加工場ができ、農産物直売所の商品を産むセントラルキッチンに発展していく。ただし、個々の家庭のキッチンはある。都会では、二一世紀にシェアキッチンが生まれる。そこで重視されているのは、家事の省力化より空間の共有と人間関係の構築である。そして都会にも飲食ビジネスが目的のキッチンができた。そのうち、本書で考えたいのは、生活空間としての問題だ。なぜ、現代の都会ではシェアキッチンという独占できない場所が欲しくなるほど、貧弱なキッチンが多いのだろうか？　次章から、日本で近代化が進んだこの一〇〇年の歩みを中心に、キッチンの歴史をひも解いていきたい。

建築家から見た日本のキッチン事情

対談　建築家　**駒田由香**さん　×　阿古真理

駒田由香さんは、ご自身が料理好きなこともあって、自らキッチンの設計も手がける建築家で、賃貸住宅の設計経験も多い。建築家である駒田さんは、日本のキッチン事情をどのように見ているのだろうか？

阿古　駒田さんには、以前『作家・阿古真理さんのキッチン探しストーリー』というクックパッドのウェブマガジン『たのしいキッチン』（「クックパッドニュース」にも掲載）の連載で、取材させていただきました。ご自宅キッチンの、動かせるアイランド作業台も素敵でした。

駒田　阿古さんの取材記事は内容が充実していて、ユーチューブの動画は駒田建築設計事務所のトップページでリンクを貼らせていただいています。

阿古　ありがとうございます。ところで駒田さんは、いつ頃、なぜ建築家をめざされたのですか？

駒田　私は理系が好きだったので、育った福岡県にある九州大学の工学部に進学しました。将来を考えたときに、仕事を続けられる現実的な職場として住宅系のメーカー、東陶機器（現TOTO）に就職しました。一九六六年生まれの私は男女雇用機会均等法第一世代ですが、当時は配属されたシステムキッチンの開発課にほとんど女性がおらず、仕事を続ける女性もほとんどいないなんて、思っていなかったんです。

阿古　私も二歳下の同世代なのでわかります。総合職がきつすぎるから、とあえて一般職を選ぶ女性もいましたし、総合職とは名ばかりで育ててもらえなかった女性がたくさんいる世代です。企業の側も、今まで別の生きもののように思っていた女性に、男性と同じように仕事させろ、と言われても、どうしたらいいかわからなかったのだと思います。

駒田　その通りだと思います。私は北九州市の本社で働くと思っていたのですが、赴任先は神奈川県茅ケ崎市でした。当時は、ドイツでキッチンの世界の頂点にいるブルトハウプを子会社化していた時代で、キッチン設計の神髄を学ぶことができました。

阿古　どんなことを学んだのですか？

駒田　ブルトハウプのカタログでは、ステンレス一体型の天板下がオープン

「賃貸住宅は、自分もその部屋に住みたいと思いながら設計しています」（駒田）

「そういう人が希少なのが、問題ですよね」（阿古）

でダブルシンク、ダストボックスが隣にあるキッチンの写真が最初にあり、作業しているのは男性と少年。日本なら家族だんらんを描くのに、全然違う。取っ手一つ取っても継ぎ目がなく、プロダクトとして完成されている。当時の日本では考えられない最先端でした。

阿古　私は「令和の台所改善運動」を始めるにあたり、最初に料理好きな仲間とオンライン座談会を開いてユーチューブを始めました。メンバーの一人に、二〇〇〇年頃に家を建てる際、ショールームを探し回って見つけたのがTOTOとブルトハウプのコラボキッチンだった、選んだのは引き出しがフルオープンできたから、と聞いています。

駒田　今はブルーム社のレールをシステムキッチンメーカーが普通に入れますが、当時は少なかったと思います。レールの性能が全然違うんですよね。ちょっと押すと、スーッと自然に開く引き出しもあります。

阿古　ちょっと押すと自然に閉まる引き出しも、取材を通して知りました。ただ、メーカーによって呼び名が違うのは困ります。統一して欲しいです。

駒田　日本のメーカーは、OEMと言って他社ブランドの製品を製造する会社があります。それで名前が変わったりもします。

阿古　なるほど。ところで、私は三口コンロがいつから導入されたか知りたくて調べたのですが、昭和一〇年頃からあったことが判明し、輸入品もありました。

駒田　ヨーロッパのコンロは、六〇〇ミリ幅が既製サイズで四口です。でも、日本人は中華鍋を使うので、火力が大きいコンロが欲しい。幅にゆとりが必要なので三口になりますし、七五〇ミリ幅もできました。

阿古　逆に、日本はシンクが大きくてシンクを語る歴史の資料も多いですが、ヨーロッパは洗面用ぐらいに小さいモノもありますね。

駒田　一九八〇年代のヨーロッパは、ダブルシンクが主流でした。サイズが小さいのは食洗機つきが前提なのと、豊富でない水を節約するため、食器用と食材用で使い分けます。

阿古　食洗機の存在は気づきませんでした。文化と環境の違いが大きいのですね。

駒田　文化と言えば、ブルトハウプのキッチンを扱う人は、研修で生き方まで学ぶんですよ。モノを売るだけじゃなく、顧客のライフスタイルまで調べる。ヨーロッパは、オーブンに鍋ごと、あるいは皿ごと入れてひんぱんに使うのでアイレベルが便利です。オーブンの需要が少なかった日本のメーカーは、2社ぐらいしかアイレベルの高さのビルトインオーブンはありません。

　日本の主婦は、一番多彩な料理をやっています。中華鍋も蒸し器もパスタの寸胴鍋も持っていたりする。道具のバリエーションが多いと、いったんシンクに置くので、それなりの大きさが必要というのもありますね。食洗機があってもちょっとした水切りかごが必要ですが、シンクが小さいと水切りかごを掛けるスペースがなくなっちゃう。それに、日本の食器の半分ぐらいは食洗機に対応していないです。手洗い派もけっこういます。

阿古　日本では四五〇ミリ幅と小さめの食洗機が多いこともあり、鍋は手洗いする人も多いですよね。賃貸住宅ではキッチン自体がとても小さく、シンクが十分にないと置き場所がないモノがふえる問題もあります。

駒田　賃貸住宅をたくさん設計してきた私としては、身につまされます。そもそも、四〇～五〇平方メートルの小さな部屋が多い。部屋が狭くなればキッチンの幅も狭くていいわけではないのに、DKを広く取れない場合が多いです。私は、キッチンの幅が一八〇〇ミリしかなくても、家電や食品ストックが置ける場所を確保するよう心がけています。そういうことを賃貸住宅の供給側が重視しないのは、私も問題だと思います。

阿古　キッチンは最低この広さが必要、という設計基準はないんですよね？

駒田　ないです。ワンルームの場合、本当にキッチンを使わない人もいるんですよ。この図面は私が所有する建物の賃貸用の部屋で、二七平方メートルのワンルームです。キッチンは一八〇〇ミリ幅で冷蔵庫も置けますし、ダイニング・キッチンとして使えるように、食器棚やダイニングテーブル置き場もイメージして設計しました。

阿古　ワンルームでキッチンが一八〇〇ミリですか！

駒田　少ないですよね、きっと。

阿古　ほとんど見かけません。インターネットで賃貸住宅を検索すると、六〇平方メートルぐらいのファミリー向けの部屋で、キッチンの幅が一二〇〇ミリ、コンロは斜め二口なんていうのもあります。ある方から、「なまじ自由度が利くシステムキッチンができてしまったので、調理台ユニットで六〇〇ミリあるセクショナルキッチンと違い、調理台が消えている」と言われたこともあります。

駒田　同じ建物でご家族が入っている八〇平方メートルの部屋は、キッチンは二五〇〇ミリ幅ですが、カウンター全部を入れたら四メートル以上あります。

阿古　私もそんな部屋に入居したいです。

駒田　私はあまり、「賃貸だから」とは思っていない。「自分も住みたい」という気持ちでいつもつくっています。

阿古　駒田さんがそういう方だから、対談したかったんです。日本ではキッチンの設計基準どころか、住居法もないんですよね。住生活基本法は二一世紀になってできたけど、そこに住宅の規格を決める基準はない。私が半年以上部屋を探し回っても見つからない理由は、心身ともに健康に暮らせそうな部屋が、予算内で住みたいエリアにないからです。体が弱い人は、寿命を縮めそうな部屋もたくさんあります。メーカーやデベロッパーがつくっている家は住宅という商品に過ぎなくて、どうやって利益を取るかしか考えていない。「住む人は自分に関係ない」と暴言を吐いた設計者もいるそうです。

駒田　設計事務所をやっている人は、施主と直に話して事細かに要望を聞きますし、その人にかなり寄り添った家をつくると思います。

阿古　でも、賃貸住宅のオーナーは住み手じゃないですよね。

駒田　そうですね。オーナーは狭いキッチンがどんなに不便か、までは思い描けないことがほとんどなので、こちらから提案します。

駒田由香さんが設計した集合住宅「西葛西APARTMENTS-2」のキッチン。カウンターだけで4050ミリ幅ある。

　一方、大手企業は大きなシンクタンクを使うなどマーケティングをしていますし、最大公約数はここだ、と狙いを定めて住宅を設計します。私が関わっている住宅メーカーさんの場合、キッチンはかなり重要視していますし、十数年前にシンク下をオープンにしてゴミ箱置き場にする設計を提案したら採用され、今も売れているようです。凸凹がない天板や取っ手のない扉も採用されて、種類もふえています。キッチンの面積も、限られたボリュームの中ではありますが、少しずつ広くなってきました。

阿古　私は食文化の研究を続けてきたのですが、台所の担い手は一般的に、だんだん料理しなくなってきています。物件探しでは、広めのキッチンが欲しいなら一九八〇～一九九〇年代のマンションを探すのがいい、と業界関係者たちから言われました。二〇〇〇年代以降は、小さくなる傾向があるそうです。最近、近所に新築されるマンションの広告が新聞折込で入っていたのですが、五三平方メートルの2LDKの部屋で、ウォークインクローゼットやシューズインクローゼットといった流行りの収納を入れる一方、キッチンは調理台幅が三〇～四〇センチしかなさそうなんです。料理しないからキッチンが狭くなったのか、キッチンが狭いから料理しないのか……。

駒田　施主の方たちと接していると、ライフスタイルが変わっていくことを実感します。設計を依頼された段階と、入居段階の一年後でも変わります。

阿古　それに施主は素人だから、どんな部屋でどんなキッチンが使いやすいか、想像しきれていないところもありますよね。

駒田　そうなんです。たとえばある施主は、奥さんがどうしても冷蔵庫をコンロの後ろに置いて欲しいとおっしゃるんです。そこで、もともと構造壁が端まであったキッチンのコンロ横に通路をつくってアイランドキッチンにし、コンロ側からも飲みものを取りに行ける設計に変更しました。要望は人によってさまざまですし、会社員時代に学んだセオリーが通用しないケースもたくさんあります。オーダーキッチンを設計することで本当に勉強になりました。ただ、予想できる不便さを回避し、ライフスタイルの変化も許容できるベーシックな器を、設計者の良心としてつくるようには心がけています。

阿古 そんな設計者ばかりならいいのに。ところで、いろいろなメーカーさんやメディアさんがここ一〇年で取ったキッチン利用者のアンケートを集めてみたのですが、スペース不足が深刻になっているようです。

駒田 阿古さんが問題視しているのは、不動産のマーケティングについてですよね。最大公約数のキッチンを入れる際、3LDKの対面キッチンを成り立たせようとすれば、一八〇〇ミリ幅しか入れられない。一方、キッチンのショールームで標準的なサイズとして売っているのは、二五五〇ミリ幅です。やがて子どもを持つだろう二人暮らしや子ども一人の家庭で、2LDKに部屋数はへらし子ども部屋も小さくなるけど、二五五〇ミリのキッチンが入っています、というプランは売れない、と売り手が思い過ぎているのかもしれないですね。

阿古 長谷工コーポレーションに取材したのですが、最近はライフスタイルが多様化しているから、バイクが好きな人、音楽が好きな人などに向けた賃貸住宅の部屋はつくるけど、料理が好きな人用は、商品化に必要な七割の要望があると思えないからつくれない、とおっしゃっていました。それはもしかすると、先ほど駒田さんがおっしゃったような、施主は要望しないが必要と思われる、潜在需要の話かもしれません。施主さまの満足度は高いのではないですか？

駒田　確かに、すごく高いです。設計は細かいことの集積でバランスが大事なので、一つのことに囚われ過ぎないのも大事です。当たり前と思っていますが、使い勝手とデザイン性を両立させるために細かい工夫をたくさんしています。

阿古　他の部分で触れられなかったのですが、駒田さんはキッチンの照明計画も重視しておられるのですよね？　どのように工夫されていますか？

駒田　うちの事務所では、キッチンとダイニングに必ず直接照明を使います。食べものがおいしく見える温かい色の照明を使うこと、まな板が陰にならないことを徹底しています。天井にライティングレールをつけて、自分で位置や向きを決められるスポットライトをつける、ペンダントライトで、光が直接食卓に落ちておいしく見えるなどの工夫をしています。

阿古　リノベ雑誌をいくつか研究したのですが、その範囲でざっと見た限り、リノベするとキッチンが一・五倍から二倍に拡大しているんです。その代わり、子ども部屋は四・五畳になりました、部屋数がへりました、みたいになっています。

駒田　そうなんですか。企業がマスと思っている市場は、もっと小さいのかもしれないですね。現在の分譲マンションの事例も集めたのですが、驚くほど間取りが同じ。七〇～八〇平方メートルの3LDKで一つは採光が取れない個室があって、同じ向きに個室がもう一つ、リビングの続き間に洋間があって、リビングに対面キッチンがある。「ここはキッチンが充実しているマンションです」というのはないです。

阿古　確かにそうです。ただ、私は変わった間取りの部屋やデザイナーズマンションも見てきましたが、個性的な間取りは往々にしてライフスタイルが合う人が限られます。引っ越しを何回もしなければならない人間としては、金太郎あめ的な同じ形の部屋が多いほうが、家具を買い替えなくて済むので助かります。特に、余計な棚はいらないです。

今日は設計者の立場からお話をうかがえて、楽しかったです。駒田さんのように暮らしを想像する住宅関係者がもっとふえるといいな、と改めて思いました。ありがとうございます。

駒田由香

一九六六年、福岡県生まれ。一級建築士。一九八九年、九州大学工学部建築学科卒業。東陶機器株式会社システムキッチン開発課などを経て、一九九六年に独立し、駒田建築設計事務所を設立。二〇〇〇年に建築家の夫と有限会社として共同設立。グッドデザイン賞審査委員、東京藝術大学非常勤講師、明治大学兼任講師。

第二章

主婦たちの夢、台所の近代化

1 一〇〇年前の台所改善運動

国が号令をかけた生活改善運動とは？

一〇〇年前の日本では、台所改善運動が盛り上がっていた。本節では、この運動を中心に近代日本の台所をご紹介したい。

モダニズムと呼ばれたこの時代は、現代の起点と言える。暮らしにかかわるトピックスを拾ってみると、まず一九〇四（明治三七）年に、呉服店だった三越が百貨店化を宣言し、「今日は帝劇、明日は三越」のキャッチフレーズが人気になる。一九一一（明治四四）年にカフェが誕生した新しい繁華街の銀座では、洋装・断髪のモダン・ガール（モガ）や洋装のモダン・ボーイ（モボ）たちが闊歩《かっぽ》した。日清・日露の戦争、第一次世界大戦と戦争の影響で産業革命が進み、近代企業が次々とできた。サラリーマンと女学校出の専業主婦による家庭がふえて、中流階級が誕生する。この新しい層の人々が、生活を近代化する中心的な役割を担う。

富国強兵がある程度達成されたことで、政府は生産重視から生活重視へとシフトし、新しい時代にふさわしい生活の規範を欧米に求めようとしていた。その頃のヨーロッパでは、自然発生的に生活合理化運動が起こっていた。『日本女性史論集6　女性の暮らしと労働』（総合女性史研究会編、吉川弘文館、一九九八年）「大正期における「生活改善運動」」（中嶌邦）によると、国は明治末期から社会教育を試み始めていた。高等女学校へ進学する女性がふえ、デモクラシー（民主主義）運動の影響もあって、女性への社会教育が必要、と考える人がふえていた。

内務省（当時）は一九二〇（大正九）年に社会局を設け、地方庁に呼びかけて各自治体で講習会を開くよう促す。青年団や婦女会、宗教団体、産業組合などが生活改善の講習会を開催。この活動に文部省（現文部科学省）も対応し、その指導は私生活に踏み込みかねないほど細部にわたっている。洋装と和装の二重生活からの脱却、一九一八年に起こったコメ騒動の反省も含めてコメ中心の食生活を変えること、雑談による時間の浪費を指摘するといった合理化、節約を説いた。

一九二〇年一月二五日には、文部省の外郭団体として生活改善同盟会が結成され、翌年以降、地方支部も設置され全国組織になる。そのうち住宅改善調査会の会長は帝国大学（現東京大学）教授で建築家の佐野利器《としかた》、副委員長は建築家の田辺淳吉、その他「考現学」で知られる社会学者・建築学者の今和次郎、のちに日本女子大学校校長になる井上秀、東京家政学院を創立した大江スミらが委員を務めた。

同会は展覧会や製品の販売、講習会、相談所の設置、生活改善劇の上映、出版物の刊行、宣伝ポスターなど多角的に啓発活動を行った。ターゲットは家庭の主婦。女性たちが家庭生活に責任を持ち、簡素化・合理化・能率化あるいは節約を促進して生活を整えていくことが、国家の安定につながるという儒教的な考え方だ。政府が家庭責任を女性に押しつける傾向は、この頃すでに始まっていたことがわかる。もしかすると、この時期の家庭責任を女性のものとする政府の姿勢が、生活については女性に任せてなるべく立ち入らない社会構造と生活軽視の国をつくり上げたのかもしれない。

やがて農商務省（当時）も加わり、国を挙げての運動は大きくなっていく。しかし、実は国が奨励する前に、生活改善運動は民間で始まっていたのである。

住宅も洋風にして近代化を！

『近代ニッポンの水まわり』（和田菜穂子、学芸出版社、二〇〇八年）によると、民間では、住宅改良会が一九一六年、文化生活研究会が一九二〇年に立ち上がっている。

住宅改良会は、トキワ松学園創立者で家政学者の三角錫《すず》子、住宅会社の草分けのあめりか屋を創業した橋口信助が中心になり、住宅を洋風に変えることで改良しよう、と設立された組織で、佐野利器や武田五一などの大物建築家も加わっていた。文化生活研究会は、経済学・文化生活などの研究者で女子文化高等学院を創設した森本厚吉らが、新しい時代にふさわしい文化生活を営む目的で設立した。官民挙げての運動の主眼は、台所の改善にあった。

日本は、欧米列強になめられない国づくりをしようと、西洋文化を積極的に採り入れてきたが、異なる文化を接続するちぐはぐさが目立ってきたのだと思われる。

生活を洋風にする始まりは明治時代の上流階級。接客用の洋館と私生活用の和館を建てるようになった。『日本の近代住宅』（内田青蔵、鹿島出版会、一九九二年）と『日本住居史』（小沢朝江・水沼淑子、吉川弘文館、二〇〇六年）によると、それは明治初期、明治天皇の御幸《ごこう》がきっかけ。明治天皇はいち早く洋装で公式の場に出るようになっており、宮中の晩餐会などの公式料理もフランス料理、と公的な場で洋式が求められた時代の中、天皇を泊めるために名望家たちが洋館を建てた。日本の上流階級には、地位の高い人を迎える御殿を建てる風習があったからである。やがて、接客用に洋館を建てる気風が広がっていく。

明治後期になると、中流層で従来の住まいや床に座る生活（床座）に対する批判が起こる。時事新報などが、ふすまで仕切られた部屋が続く間取りは、他の部屋を通り抜ける必要がある、話し声が筒抜けでプライバシーが守られない、各部屋の用途が明確でないなど、日本家屋のフレキシビリティさを批判するようになっていた。『日本住居史』は、「接客を重視し家族の生活を軽視していること、各室のプライバシーが欠如していること、床面を生活面にすることに起因する不潔さと不便さに集約される」とまとめている。

そして提案されたのが、和洋折衷住宅である。一八九八（明治三一）年に、清水組（現清水建設）の技師長、岡本鍪太郎《そうたろう》と、広島県・呉の海軍技師の北田九一がそれぞれ、和洋折衷住宅を『建築雑誌』（日本建築学会）で提案している。岡本は寒い日本家屋の欠点を補うため各部屋に暖炉を設けることを提案したが、北田は和館と洋館をセットで建てる上流層の縮小版として、日本家屋に接客空間に使う洋室を設ける提案を行った。浸透したのは後者で、暮らしやすさより見栄が優先されたことがわかる。

中流層で新しい住宅が広がりやすかったのは、彼らが新しい階層だったからだ。庶民は家が職場でもあった。農家は縄をなう、漬けものを漬けるといった農作業から家事に至る作業を行う、あるいは馬や牛を飼う土間が家の中にあったし、町家は道路に面したところが商売の場だった。上流階級の接客用御殿も仕事場と言える。しかし、中流は仕事と私生活が分かれる。新しいライフスタイルの彼らが、私生活用に特化した家を建て始めたのが、大正―昭和初期のモダニズムの時代だったと言える。

中流住宅で一般化したのは、家の真ん中に廊下を通して、入り口やトイレその他から直接目的の部屋へ行ける中廊下式の間取りである。

台所はどのように改善されたか

住宅改善運動で盛んに批判されたのが、床に座る生活だった。洋風化の進展で、男性が洋服を着て出かけ、帰宅すると和服に着替える、接客は洋室で行い、くつろぐのは和室といった、「二重生活」が批判された。椅子に座る洋式に統一すること、接客用の座敷を南側、生活空間を北にするのではなく、くつろぐ居間を中心にする私生活重視が主張された。台所に関しては、しゃがんで行う作業を立って行う「合理的な生活」に変えることが、特に求められた。

台所改善運動の内容を、具体的に見ていこう。『台所の一〇〇年』の「明治・大正・昭和初期に求められた台所――台所設計競技会入選案を通して」（反町周子）によると、婦人之友社が一九一一（明治四四）年に「理想の平民的台所」と題して、台所設計案のコンペを行っている。一等の案が「都会向の台所」として、同年九月号の『婦人之友』に掲載された。

　下図で示したその台所は五坪（約九畳）で、板の間で立って作業する。東側は食事室、北側は廊下に接する。食事室との間には、ハッチ（料理の出し入れ口）とガラス戸がある。西側の窓に沿って、南から水切り棚、流し、かまどが並び、台所の中央に料理

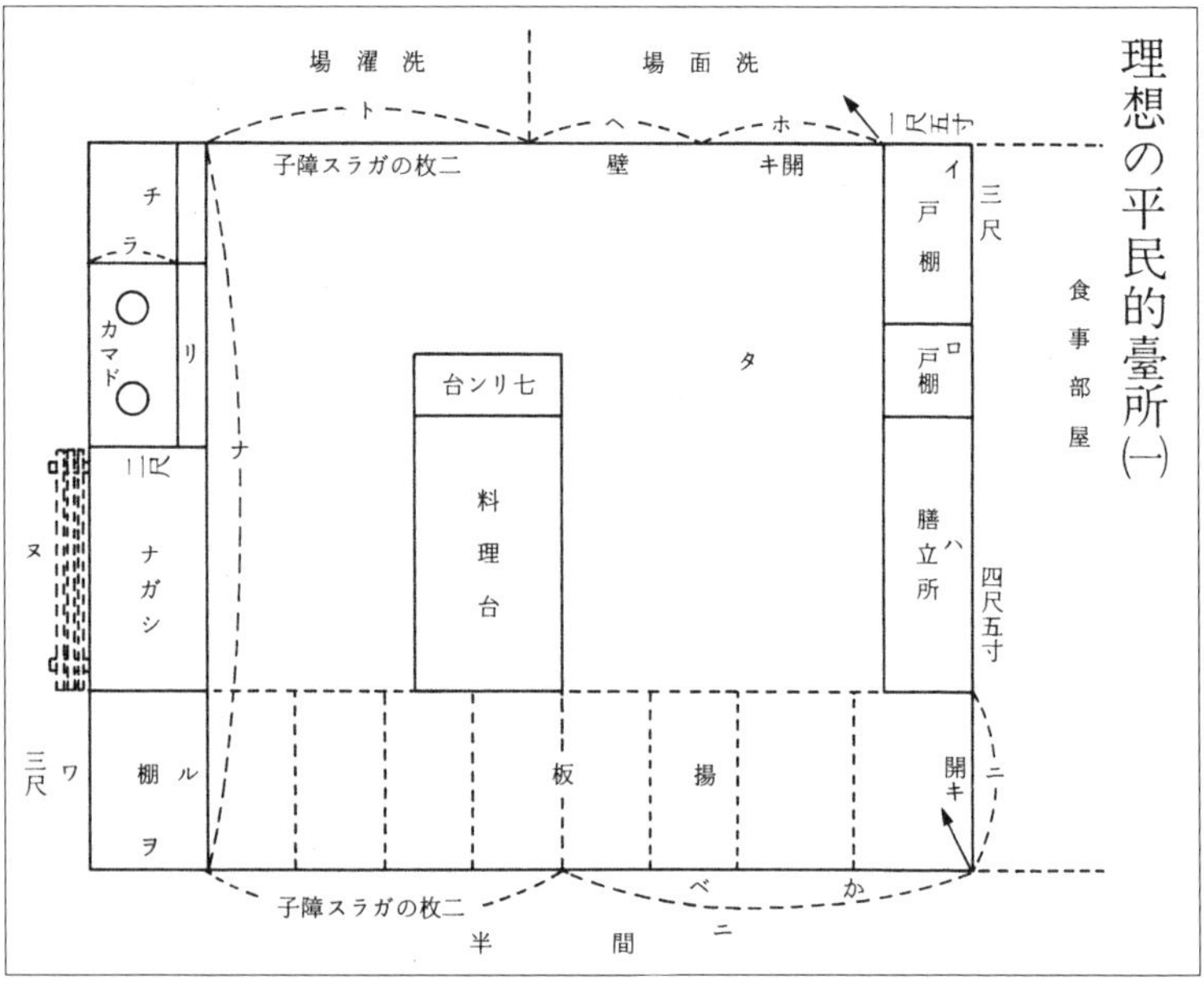

コンペで一等に選ばれた「理想の平民的台所」の設計案（『婦人之友』1911年9月号）。

（調理）台と七輪台を入れている。投稿者は調理台と流しの下に、引き出しや棚をつくってモノを入れるとしていたが、審査員は「何も置かないほうがサッパリしている」と批判する。評価されたポイントは、床に段差がないこと、火場と水場が接近していること、食事室との連絡がよいことである。『にっぽん台所文化史』（小菅桂子、雄山閣、一九九一年）は、応募者が熊本市在住という点に注目している。『「モノと女」の戦後史』（天野正子・桜井厚、平凡社、二〇〇三年）が、地方都市や農村では、しゃがんで使う流しが一般的だったとしているので、熊本で立ち流しを考案した応募者は画期的な発想を持っていたと言えるかもしれない。ただ、西向きなのは気になる。

『台所の一〇〇年』によると、一九一六（大正五）年には、大阪朝日新聞社が台所設計図案のコンペを行っている。入選四案とも、作業台の下の引き出しや戸棚、貯蔵庫などがついて、明治期に『婦人之友』の審査員が否定した空間の活用が進んでいる。しかしまだ、合理的な動線への配慮はされていない。土間が復活した案も一部ある。

二年後に、住宅改良会が懸賞募集を行う。評価基準として、段差、面積の縮小、動線への配慮、身体動作の軽減、空間の有効利用などの能率性が示されている。入選八作に土間を利用する案はない。

主婦之友社（現主婦の友社）も、一九二七（昭和二）年にコンペを行っている。一等の案は、面積が五・七畳弱と明治期の案より縮小し、東に面していて、南に食事室、北に浴室、西に廊下と接している。勝手口は北側で、風呂の焚き場も兼用している。料理の受け入れ口、流し、調理台、火器台、戸棚がコの字型に並んでいる。食事室との境にある戸棚はハッチつき。次第に動線が短く、

主婦之友社コンペ案「二等二席を實地に組みたてしもの」(1925年)。

効率的になっていくことがわかる。

婦人之友社と主婦之友社は、くり返し台所改善のコンペを行い、結果を誌面で紹介している。日本の台所は動線が悪い、農家などでは広過ぎる、暗くて湿気がこもりがち、立ったりしゃがんだりする動作が非効率、といった問題を抱えていた。

立ち式台所のすすめ

東京では、板の間にしゃがんで使う「つくばい」式の台所が一般的だったので、東京が中心だった台所改善運動では、立って使える「立ち流し」の台所への改善が強調された。しかし、関西では家の表から奥へといざなう土間の通路、「通り庭」を設ける町家が多く、台所はその通り庭の一角で立って使う前提があった。関西では、もともと使用人が調理し食事する「下《しも》台所」と主人家族が食べる「上《かみ》台所」が区別されていた。家業のための作業を土間で行う時代は、それが便利だったかもしれないが、勤め人の中流家庭がふえると事情は変わる。主婦と一人か二人の女中が料理するだけ、となると、下台所と上台所の上り下りが煩わしくなり、関西では板の間の台所へ転換していった、と『すまい考今学』（西山夘三《うぞう》、彰国社、一九八九年）にある。

『「モノと女」の戦後史』は、『住宅』一九一八年二月号で、劇作家の坪内士行《しこう》の妻、アメリカ人のホームスが寄せた「初めて使ってみた日本の台所」というエッセイを紹介している。ホームスは、床の上に膝をついてまな板に向かうのは窮屈、モノを洗うたびにかがむのもおっくうで苦しい、座って仕事をすると立ち振る舞いの敏捷《びんしょう》さが失われる、床に近い場所で食材を扱うのは不潔に感じられる、と指摘している。

また、この頃まで日本の女性は料理以外でも、たびたびしゃがんで行う動作を強いられてきたことを紹介したうえで、しゃがむ動作を続けることは、「女性たちの意識に、有形無形の影響をあたえずにはおかなかったとみてよい。昭和の初期、はじめて立ち式流しを使ったときの感想を、ある女性は「立ち流しで仕事をすると、自分の身分が高くなったような気がした」と語っている」と書いている。

もう一つ重視された点が、台所を狭くし効率化することだった。家業の作業が土間で行われ、使用人を何人も使っていた時代の台所は、広くつくられてきた。しかし、一人で料理するだけなら、広い台所は動線が長くなってしまう。台所改善運動は、女性たちの生活や価値観の変化を反映させた運動だったのである。

『近代ニッポンの水まわり』『にっぽん台所文化史』によると、『婦人之友』は、同誌のコンペで審査員を務めていた料理家の水町たつ子に、調理台の設計を依頼し、一九一三年一〇月号で紹介している。

水町たつ子考案　家庭用調理台第1号(『主婦之友』1913年10月号)。

左の図で示すように、それは立って使う調理台で、水を溜めて調理中に入れる箱型の包丁差しが端についており、横に切りくずなどの生ゴミ入れとしてトタン張りの引き出しがある。台の下にはスノコを敷き、食材の一時置き場にする。その隣に醤油《しょうゆ》など調味料のビンを入れる箱もある。折り畳み式の台を広げることもできる。手前に砂糖などの調味料用、缶切りなどのキッチンツール用、カトラリー用と三つの引き出しを用意し、布巾をかけるバーもある。コンパクトなアイランドの調理台が、なんと一〇〇年以上前に考案されていたのである。

戦前に誕生していたダイニング・キッチン

台所改善運動の中心を担ったのは、住宅改良会だ。リーダーの橋口信助については、『日本の近代住宅』が生い立ちを紹介している。橋口は一八七〇（明治三）年、現在の宮崎県日南市で山林製材業を営む家の長男として生まれた。厳しいしつけを受けた橋口が、最も苦手だったのは正座だった。一八八五（明治一八）年に、東京商業学校（現一橋大学）に入学したが、半年後に辞めて家業を継ぐ。しかし、明治後期になると経営状態が悪化し、一旗揚げようと渡米する。シアトルで、アメリカ人家庭の下男から始めて、日本人相手の古着屋で成功する。そのお金をもとに、本業の木材伐採業を再開しようとするが、排日運動の影響で断念。

一畳半の台所　国民新聞（1915年4月29日）。

アメリカの椅子座生活に魅力を感じた橋口は、当時普及期に入っていた組み立て住宅を日本に導入しようと、建築のビジネス・カレッジで学び、シアトルの日本人の住宅を建設して経験を積み、一九〇九（明治四二）年に帰国し、東京都芝区琴平町（現虎ノ門一丁目）で「あめりか屋」を創業する。

一九一五（大正四）年、上野公園の不忍《しのばず》池畔で開催された家庭博覧会に、橋口は郊外住宅のモデルとして純洋風住宅を出品する。明治から昭和初期にかけて、日本ではさまざまな博覧会が開かれ啓発活動が行われたが、この博覧会は家庭をテーマにした最初期のもので、主催は国民新聞社（現中日新聞社）だった。

公募で選ばれた出品作の中で、最も多かったのが台所関連で、特に話題を呼んだのが、入沢医学博士夫人の入沢常子が考案した「一畳半の台所」（右ページ図）。立ち流しが採用され、立ったまま手を伸ばすだけで調理ができる台所だった。

博覧会と同じ年、橋口は常磐松女学校（現トキワ松学園）を創立しようとしていた三角錫子と出会う。三角は、『婦人之友』で在来の住宅を批判し、アメリカ式生活様式の利便性を主張していた橋口に、自宅の建設を依頼しに来たのだ。

トキワ松学園のウェブサイト内「三角錫子先生の生い立ち」によると、三角は一八七二（明治五）年、石川県金沢市の旧藩士の家で長女として生まれた。師範学校で学び教師となる。しかし、父が亡くなり一家六人を背負った二六歳のときに、結婚話が持ち上がる。仕事との両立を条件にしたのに、結婚後は夫が主婦業に専念することを求めるようになり、半年で別居して東京女学館に転職、一九〇一年には協議離婚する。

一九一一年、アメリカで科学的に動作を研究し労働者の能率を上げようとするテーラー・システムについての本が出版され、欧米で大きな話題を呼ぶ。ほぼタイムラグなしに、三角もその情報を得、考えたのは非効率な台所についてだった。「菜っ葉を煮るにしても、外で菜っ葉を洗い、家に入ってまな板にのせて切って、離れたかまどに持って行って煮る」など、あちこち動き回らないといけない従来の台所は能率が悪い、と考えていたからだ。

三角が橋口に求めたのは、「女中なしで生活できる」住宅だった。テーラー・システムの家事労働への応用については、同時代にアメリカでも提案されていた。

『近代ニッポンの水まわり』によると、三角の台所には、配膳台を兼ねた食卓もある。水切り台、流し台、炊事台の順に配置されていたが、調理台はない。「当時は流し台に俎板《まないた》を渡して調理するのが通例で、三角は狭小な台所では調理台は不要とみなしたに違いない」とある。江戸東京たてもの園に展示されている、明治期から昭和初期の商家の建物でも、台所には流し台と炊事台しかない。ダイニング・キッチンを考案したことは画期的だったが、調理台を省いたのは残念だ。ここで狭小キッチンの伝統が受け継がれた結果、現在に至るまで供給側の調理台軽視の傾向を強めた可能性もないとは言えないからである。

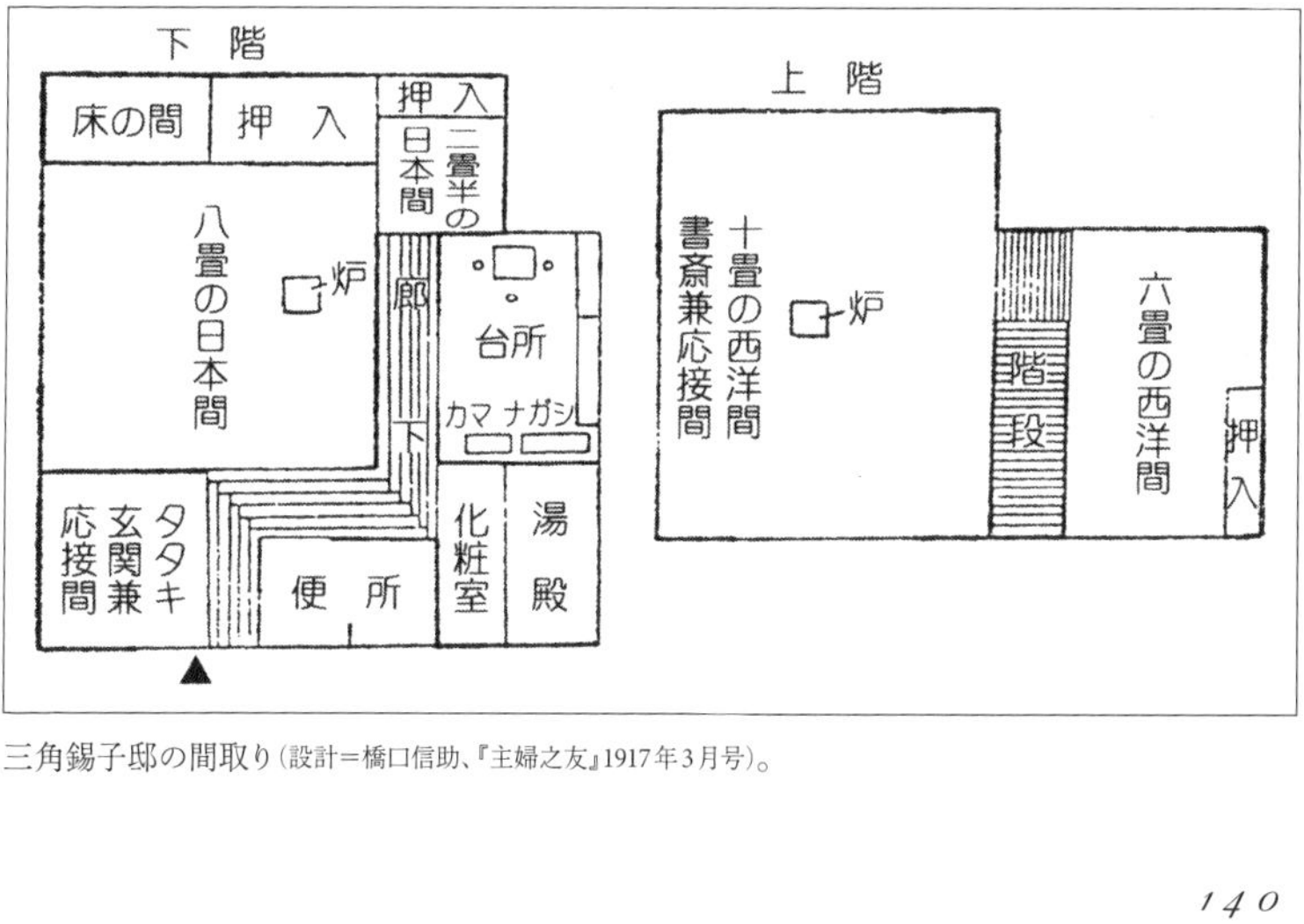

三角錫子邸の間取り（設計＝橋口信助、『主婦之友』1917年3月号）。

家事の効率化が進むと……

三角の主張を聞いた橋口は、日本の住宅を改善することが自らの使命と任じるようになる。そして、三角の協力を取りつけ、住宅改良会を設立している。『日本の近代住宅』によれば、橋口は大隈重信総理大臣や衆議院議員・参議院議員五五名、女子高等師範学校長・慶應義塾塾長・同志社大学学長、東京海上保険会社取締役・日本興業銀行理事などの一三四人の協力を得、武田五一ほか一四人の建築家が顧問になった。

活動内容は、講習会や研究会の実施や出版物の刊行などで、最も力を入れたのが日本初の住宅雑誌『住宅』の発行だった。アメリカの専門誌をモデルにし、創刊は一九一六年八月だった。

『住宅』「台所の研究」特集の表紙。

『日本インテリアデザイン史』（内田繁監修、鈴木紀慶・今村創平著、オーム社、二〇一三年）によると、一九一七年には帝国ホテルで発足式が開かれて、『住宅』で募集された設計競技の当選案が発表され、新聞各紙で大きく報道された。住宅改善はそれだけ注目されていたのだ。『〈住宅〉の歴史社会学』（祐成保志、新曜社、二〇〇八年）によると、同誌は一九四三年一二月号まで三二六号刊行された。発行部数は大正末頃で五八〇〇部、読者は全国、そして朝鮮や満州まで広がっていた。

『住宅』誌上の台所に関する競技設計の審査員の一人が、家政学者の井上秀である。『日本住居史』によると、台所を住宅の中で重要と位置づけた井上は、東南で採光と換気に配慮し、設備を効率よく使う配置にすることを求めている。

日本の家政学の基礎をつくった井上は、一八七五（明治八）年に兵庫県で生まれ、婿を取って実家を継ぎ、長女を産んでから日本女子大学校の家政学部一期生になる。アメリカのコロンビア大学に留学しヨーロッパも視察し、教授を経て一九三一（昭和六）年に同校校長になった。三児の母であり、仕事と家庭を両立させたカギは住まいだと主張。帰国後すぐの一九一〇（明治四三）年、ほとんどが洋室の自邸を建て、戸締まりがかんたんなど、合理的で使いやすいと明言している。井上は託児所の開設や、働く女性のための集合住宅の建設などに大きく貢献した。

『〈住宅〉の歴史社会学』によると、『住宅』の台所改良案では、立ち流しを導入し、流しや調理台は一列かL字型に並べ、すき間を収納とする、食堂と続き間を平行にするなどを提案している。

『日本の近代住宅』によると、住宅改良会に触発されて改良住宅を求める団体がいくつも設立され、国も動き出した一九二〇年に住宅改善運動のピークを迎える。

大正時代には、住宅を多く手がける「住宅作家」も登場し始めている。『日本の近代住宅』によると、パイオニアの一人が一八七七（明治一〇）年生まれの保岡勝也である。三菱地所を経て一九一三（大正二）年に保岡建築事務所を構え、住宅建築を多く手がけた。一四冊もある著作の大半が女性向けの住宅の本で、台所改善の必要性も説いている。

『〈住宅〉の歴史社会学』は、生活改善運動で、生活の合理化実行の責任が主婦にあるとされる限り「家事労働の軽減という掛け声の裏で進行するのは、その主婦を中心とした再編成、さらに言えば創出にほかならない」と指摘する。『お母さんは忙しくなるばかり』が、アメリカで家事が近代化すると、男性が解放されると同時に主婦の負担が重くなったことを書いているが、日本でも同様の変化が起こった。『家事は大変って気づきましたか?』でも書いたが、資本主義社会になり、家の問題はすべて、一家の主婦にのしかかっていくのである。

台所改善運動が進められた時代は、中流家庭が女中不足に悩んだ時代でもある。中流の人口が拡大し、工場など女中より待遇がよい職場の選択肢がふえたからだ。家電が普及していないこの頃の手作業の家事は大変で、女中なしで回せる台所は、中流家庭で切実に求められていた。

日本最初のシステムキッチン

この頃、日本初の台所設備セットを販売する会社が誕生する。それは、「台所設備の父」と呼ばれる鈴木仙治が創業した鈴木商行だ。それまで台所は、家を建てる際に大工が用意していた。『台所の一〇〇年』「戦前期におけるキッチンセットの成立と展開」(内田青蔵)によると、鈴木は一九〇〇(明治三三)年、神奈川県小田原で鈴木源次郎の次男として生まれた。源次郎は鈴木建築社を営む大工で、仙治は築地工手学校建築科で学び設計事務所に勤めたのち、一九二〇(大正九)年に台所設計施工会社の鈴木商行を東京芝区二本榎町(現港区高輪)で開業。どうやら、実質的には鈴木建築社の一部だったらしい。

仙治が台所に注目したのは、建築事務所時代に日本に帰化したアメリカ人老夫婦の住宅設計に携わったことがきっかけ。アメリカのような近代的キッチンの設計を求められて研究し、台所設計の重要性に気づいたのである。

一九二一年に実用新案として出願し翌年に登録された「鈴木式高等炊事台」が画期的だったのは、バラバラだった台所設備を、水盤台（流し台）、火器台（炊事台）、洗物承台（水切り台）、配膳台の四つにまとめ、立って使えるユニット式の既製品にしたことである。空間に合わせて一列型、L字型やコの字型など自由にレイアウトできた。昭和初期には一体型も販売されている。コメビツを内蔵した配膳台、食器棚も販売した。

サイズについては、一九二九（昭和四）年の「D号　鈴木式高等炊事台」で、幅は炊事台が三尺（約九〇九ミリ）、調理台が一・九尺（約五

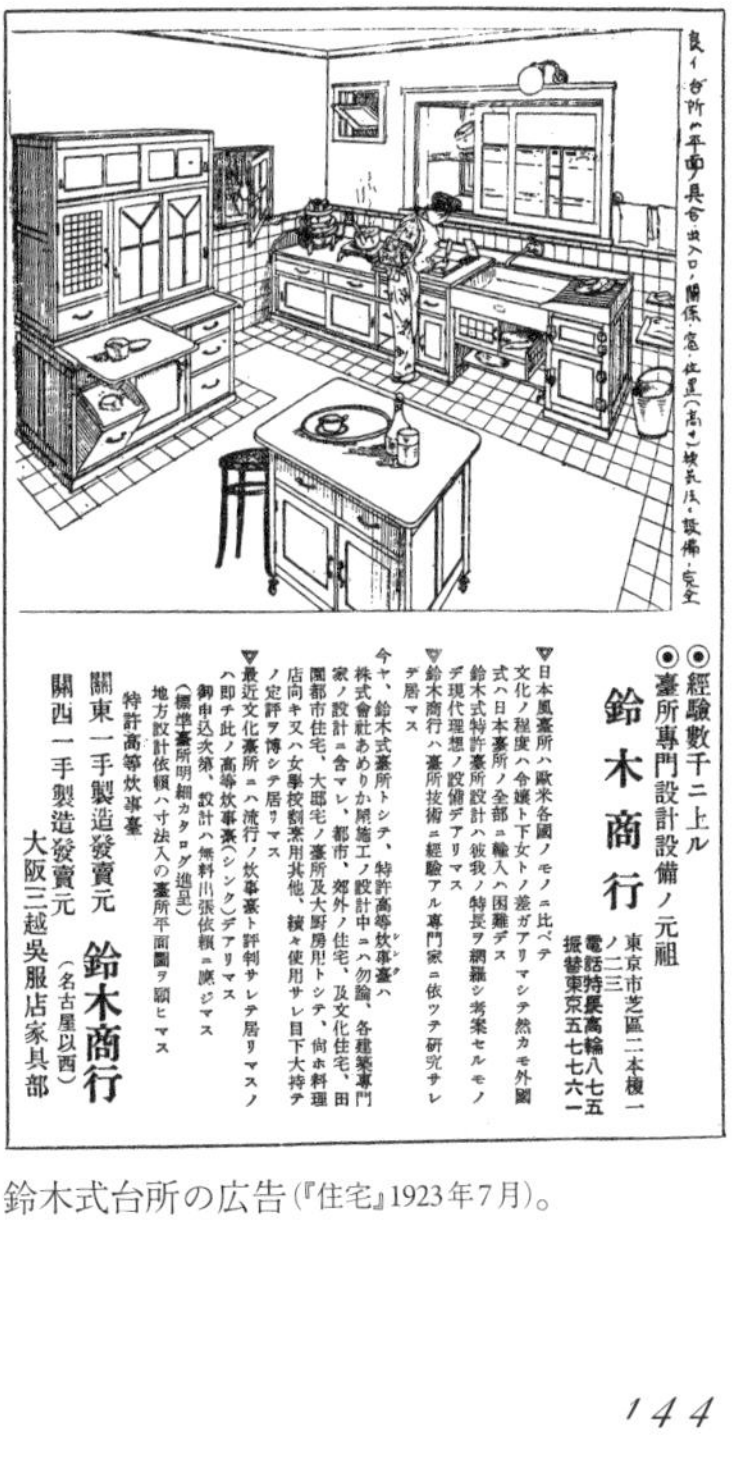

鈴木式台所の広告（『住宅』1923年7月）。

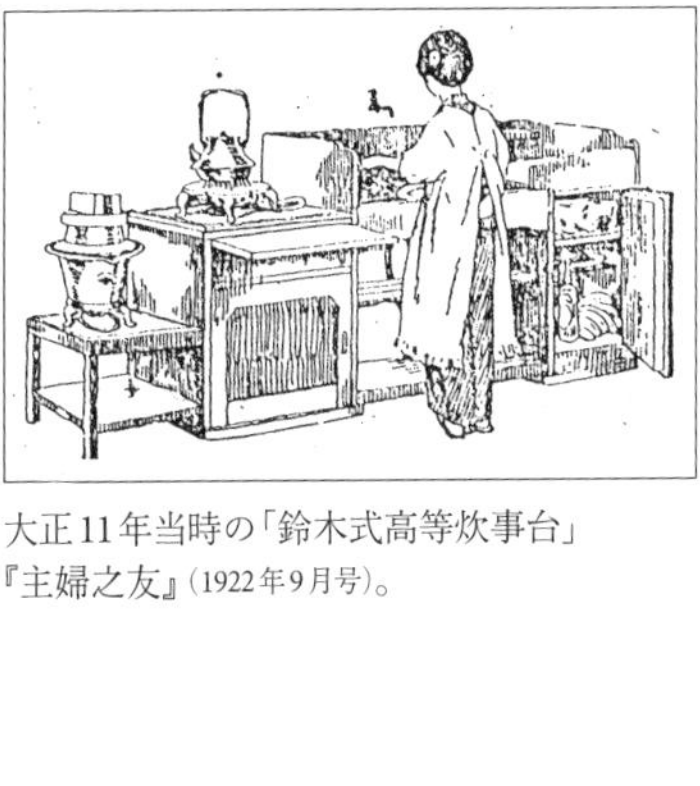
大正11年当時の「鈴木式高等炊事台」『主婦之友』（1922年9月号）。

七六ミリ）、流しが二・二尺（約六六七ミリ）、水切り台が一・五尺（約四五五ミリ）。高さは流しの上が二・三尺（約六九七ミリ）、奥行きが一・八尺（約五四五ミリ）となっている。幅は全部で二六〇六ミリ程度なので現代でも一般的な長さだが、奥行きが狭めで高さは当時の女性の身長に合わせて低めになっている。各台の下は収納だ。湿気がこもりやすい流し台の下部収納は、扉が網つきになっている。火器台は当時普及し始めていた、ガスや電気のコンロに対応している。ゴミ捨て用の穴もあって外にゴミを溜める設定になっていたようだ。氷冷蔵庫は火器台の下に入る設定だったのが、その後水切り台の下へと変更される。

鈴木式高等炊事台は、一九二二年に開催された平和記念東京博覧会の住宅展示の文化村住宅で採用され、世間に知られるようになった。また、同年『主婦之友』九月号でも「新発明の重要な家庭用具」として紹介され、事業は急速に伸びていく。翌年には関西圏へも進出。台所改善運動にも関わり、講師として、全国で啓発活動を行っている。

『にっぽん台所文化史』によると、他にもさまざまな台所設備の会社が誕生している。一九三七（昭和一二）年にはステンレス製の流しをすすめる本もあった。

台所の近代化をたどってみると、作業性を高めてより衛生的になる一方、女性がはたらくべき場というイメージを強化していく役割も果たしていたことがわかる。では、近代化以前の台所はどのようなものだったのだろうか。次は近代化以前の台所、続いて最も遅れていた農家の台所がどのように改善されていったかをたどってみたい。

2 農家の台所改善運動

昭和時代の山村の台所

私が子どもだった昭和後期、毎年夏に広島県西部の山村、筒賀村（現安芸太田町）にある母の実家で過ごすことが何よりの楽しみだった。母は一一人きょうだいの九人目で、一〇人が結婚して子どもをもうけていたから、お盆の頃は二〇〜三〇人が集まった。一八九六（明治二九）年生まれの祖父は農家の出身だが、海軍に勤めたのち、昭和初期に引退して地元へ戻った。米穀商を経て材木商を営み、戦後の復興需要では相当儲けたらしい。もちろん田畑も持っていて、主な食料は自給していた。私が記憶する祖父はすっかり好々爺《こうこうや》で、いつも縁側で日向ぼっこをしていた。

家は村の主要道路の南側にある。庭には池があり、その南側は崖になっていて、池の奥の小道から木立越しに田畑と村が見下ろせた。庭側にぐるりと縁側を回した家はコの字型で、東側に立つ納屋の二階は、家を継いだ次男の伯父夫婦の寝室だった。その前は畑。母屋に面した納屋の壁にタマネギがぶら下がっているのが、トイレの窓から見えた。台所はコの字の西側。手前に茶の間、その手前が応接間で玄関ホールの横。エントランスの反対側には仏間があった。全部で10DKの広い家である。

台所は壁付のセットキッチンが入り、広かったように思う。手前に大きなダイニングテーブルがあり、食事は大人がダイニングで、子どもは茶の間のちゃぶ台でした。台所の奥が風呂場で、五右衛門風呂が入っていた。その奥の一番南に土間の台所がひっそりとたたずむ。神聖な雰囲気で立ち入る勇気はなかったが、柵が入った窓の下にかまどが見えた。その台所から湯気が上がっていたのは、一度だけ正月休みに帰省した折。三〇日に餅をついて皆で食べたが、大量のもち米を蒸すのにかまどを残したらしい。

なぜか洗面台がコの字の東側、祖父母の寝室の前の縁側にポツンとあり、水しか出ないため、正月に行ったときは、むちゃくちゃ冷たかったことを覚えている。

『うちのご飯の60年　祖母・母・娘の食卓』（筑摩書房、二〇〇九年）を書くため、一九三九（昭和一四）年生まれの母に子ども時代の食について聞き取ったとき、間取りは母が少女時代を過ごした昭和二〇年代とは違っていたことを知った。当時の入り口は米穀商時代の精米所の土間空間。台所に至る通路も土間である。通路の隣は畳敷きの茶の間で、囲炉裏があったが一九五〇年頃に大幅な改築をし、掘りごたつに換えた。同じ頃、農耕用の牛を手放している。通路には足踏み式の唐臼置き場と押入れがあり、押入れの下の段には広島市で箱買いしたミカンやリンゴ、ネギなどの野菜類が入っていた。上の段には、行商人から買った袋入りの煮干しや板ワカメ、昆布、弁当箱などの箱類があった。

土間の炊事場には、手押しポンプの井戸、立ち流しと調理台が並び、その上が壁でしゃもじやお玉などがぶら下がっていた。台の下には醬油や味噌、塩などの調味料。その奥でL字に曲がり隣が鍋などをふせておく水切り棚、その隣にかまどが二口並んでいた。一つはご飯用、もう一つは味噌汁や煮もの用。火口が足りないときは、七輪も使った。魚を焼くときは煙が出るので、中庭に七輪を出した。板の間のステップがあり、食器を入れた水屋を挟んで、北側が茶の間だった。改築の際、水屋の向きを変えて東側を板の間にしてテーブルを置き、風呂場を食堂に換えた。風呂場は、南側へ。食堂の南側にも土間の通路があって、引き戸と腰窓から光が入る。この土間と台所へは、野良仕事から帰って直接入れた。

畳敷きの茶の間で食事をしていたときは、めいめいの皿が入った箱膳で食事をし、食べ終わったら祖母や伯母たちが洗っていたという。一般的に当時の農家は、使った食器はお湯などですすいでそのまま片づけた。南側に台所があり窓が設けられていたこともそうだが、軍人時代に各地の都会で暮らした夫婦は、もしかすると大正―昭和の台所改善運動の影響を受けていたかもしれない。祖母は流行に敏感だったと聞いている。

食材の収納場所は、家じゅうのあちこちに散らばっていて、タマネギは私が見たときと同じ納屋の壁、ジャガイモはわらとともに納屋の中、サツマイモは囲炉裏時代まで茶の間に床下収納をつくってもみ殻の間に入れていた。カボチャは廊下の隅っこの暗いところ。あとのモノはたいてい納屋の手前にあった蔵に入っていた。大根は、家から一〇〇メートルあまり離れた畑で収穫後、畑の中に穴を掘って埋めておく。

この村に水道が引かれたのは、母が高校進学で家を出た後の一九五八（昭和三三）年。台所が板の間になり、ステンレスの流しがついたセクショナルキッチンが入った。使ったのは主に、その数年前に結婚していた伯父の妻である。

土間で何が行われていたか？

土間時代の農家の台所および食材を収納するパントリー的空間は広く、料理するにはあちこち駆けずり回る必要があった。『〈住宅〉の歴史社会学』は、『農村家屋の改善』（今和次郎、日本評論社、一九三三年）が指摘する農家の家屋の問題として、土間と台所と寝室が暗いことに加え、動線が長過ぎることを、「農家の台所で働く婦人は一日に八里の行程を歩くと等しいだけの歩数を運ばせる」と指摘している。八里は約三一・四キロである。

私の祖父母の家で食材の収納場所が家じゅうに散らばっていたのは、冷蔵庫がない時代でもあり、食材の性質に合わせて分散させるしかなかったからだ。そもそも自給型の暮らしのため、食糧は一年単位で大量にあったはずだ。蔵には、二階までの高さがある収納箱にコメが、自家製の味噌や梅干しが大きなかめに入っていた。

民俗学者の瀬川清子が書いた『日本の民俗2　日本人の衣食住』（河出書房新社、一九七六年）に、近代化以前の農家の描写がある。冬が長く雪に閉じ込められる福井県石徹白《いとしろ》村（現岐阜県郡上市白鳥町石

台所改善運動まで、農家は江戸時代のかまどが現役だった。東京都世田谷区・岡本公園民家園（編者撮影）。

徹白）では、深い軒下に稲や雑穀、大豆などを積み重ねてムシロをかけ保存する。秋から冬は、自家用野菜を穴を掘って埋める、干す、漬けるなど保存作業に追われる。東北地方の旧家などでは、板張りのコメ蔵、土蔵の味噌蔵などに分けて蔵があった。ふつうの家では、土蔵の二階に衣類や食器、家具などを置き、一階には部屋を区切ってコメ用、雑穀用、味噌用などに分けて使っていた。漬けものも蔵に入っていた。

脱穀、機織りなどは、石徹白では室内の板張りのニワと呼ばれる空間で行い、暖かい地方は家の前、田畑の前などが作業場だった。ホコリが立たない作業は、炉（囲炉裏）の周りの板敷きの空間で行う。男たちはワラジや草履をつくり、縄をなう。女たちは木綿をつむぎ針仕事をした。『台所の一〇〇年』「民家・土間とダイドコ——明治二〇（一八八七）年の養蚕農家を中心に」（真島俊一）が、群馬県や東京都府中市などで台所を調査している。「カマドのある土間は山稼ぎや農耕具の吊るし置場であり、仕事の準備の場である」。蕨粉《わらび》の臼つき、ムシロ編み、馬の餌炊きなどを、ゴザを敷いて夜鍋で行った。薪切り、かまどで大量の煮炊き、味噌づくり、大臼での餅つきなどもしている。群馬県藤原村（現みなかみ町藤原地区）の養蚕農家では、馬がいる土間の反対側の隅に大きな一口のかまどがあり、大勢をもてなすときの炊事や餅つきの準備などを行っていた。

真島は関東の生活史を「近世後期から、つい最近の昭和四〇年代までこうした土座を大切にした暮らし方があった」とし、土間に増設した板の間を間食や休憩の場、ザシキで膳を囲む食事と分けていたが、板の間のちゃぶ台で食事する生活へと変化していった歴史を説明する。

水場はどうなっていたのか？

祖母の台所にはポンプ式の井戸が据えられていたが、台所に大きな水がめを設置し、共同井戸や川から桶で汲んできた水を貯める農家は多かった。都会でも昔は水道がなかった。江戸の町には水道があったが、現代とは形が異なる。

東京都水道局のウェブサイト「東京の水道の歴史」によれば、江戸の上水道の起源は徳川家康が江戸に入府し開設した小石川上水で、一五九〇（天正一八）年。順次拡張されて、一六五四（承応三）年に玉川上水、一六九六（元禄九）年までに本所（亀有）上水、青山上水、三田上水、千川上水が整備された。しかし、一七二二（享保七）年に、小石川上水から発展した神田上水と玉川上水以外は廃止されている。水は石樋や木樋で上水井戸に運ばれ、人々はそこから汲み上げた水を飲料水や生活用水に使う。つまり、都会の人たちも近所の井戸で水を汲んでいたのである。

明治になっても、そうした水道は使われていたらしい。大森貝塚を発見したことで知られるアメリカ人のエドワード・モースが、明治初期に日本各地を旅して書いた『日本人の住まい［新装版］』（斎藤正二・藤本周一訳、八坂書房、二〇〇二年）に、水汲みに来る人のほか、かんたんな洗いものを井戸端で行う人が多かったことを記している。江戸以外の都市にも旧式の水道があったらしく、京都では背後にある山を水源とする渓流から、広島県の宮島では、村の西端を流れる渓流から、それぞれ竹筒で給水されていたと書いてある。

明治初期の当時、東京ほか各地の井戸水は「きわめて不純」になっていて、モースは遠隔地からの送水設備も不完全であると指摘し、東京市が「全市内に給水すべき上水道施設を確立することへの絶対的必要性を認めるであろう」と予言する。

「東京の水道の歴史」によると一八八六（明治一

モースの『日本人の住まい』より。現在の埼玉県熊谷市冑山(かぶとやま)。

九）年、コレラが大流行し、それ以前にも「上水路の汚染や木樋の腐朽といった問題が生じ」ていたことに加え、消防用水を確保する必要性もあって、二年後に近代水道創設に向けて調査を開始。一八九八（明治三一）年一二月に神田・日本橋方面に通水を始め、一九一一（明治四四）年に市区内全域につながった。近郊には、大正時代から昭和初期にかけて広がっていく。

　最初の近代水道は、一八八七（明治二〇）年一〇月に市内給水を開始した横浜市で、その二年後に函館市、四年後に長崎市、八年後に大阪市、一二年後に広島市で給水が始まっている。台所改善運動は、近代水道が普及したことが前提だったのではないだろうか。農村部への普及は戦後で、水道の普及率が全国で九割を超えたのは一九七五年である。

　井戸の水汲みは相当の労力がかかる。『「モノと女」の戦後史』は、長野県茅野市で行われた水汲みの実態調査で、共同井戸までの往復を一日二回、洗濯用の一回、待ち時間なしと計算して一日平均三五分、一年で約九日分が費やされていたと記している。

『日本人の衣食住』によると、農家では川から家の前まで小さい流れを引いたり、清水のそばに石を敷く、川端に降りる石段をつくるなどして、作業しやすく工夫していた。作業場にはスノコになった小さな棚を置き、鍋釜や皿小鉢などを干しておいた。

『台所空間学事典』（北浦かほる・辻野増枝編著、彰国社、二〇〇二年）にも、農家の水場は長らく外で、庶民の台所に流しが設けられたのは近世になってから、とある。排水処理が難しかったことや、洗いものの回数が少なかったことが要因としている。

　同書は『日本農民建築』第一～八巻（石原憲治、南洋堂書店、一九七二～一九七三年）が大正末期から昭和初期に調査した、全国五七五戸の農家の台所を分析している。徳島、和歌山、千葉を例外として、水の設備はほとんどが屋内にある。

洗い場は八割の農家にあり、その大半が流しである。立ち流しは近畿地方、つくばい式は関東と東北に多い。青森、秋田、石川、岐阜、福島、新潟、富山などでは、湧き水など水を取れる場所に屋根をかけ、飲み水を汲んだり洗い場にする。やがて、そうした部屋が母屋に取り込まれていく。かまどなどの火の設備とは、別の部屋にあることが多かったようだ。

『にっぽん台所文化史』によると、絵巻物での流しの初登場は室町時代初期に描かれた『慕帰《ぼき》絵《え》』で、三井寺《みいでら》南瀧院や大原勝林院で、かまどがある台所の横に割り竹のスノコを敷いた広い床を設置して洗いものをしていたらしい。この形式は江戸時代後期まで続く。

かまどか囲炉裏か

人が火を使って調理するようになった時期については諸説あるが、約二〇万年前に誕生した私たちの祖先、ホモ・サピエンスは、最初から火を使っていたらしい。煮る、ゆでるといった料理ができる鍋の類は今のところ、日本の縄文土器が最初とされ、紀元前約一万年のモノが発見されている。縄文人は、川端で食材を洗って切り、竪穴式住居の内外で煮炊きをしたらしい。『にっぽん台所文化史』は、「初期のかまどは、ただ単に地面を浅く掘って火を燃やす形式の地床炉《じかろ》であったが、それが石で囲んだ石囲炉《いしかこいろ》になり、やがて底を抜いた甕《かめ》で枠取りした埋甕炉《うめがめろ》へと発展していく。それと共に、かまどの位置も、中央から端へ移り、古墳時代後期には隅に定着する」と解説している。『台所空間学事典』は、初期の竪穴式住居では屋外調理だったが、暖と明かりの目的で、屋内でも火を使っていたと補足している。また、支配階級の高床式住居では、かまどは屋外または別棟の土間にあった。

古代の支配階級でも台所は別棟で、配膳の場は台盤所と呼ばれた。鎌倉時代になると、武家がつくった書院造りの住宅で炊事場が主屋に取り込まれ、かまどとスノコの流しが一つの空間にまとめられる。『にっぽん台所文化史』は、武士と貴族で扱いに違いがあったと指摘する。料理はケにあたることから、貴族は別棟に追いやった。しかし、武士がハレとケを両方重視し、台所も母屋に取り込む。配膳室は武家にもある。武士のスタイルを継承するのが、中上流層である。

『台所空間学事典』で庶民の暮らしをたどってみよう。古代の庶民は依然として床が土間の家で暮らしていた。鎌倉時代になると、板の間に炉を切った家が登場する。絵巻物を見ると、炉のそばで食事をしている。江戸時代は、すでに関東と関西で台所のスタイルが違っていた。関東では、板の床上にかまどを置き、流しはつくばい式。京都の町家では、通り庭に接する土間が炊事場で立って作業した。もし、東京が立ち式の台所だったら、台所改善運動はなかったかもしれない。

古代末期から中世に描かれた絵巻物によると、庶民の家にある炉の扱いにも東西の違いがある。囲炉裏といえば、自在鉤で鍋をぶら下げるイメージがあるが、京都や奈良の家を描いた絵では炉に五徳が据えられている。

「囲炉裏」という言葉は後づけ。『近代の記憶　民俗の変容と消滅』（野本寛一、七月社、二〇一九年）によると、静岡県ではヒジロ、ユルイと呼び、九州ではヂロと呼ぶところが多く、ホド、シボトなどさまざまな呼称があった。本書では基本的に「炉」を使う。

『日本農民建築』は、『台所空間学事典』による大正時代末から昭和初期の火口の分布も割り出している。炉がある農家は北緯三五・五度以北と九州南部の一部地域に多く、養蚕農家では蚕を暖めるために重視されていた。台所や台所に隣接する部屋や、出入り口に近い表の部屋にあることが多く、暖を取るためにも使われていた。煮炊きを炉で行うのは、石川、富山、中部山岳地域、青森、秋田である。台所に炉がある家は全国で約五割あり、近畿以西は二～三割、以東は六～七割である。

かまどは全国で八割が所有するが、炉しかないのが石川、福井、岐阜・長野の北部、かまどしかない家は静岡県西部、愛知、岐阜の南部より西、近畿地方に多い。近畿地方では四口以上もあるかまどが目立つ。柱にかまどの神様、荒神様《こうじん》を祀る家がある。

沖縄、九州、四国と東海から茨城の黒潮の影響を受ける地域では、かまどが別棟に設けられてきた。時代が進むにつれて、かまどは屋内に入っていった。

炉とかまどを両方使っている台所は、全国的に三割強だが、関東と東北は五割程度と多い。最も多いのが栃木で九割強、群馬、岩手、宮城、福島、神奈川、宮崎にも多い。

七輪は、遅くとも江戸時代には使われていた。ごく少数だが、のちほど紹介する改良かまどがある家があり、都会中心だった台所改善運動の影響が見られる。

ＧＨＱの号令で始まった

農村で本格的に台所改善運動が行われたのは、戦後から高度経済成長期にかけて。戦前の文脈とは少し違い、ＧＨＱ（連合国軍最高司令官総司令部）が農村の近代化を目的に号令をかけたのがきっかけだ。『台所から戦後が見える』（朝日新聞学芸部、朝日新聞社、一九九五年）によると「生活改善運動の目的は、一番人口が多く、封建制度が色濃く残る農村に民主主義や男女平等、生活向上の思想を広めるためだった」。『暮らしの革命　戦後農村の生活改善事業と新生活運動』（田中宣一編著、農文協、二〇一一年）を手がかりに、農村の生活改善運動についてたどってみたい。

ＧＨＱの意向を受けて一九四八（昭和二三）年八月に農業改良助長法が施行され、農林省（現農林水産省）内に農業改良局生活改善課が設置される。生活改善普及事業は、農業改良普及事業と両輪をなす形で行われた。内容は衣食住の改善、家計、家庭における女性の地位向上、家族の健康向上など生活全般にわたっている。特に女性が自ら問題を発見し改善していくことが目的とされ、資格試験で選ばれた生活改良普及員が指導した。

一九四九年には全国で二六一〇グループ、一六万一五〇三人が参加し、その後も増加。一九五三年以降、全国規模の実績発表会が毎年開始され、一九六四年には生活研究改善実行グループ全国連絡研究会も結成された。一九五七年には生活改善関係者を集めた農山漁家生活改善研究会が設立され、翌年には生活改善技術館が建設されている。

一九五〇年代までに、特に実績が上がったとされたのは、「かまどの改良、台所・給水設備の改良、風呂の改良、保存食や粉食（めん類）の工夫普及、小家畜（山羊など）の飼育、共同製パン所や季節保育所の設置、農繁期共同炊事の実施、改良作業衣の着用、蠅《はえ》・蚊の共同駆除などが上位を占めている」。女性を重労働から解放する意図もあった。

目立って成果を上げたのが、かまどの改善など台所回りである。実は、大正―昭和の都会の生活改善運動以前にも、農村の生活改善の機運はあった。明治時代に政府が全国から篤農家を集め農談会を開く中で、生活改善についても議論が交わされていたのだ。一八九〇（明治二三）年には、群馬県の船津伝次平が炊飯法を研究し、かまどの改良を提案した。明治末期には政府主導の地方改良運動が行われた。一九一三（大正二）年には、愛知県の常滑《とこなめ》で農民が簡易水道を設置、翌年は島根県八束郡熊野村（現松江市八雲町熊野）で、女性たちが頼母子講《たのもしこう》を使って台所改善を行い、福岡県築上郡黒土村《くろつちむら》（現豊前市黒土）で婦人会が台所改善のほか、他の団体にも働きかけて便所・風呂場の改良を行うなどしている。大正―昭和の生活改善運動では、農商務省（一九二五年には農林省と商工省に分割され、農林省が携わる）も世界恐慌の影響を受けた農村の疲弊を背景に提唱している。つまり、GHQの号令は、ある程度の基盤があったからこそ機能したと言える。

とはいえ、最初は農家の嫁たちを外の会合に引っ張り出すことも、生活改良普及員が家の中へ入るのも大変だったようだ。実績を積み重ね、かまどを改良すれば熱効率が上がり燃料の消費量をへらせるといった効果を嫁たちが訴え、運動は進んでいった。

神奈川県で小学校教員をしていた遠藤正子は、一九五三年から生活改良普及員になった。周りの仲間に農家出身者はほとんどいない。農家の女性は「実家以外行くところがない、話したいことも話せない、と感じていた」。最初に担当した現在の厚木市で、普及事業の中心は台所改善で、煙突やロストル（焚き火台）がついた煙たくないかまどづくりや、換気のための窓開け運動、作業動線を短くする指導を行った。影響力がある家の人が賛同してくれると、進めやすかったそうだ。

台所はどのように改善されたか

神奈川県南足柄市で農家の主婦だった露木史枝が指導した運動では、煙のないかまどで料理したい、とタイル張りの既製品「三和かまど」二口型を導入した。食事のたびに下駄や地下足袋を脱ぐのが面倒なことから、台所の土間にテーブルを置く方法を提案すると、地域内に広がった。その後、農家の女性たちは料理講習会や生活時間調査、寝具の改善、農産加工などを提案し、活動が広がっていった。

東京都日野市の守屋こうが一九四八年から三年計画でつくった改良かまどは、手づくりで製作費があまりかからず、燃料費は三分の一に抑えられる。マッカーサーの後任の連合国軍最高司令官リッジウェイ大将が訪問したことから、一躍脚光を浴びた。夫の一作が描いた土間の改善図および改良かまどの製作図や、『生活改善のための幻燈スライド』（製作・教育スライド研究所　発行・学芸社）シリーズで、その内容が確認できる。

土間は横長の空間で、奥の板の間に面したあたりが台所空間だったらしい。中ほどに炉、壁際にかまどがあり、少し空けて横に水がめ、その横が板の間で座り流しが設置されていた。改善後は、壁やドアをつくって土間を四分割し、手前二間は作業場と応接間に、中ほどを食堂、奥を台所にした。食堂に面した板の間は四畳分を畳敷きにし、茶ダンスを置いている。台所部分は畳間とガラス戸で接する板の間を畳一枚分ぐらい残して、後は土間を広げた。土間の隅に食器棚。続いて調理台と流し、出入り口、壁を挟んで改良かまどとコンロを置いている。食堂との間にハッチつきの食器棚、コメビツを置き、モーター式の水道も設置した。流しはタイルでつくり、下はオープンになっている。流しには蛇口がついている。

兵庫県宍粟《しそう》郡千種町（現宍粟市）では、昭和三〇年代に兼業化が進み、男性が出稼ぎに出て「じいちゃん、ばあちゃん、かあちゃん」の「三ちゃん農業」の家がふえたことで、嫁の過労が深刻な問題になっていた。生活改善運動では、同じ食材ばかりを食べる「ばっかり食」の改善も求めた。昭和四〇年代になると、健康問題について行政から働きかけられるようになる。保健婦や栄養士の指導を受けた会員が料理教室を開き、不足しがちだった緑黄色野菜、タンパク質、脂質などを摂りやすい料理を教えた。料理教室を開くため、衛生的な環境を用意しようと台所の改善が行われている。

千種町では、台所はかまどと流しが置かれた土間で、北側にあるため日が当たらなかった。一段上がった茶の間は板の間または畳で牛小屋と隣接していて、部屋中を蝿が飛び回り、チフスや赤痢になる人も多かった。保健婦と生活改良普及員の指導で、牛小屋を母屋から離すようにしたが、多大なコストがかかるため、改善は少しずつ進む。

ばっかり食の改善と、繁忙期の家事をへらす目的で、共同炊事が試みられた農村もあった。農産物の加工販売や、鶏を飼って卵を売るなどで、生活改善資金を生み出した地域もあった。『農産物直売所』（関満博・松永桂子編、新評論、二〇一〇年）によると、自発的な取り組みが活発化した結果、一九八〇年前後から各地で農産物直売所が生まれていく。

特にコストがかかるのが、水道を引くこと。長野県では、水道が引かれてから、台所の改善などに着手した。『農家女性の戦後史』（姉歯曉、こぶし書房、二〇一八年）によると、生活改善運動を農家の女性たち自身が担った結果、資金捻出のための副業で負担がかかることも多かった。女性の家庭内地位の向上にはつながらなかった、とも指摘している。

ここでも近代化は女性の負担をふやしている。しかし同時に、女性たちに主体性を持たせただろうことは都会と同じだったのではないだろうか。

改善で失われたモノ

『暮らしの革命』によると、埼玉県秩父郡大滝村（現秩父市）では、かまどの改善が炉の廃止と結びついた。もちろん、人間の目にもよくなく、全国各地のかまどに煙突をつける改善で、トラコーマなど目の病にかかる人を大幅にへらすことができた。自在鉤にはオカギサンという火の神様が祀ってあったため、長く残されていたが、火の神がかまどに移された例もあった。同時に、人が集まる場としての炉の役割も失われた。

『近代の記憶』によると、「自在鉤を揺するとエグチナワ（家蛇）が落ちてくる」と佐賀県鹿島市で言われていたなど、揺れる異常性を語る文化が各地にあった。地震を知らせる役割があったのだろうか。上部に方形の「火棚」を被せる地域では、火の粉が屋根に振りかかるのを防ぐだけでなく、濡れた衣類、魚や野菜などを載せて乾燥させていた。長野県のおやきのように灰に埋めるなど炉で加熱調理する文化も各地にあり、サツマイモ、里芋、餅、渋柿などが挙げられている。秩父地方の記事を書いたのは、文化人類学・民俗学を専門とする坪郷《つぼごう》英彦である。山口昌伴も『台所の一〇〇年』「『新しい農家の住まい』を読む」で自身の一九七九～一九八四年に行った全国の農村の台所調査をベースに書いているが、生活改善運動で生まれた、土間にテーブルを置く「土間キッチン」が残っていることを称賛したうえで、土間が衰退していくことを憂《うれ》えている。

農村の台所は、生業とのつながりで設計されてきたが、その生活は、女性たちに夜明け前から夜中まで休みなく働くことを強いた。発言権も与えられず自由になるお金もない奴隷状態の女性が、「昔ながらの」生活を成り立たせていたことを忘れてはいけない。

土を踏み固めてつくる土間は、地面とダイレクトにつながっている。私は十数年前、近所で親しくしていた八百屋に九カ月ほど昼間、店に立たせてもらったことがある。そこで実感したのは、冷気が直接伝わる土間の過酷さである。煙も、目に悪い。昔ながらの台所の暗さ、煙、しゃがむ姿勢、そして長過ぎる動線はすべて、女性たちの健康を損ねる要素だった。生活改善運動でこうしたモノが失われていったのは、女性たちがその厳しさを痛感していたからではないか。昔の生活が失われ文化が変わったことを憂えるのが、男性論者に偏っているのは気になるところである。

3 民主主義時代の台所とは？

封建的住宅を批判する

第二次世界大戦で敗北した日本は、アメリカを中心にした占領軍（進駐軍／以下、ＧＨＱ）の指揮下で、さまざまな制度を改革した。その代表が、一九四七（昭和二二）年に施行された日本国憲法である。ここから日本は本格的に民主主義国家をめざす。新憲法で、結婚が本人たちの同意だけでできるようになり、家族の生殺与奪の権利を握っていた戸主の制度がなくなった。一九四五年一〇月に女性の参政権が認められ、一九四六年には女性の国会議員が三九人も誕生した。学校でも、生徒の主体性を重んじる民主教育が盛んになる。自由な発言もできない軍政下の苦しみをなめた人々は、民主化で世の中が大きく変わることを期待していた。

そんな中、専門家たちが住宅の封建性を指摘したことが、その後の住宅業界に大きな影響を与えた。

最初に声を上げたのは、戦中に庶民住宅の使われ方を調査していた西山夘三である。一九四七年刊行の『これからのすまい』（相模書房）について『日本住居史』は、この本が画期的だったのは、初めて庶民住宅を研究したこと、と書いている。『住まいと家族をめぐる物語』（西川祐子、集英社新書、二〇〇四年）は、『これからのすまい』が「近世から敗戦まで続く日本の住宅のコンセプトを「封建的住宅」と規定した」とする。家族は家長の生活に奉仕するためにいた、と西川は書いている。男性研究者たちが惜しんだ炉端も、最も火に近い位置が家長の場所と決まっていた。

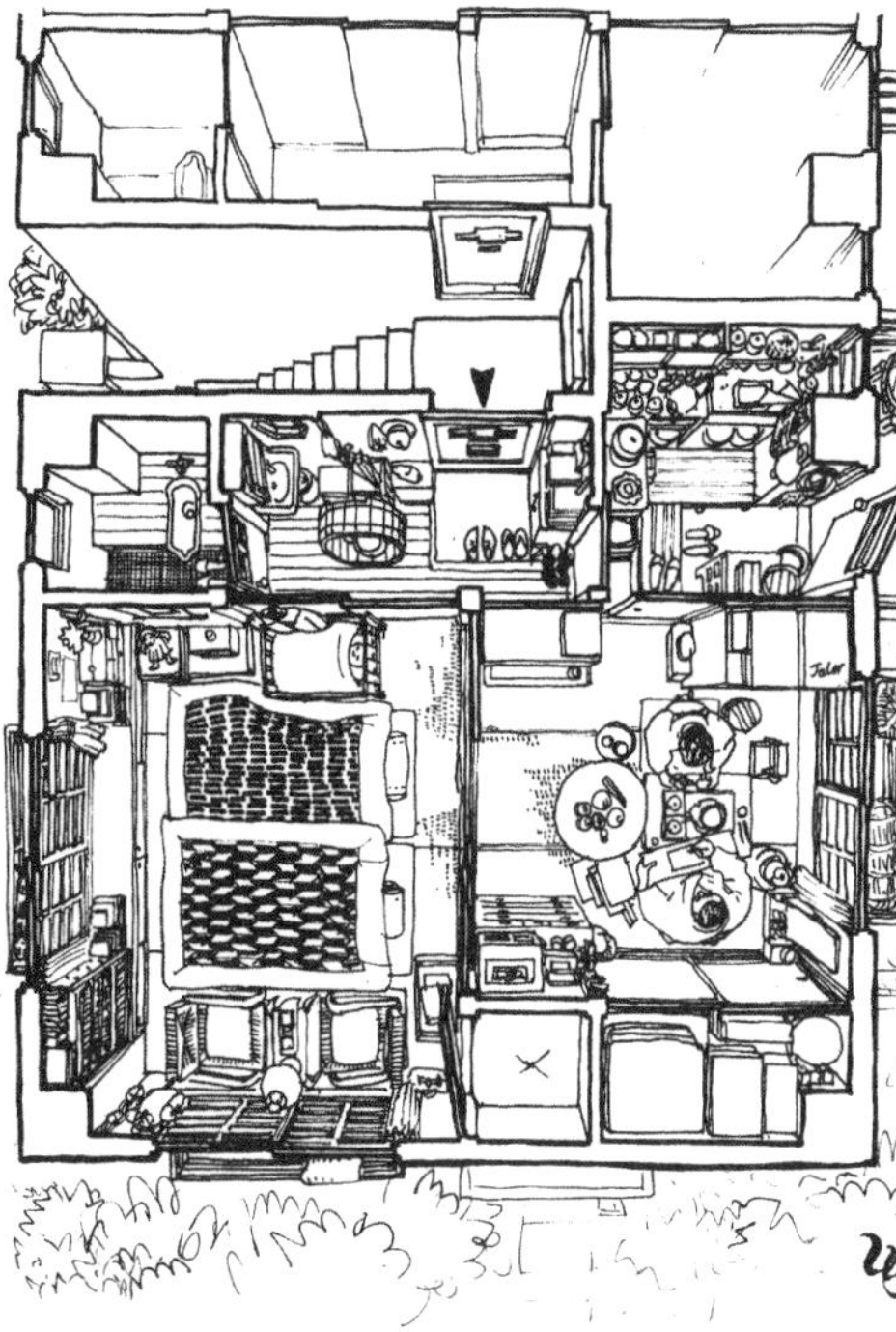

「食寝分離」を唱えた西山夘三が、実際に同潤会の代官山アパートに暮らし、描いたスケッチ。図は、長男が生まれた1942年当時。

西山の提案は、住まいを一組の夫婦とその子どもたちからなる核家族の容器とすること。家族が一部屋に集まって寝るのではなく、夫婦が一緒に、子どもたちは別に寝る「就寝分離」。さらに食事に使う部屋と寝る部屋を分ける「食寝分離」も提案している。大正―昭和の住宅改善運動が課題とした椅子座に関しては、休息や作業用などに導入して和洋の二重生活を解消する、という無理が少ない提案を行っている。

NPO法人西山夘三記念すまい・まちづくり文庫のウェブサイトによると、西山は一九一一（明治四四）年に大阪の下町、西九条で、鉄工所の三男として生まれた。一九三〇年に京都帝国大学（現京都大学）工学部建築学科に進学し、同級生らと研究集団「dezam」を結成し、盛んに研究、評論活動を行う。一九四一年に住宅営団技師となり、一九四四年に母校の講師となった。その後は大学に軸足を置くが、農村から大都市まで各地を歩いて住宅や町づくりなど幅広いフィールドで活動した。大阪万博会場や千里ニュータウンなど、関西各地の都市計画にも関わっている。一九九四年二月、京都駅ビルを景観破壊と批判し原告側証人席に立った翌日に倒れ、四月に八三歳で亡くなった。

次に声を上げたのは、女性建築家の草分け的存在の浜口ミホ。一九四九年、業界に大きな衝撃を与えた『日本住宅の封建性』（相模書房）を刊行している。『日本住居史』は、「浜口は、「家」の表現としての住宅ではなく、住むための機能的な装置としての住宅の実現を目指した」とし、床の間の追放や玄関をなくす提案などを紹介する。その二つは、住宅を権威づける役割を持ち、召使いまたは主婦の手を煩わせないと成立しない、と浜口は訴えていた。

台所についても章を設けている。浜口は都会の住宅において「台所はその他の生活空間よりも或る意味において一段と格式の低い生活空間である」「かつ狭苦しい。それは家の中の他の生活空間に比して冬は寒くジメジメしてをり、夏は蒸し暑い」と指摘し、農家住宅と比較しながら、上流階級で台所が使用人の場所であった歴史に、その原因を求めている。農家の住まいのように食事空間と融合させ、格式の低さを克服しよう、と主張。浜口はのちにダイニング・キッチンの流行に大きな影響を与えるが、そこには、女性の地位向上の意図も込められていたのである。

両者とも、封建制度の象徴だった住宅を、機能的な空間に変えることを提案しているところに共通点がある。西山は庶民の出、浜口は女性。住宅業界で異端だったから、画期的な提案ができたのではないか。権威より実用性、封建性の打破、という考え方はゆっくりと日本を変えていくが、令和の今も残念ながら浸透しきったとは言えない。

建築家たちの小住宅

第二次世界大戦の終盤、日本各地の都市がジェノサイドの大空襲を受けて焦土となったところへ、復員兵や引揚者が加わり、住宅不足は政府の推計・発表で約四二〇万戸にもなった。『現代日本ハウジング史　1914〜2006』(住田昌二、ミネルヴァ書房、二〇一五年)によると、一九四八年の全国の住宅悉皆《しっかい》調査と照らし合わせて、住宅不足は約三割にも及んでいる。そこからの復興は大きな課題だった。

『都市居住の社会学』(大谷信介、ミネルヴァ書房、二〇二〇年)によれば、国は戦後、住宅総数を拡大することを基本路線として、住宅政策を進めていく。三本柱として住宅金融公庫(現住宅金融支援機構)を一九五〇年に創設、一九五一年に公営住宅法を制定、一九五五年に日本住宅公団(現UR都市機構）を設置する。後者二つは第三章でくわしく解説することにし、ここでは住宅金融公庫に注目する。

公庫融資の条件は当初、一戸当たり三〇〜四八平方メートル（九〜一四・五坪、北海道は五〇平方メートル・約一五坪まで）の住宅が対象で、融資額は標準建築費の七五パーセントが上限、同居人がいて、二五パーセント以上の頭金があり、償還金の七倍以上の月収があること、かつ完成までに三回の現場検査をする、かなり厳しい条件を設定した。

『ダイニング・キッチンはこうして誕生した』（北川圭子、技報堂出版、二〇〇二年）によると、一九四六年五月に公布の臨時建築等制限令では、五人家族まで一二坪で、一人ふえるごとに一・五坪増としたが、次第に規模の制限は緩和されていく。同月、戦災復興院が発表した復興住宅建設基準は、食寝分離や椅子座をめざすなど、西山の主張と似ていることを同書は指摘する。

小さな家しか建てさせてもらえなかったこの時期、建築家たちは盛んに理想の小住宅を提案した。『間取り百年』（吉田桂二、彰国社、二〇〇四年）は、ビルや公共建築を建てる状況ではなかったからと指摘し、約六年後に大規模建築が可能になると、彼らの関心は小住宅から離れていったと書いている。しかし、彼らが小住宅の理想として、椅子座、食寝分離、就寝分離、家事労働の削減、設備の充実化という共通点を持ったことは、西山や浜口と足並みをそろえた、もしくは影響を受けたと思われるので、二冊はその後の住宅設計の流れをつくったと言えるだろう。

『近代ニッポンの水まわり』によれば、小住宅の空間を合理的に使い家事動線を短くするため、水回りの設備を一カ所にまとめる設備コアの考え方が建築家の間でブームになった。先の事情で、

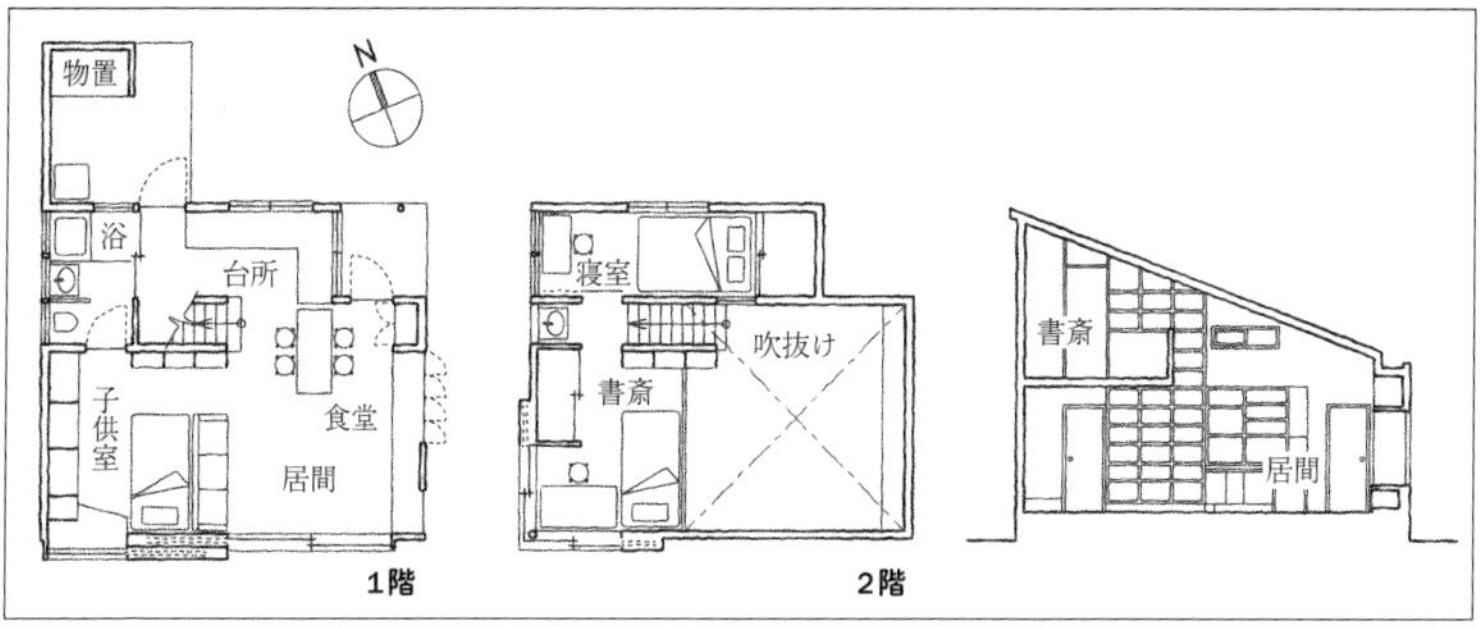

池辺陽が設計した「立体最小限住居」の平面図（左2つ）と立面図（右）。

そのトレンドは短期間しかなかったが、以後は水回りの空間の重要性が認識されるようになった。

『すまい考今学』によれば、まず女性誌と新聞で理想の住宅設計図などを描く流行が起こり、続いて一九四六年に『建築文化』（彰国社）六月号など、専門誌で盛んにアイデアが公表されていく。『新建築』（新建築社）は、若手建築家の小住宅試案のコンペをくり返し企画している。池辺陽、清家清など新進気鋭の大学講師がその審査に当たった。

火つけ役になったのが、池辺だった。『近代ニッポンの水まわり』によると、池辺が「住宅デザインにおけるコアの意義」と題した論文を『新建築』で発表したのは一九五四年一一月号である。当時欧米で流行り始めたコア・システムの概念を、理論化したもので、水回りのコアを家の中心に納める。『建築家　人と作品（上）』（川添登、井上書院、一九六八年）によれば、コアを採り入れた池辺の設計では、居間などがのびのびとした空間を与えられている。

池辺は理論化に先立ち、一九五〇年に発表した「立体最小限住居」（住宅No.3）で脚光を浴びていた。『ダイニング・キッチンはこうして誕生した』によると、その特徴は和室否定、玄関否定、主婦労働の削減、リビング・キッチン化、ワンルーム化などである。リビング・キッチンとは、食事の空間と台所が一続きの空間に入っているものを指し、この頃アメリカから入ってきて流行し、最近再び流行している。『日本住居史』に掲載された平面図を見ると、延べ床面積一五坪の二階建ての2LDKで、一階は食堂・居間の上が吹き抜けのワンルームになっている。ソファで仕切られつつ、子ども部屋は台所・食堂・居間の空間とつながっている。同書は、「ここでいう「最小限」とは、単に最小の住宅を意味するのではなく、合理的で機能的で文化的な生活を営むことのできる必要最小限の住宅を意味」する、と評価する。

池辺陽の先進性

『近代ニッポンの水まわり』によると、設備コアを提唱した池辺が一九五四年に建てた「住宅No.20」は、コンクリートブロックを積み上げてコアとし、内部に浴槽・洗面器・便器を配置し、洗濯機も設置する。コアの外壁に台所のシンクを置いた。『建築家　人と作品（上）』によれば、戦前日本の住宅理論は、動線と機能に合わせて設計することを重視したが、池辺は否定し、住宅を社会性、個人性、労働性の三つの要素の上に立つ組織として、それぞれの機能を発揮できる空間にすることを大切にしている。

『戦後モダニズム建築の極北　池辺陽試論』から、プロフィールを拾ってみよう。陽は一九二〇

（大正九）年、内務省の技師として釜山に赴任していた池辺稲生《いなみ》のもとで、六男一女の四男として生まれた。父は陽が生まれた直後に帰国して東京に住み、土木会社や私鉄会社勤務などを経て、一九四六年に住宅営団の理事長になる。しかし、公職追放で辞めさせられ、東急電鉄およびその関連会社の顧問を務めた。『土木技術』二九巻七号（土木技術社、一九七四年）によると、関東大震災後は後藤新平のもと、復興事業にも携わっていた。

陽は、高校時代に京都に住む兄たちのもとに寄宿し、古建築や茶室を片っ端から見て回っている。一九四〇年に東京帝国大学工学部建築学科に入学した。翌年に始まった太平洋戦争でくり上げ卒業が決まるが、大学院に進学し、文学部の美術史などの講義も聴講し、オーケストラ部でフルートを担当するなど、文化的環境に身を置いた。一九四四年に坂倉建築事務所に入ると、兵役に召集される。ただ、小学校五年生で患った骨髄炎の後遺症で左手が不自由だったため、後方勤務で組立建築（プレハブ）の研究に携わる。敗戦後すぐに事務所を退所し、一九四六年に東大の講師になる。同年、政府の戦災復興院の嘱託になり、山口県下関市・宇部市と渋谷区の復興計画に関わった。

池辺は戦後、新しい住宅像を描くには、封建制度から女性を解放した民主的な家族像を描く必要があると主張している。『婦人公論』（中央公論社）一九四八年一二月号で、前川國男、建築評論家の浜口隆一と共同論文「婦人の解放と住宅問題　家事労働を中心として」を発表するなど、積極的に女性解放問題に取り組んでいた。

第一章5でも紹介したように、合理的なコンパクトキッチンも開発している。その背景が『建

築家　人と作品（上）』からうかがえる。池辺は家具デザインを担当しよき協力者だった妻の昌子が長く胸を患っていたことから、可能な限り規則正しい生活を心がけていたという。妻をいたわる気持ちも、主婦に配慮する設計思想に影響したのではないだろうか。最後まで台所研究を続けた池辺は、一九七九年に五八歳で亡くなっている。

アメリカ人の住まいに学ぶ

よく言われているように、戦後の日本にアメリカの影響が強いのは、占領軍の中心がアメリカ兵だったことが大きい。アメリカの宣伝を中心とした情報が大量に流入し、人々は物質的に豊かな生活への憧れをかきたてられた。

たとえば、アメリカの中流家庭の主婦を主人公にしたマンガ『ブロンディ』は、一九四六年六月から『週刊朝日』（朝日新聞社）で、一九四九年から一九五一年四月までは朝日新聞朝刊で連載された。一九四七年から一九五一年まで、農村部を中心に全国で上映されたナトコ映画（アメリカナショナル・カンパニー製作）も、アメリカのすばらしさを宣伝するドキュメンタリー映画で、水道が使え電気冷蔵庫が設置されたキッチンがある、豊かな食卓を描いた作品もあった。

住関連産業の復興に大きな役割を果たしたのが、占領軍兵士が家族と住む住宅DH（ディペンデントハウス）の建設および設備の製作を日本が請け負ったことである。『占領軍住宅の記録（上）』『占領軍住宅の記録（下）』（小泉和子・高藪昭・内田青蔵、住まいの図書館出版局発行、星雲社発売、一九九九年）によると、一九四五年一二月、日本政府はGHQから約二万戸の軍人の家族用住宅の建設を命じられた。建設地は、全国各地と朝鮮半島。公共施設や上下水道なども含み、当初予定された期限は一九四七年三月だった。一九四六年三月には、GHQデザイン担当者の指導のもと、商工省（現経済産業省）工芸指導所が設計し、約九五万点の家具什器《じゅうき》類も生産した。

同書によると、その受注が建設業、家具・什器、電気業界の復興の手がかりとなり、家具製造業や家電産業の飛躍的な技術向上に結びついた。DHは、アメリカ人が母国と同じような生活が継続できることを前提としつつ、日本人の新しい生活様式の先駆的存在になることが望まれていた。

間取りには九種類の基本形があり、A、B、Cの三つのタイプに大別される。Aタイプは約二六〜三二坪で中尉以下、2DK、2LDKまたは3DK、Bタイプは約三三〜四六坪で大尉と佐官が住み、Cタイプは約四一坪の4LDKで大家族用。Aタイプですら、当時の日本人が建設を許された家の広さの倍ほどある。設備が集中したのは台所で、電気レンジ（電気で発熱するコンロ）またはガスレンジまたは石炭レンジ、電気冷蔵庫、排気用ファン、給湯用電気温水器、洗濯機が設置され、パーコレーター、ミキサー、トースター、ワッフル焼き器などを使えるコンセントが用意された。台所にはつくりつけの戸棚やシンクがあり、ガラス窓の外には網戸がつき、カーテンも備えられた。

台所には戸棚、ダブルシンク、調理台、腰かけを入れた。シンクの左右に棚があって、下部収納もある。シンクの左右が調理台として使える。ゴミ箱も収納に組み込まれている。調理器具もそろえ、兵士は台所回りの何も用意する必要がなかった。

台所には勝手口があり、シンクの上には窓がある。玄関との連絡がよく、トイレや階段とも近い。レイアウトはL字型やコの字型などあるが、「食料準備から調理・配膳へという一連の動作が合理的動線に基づいて配置されていたようだ」と説明がある。

当時の日本の庶民はもちろん、もしかすると現在も庶民は手が届かない充実した設備が、DHには用意されていたのである。

第二章

ダイニング・キッチン、誕生する

1　公団住宅がめざしたもの

団地はいつも注目の的？

団地は近年、いくつもの話題作の舞台になっている。新築時に入居した団地で半世紀あまり暮らす女性が日々を綴った『87歳、古い団地で愉しむひとりの暮らし』（多良美智子、すばる舎、二〇二二年）は、孫が撮影したユーチューブ動画の人気もあり、一二万部超えのベストセラーになっている。二〇二〇（令和二）年から『フォアミセス』（秋田書店）で連載され、四巻まで出ているマンガ『しあわせは食べて寝て待て』（水凪トリ）も人気。膠原《こうげん》病にかかってフルタイムで働けなくなった麦巻さとこは、大家で九二歳の美山鈴の親切にほだされ、団地で一人暮らしを始める。美山は、ヤングケアラーで消耗し社会復帰できないでいた司と出会い、家事手伝いをしてもらう形で同居している。同居を持ちかける際、美山は「あなたもしばらくここでお日様に干されたら　あんばい良くなるんじゃないかしら　団地は日当たりがいいのよー」と口説いた。事情を抱える人たちがつつましく暮らす、古い団地らしいエピソードが盛り込まれている。

二〇一六（平成二八）年には、是枝裕和監督の『海よりもまだ深く』、阪本順治監督の『団地』と、二人の大物監督が団地を舞台にした映画を公開し、話題を集めた。是枝作品は、自称作家のダメ探偵を演じる阿部寛が、西武池袋線清瀬駅からバスで団地に住む母親を訪ねる。この団地には分譲と賃貸があるらしく、樹木希林演じる母親は、亡くなった夫に甲斐性があれば分譲に移れた、と嘆く。阪本作品では、岸部一徳と藤山直美のリタイヤ夫婦が越してきたが、夫が行方不明になり、さまざまな噂が団地内で飛び交う。

団地が誕生して半世紀余り。築年数が経ち、郊外暮らしを敬遠する人がふえて過疎化が進んだ結果、あえて団地に住むのは、団地が好きか事情があるからかもしれない時代になった。小泉改革の際、団地は「聖域なき構造改革」のターゲットになり、一九九九（平成一一）年に都市基盤整備公団になっていた元日本住宅公団は、ニュータウン開発から撤退。賃貸住宅供給は原則禁止され、名称も独立行政法人都市再生機構（UR都市機構）になった。一部の例外を除き、もう新しい場所で新しい団地が誕生しなくなったからこそ、そこでやり直す人、ますます落ち込んでいく人の物語を描く格好の舞台になる。

団地が登場する物語自体は、みんなの憧れだった初期の頃からつくられてきた。一九六二（昭和三七）年公開の川島雄三監督作品『しとやかな獣』と、一九七一年公開で西村昭五郎監督作品『団地妻　昼下りの情事』は、性欲がもたらす物語を描く。前者は新藤兼人が脚本を書き、娘の不倫相手が彼女を囲うために用意した部屋に家族まで住み着いてしまう。後者は日活ロマンポルノ第一作で、専業主婦の妻が夫が不在の日中に売春をする。二作を紹介した『団地へのまなざし』（岡村圭子、新泉社、二〇二〇年）は、登場人物たちがその住まいを「「こんなせまっくるしいところ」あるいは「こんなコンクリートの箱の中」と表現し、各々の住戸のなかに閉じ込められている状況、すなわちハコ的閉鎖性が描かれている。そして、閉じ込められているがゆえに「いつかは脱出したい」という願望が暗示され、そこからどうにか脱出しようともがく人間の欲望が印象的である」と分析する。

一方、一九六一年の久松静児作品『喜劇　駅前団地』は、森繁久彌と坂本九が出演。巨大団地ができることに振り回される地元の人々を描く人情コメディだ。一九六三年公開の山田洋次の出世作『下町の太陽』では、荒川沿いの下町で女工として働く倍賞千恵子が主人公。光ヶ丘団地の抽選に新婚の同僚が当たる。その新婚家庭で、ハイカラさを象徴する紅茶が出される。どちらの作品でも、団地は経済発展を予感させる存在として描かれる。

このように、団地は常に人々の憧れや不安を投影する存在なのである。

入居抽選はすごい倍率

日本住宅公団（以降、公団と表記）は、住宅不足解消に向けた民主党の鳩山一郎内閣の目玉政策として一九五五（昭和三〇）年に発足し、翌年から供給が開始された。最初に生まれたのが大阪府堺市の金岡団地。UR都市機構のウェブサイトによれば、九〇〇戸の住居すべてが2DKだった。

団地の最大の売りは、空間にゆとりを持って建てられ日当たりがよいこと。分譲マンションでは、日当たりが悪い部屋があることは珍しくないし、住宅密集地の戸建て住宅は窓があっても暗い部屋がある。当時は最先端だった、外から鍵をかけられるシリンダー錠を玄関につけ、各戸に浴室があり、水洗トイレがついていることも画期的だった。

団地から一般化した設備・機器は多い。とまどう人も多かったからか、一九六〇年には公団が監修し日経映画社が『団地への招待』という短編映画をつくっている。団地入居が決まった結婚間近なカップルが、東京西部の保谷町・田無町（現西東京市）と久留米町（現東久留米市）にまたがる二七一四戸もあるひばりが丘団地に住む兄夫婦を訪ね、団地生活について学ぶ仕立てである。3Kの部屋にダイニングテーブル、応接セット、ベッド、家電類がぎっしり詰め込まれ、兄は当時流行していたカクテルをふるまおうと、シェーカーを振る。義姉は、水洗トイレの流し方、ガス風呂の点火の仕方、ダストシュートの使い方などを解説する。断水時にキッチンの蛇口を開けっぱなしにして外出し、階下に迷惑をかけてしまった失敗談も語る。

団地の住民は、家電の導入も早かった。『団地の空間政治学』（原武史、NHKブックス、二〇一二年）が一九六〇年版『国民生活白書』（当時は経済企画庁）をもとに、電気洗濯機、電気釜、電気冷蔵庫、電気・ガスストーブの普及率が、団地世帯はいずれも東京都区部の全世帯の二倍前後もあったことを伝える。関西ではさらに早く、大阪府枚方市の香里《こうり》団地では、電気冷蔵庫の普及率が同年五八パーセントで、ひばりが丘団地の二倍以上である。枚方市が、松下電器産業（現パナソニック）のおひざ元だったことも影響したかもしれない。

団地が流行の発信源になったのは、当時の入居者は、比較的若い高所得のサラリーマンだったからだ。家賃は、公営住宅と異なり国庫補助には頼れないため割高である。しかも、都心から遠い地域をイチから開発して建てられ、周囲に働く場がほとんどなかったため、遠距離通勤が前提で、子どもを抱える妻が働くのは困難だった。夫が家族を養えるサラリーマンでなければ、入居が難しかったのである。

『現代日本ハウジング史』によると、日本住宅公団法は、公団の任務として住宅不足が著しい首都圏・中京圏・京阪神圏・北九州圏の四大都市圏で、中流の「勤労者」を対象に住宅を建設すると定めている。

また「大規模な宅地開発」とも明記している。先のひばりが丘団地は三つの町にまたがっている。『団地の空間政治学』は、一九六〇年代後半から一九七〇年代前半、東京都西部の村山町（現武蔵村山市）や久留米町、日野市、町田市、埼玉県上尾市、千葉県八千代市などで、市の人口の三〜四割台が団地住民になったと指摘する。

URが現在までに建設した賃貸住宅は七一万戸、東北などの復興住宅や分譲住宅を含めると、全部で一五〇万戸もある。私は以前、東京都練馬区・板橋区にまたがる光が丘パークタウンへ行ったことがあるが、都営地下鉄大江戸線の終点、光が丘駅から地上に出ると、民間マンションを含め、見渡す限り集合住宅しかない光景に圧倒された。それまでほとんど人が住んでいなかった大都市郊外に、新しいライフスタイルを産む巨大な住居群が続々と出現したのだ。注目の的になるのは当然と言える。

団地住民とその予備軍の悲喜劇

抽選で入居者が決まるシステムは、初期の団地で悲喜劇をたくさん産んだ。『台所から戦後が見える』によると、一九六四年二月の入居希望者の平均倍率は五三倍にもなり、新婚時に団地用の家具も買ったのに三年連続落選している生命保険会社社員の男性や、都営住宅も入れて九〇回も落選し、間借りしている友人宅から追い出されかかっている結婚一〇年の会社員などの例が出ている。

大人数の似たライフスタイルの人たちが入居する団地の誕生で、「団地族」という言葉も生まれた。『すまい考今学』によると、団地族は教育程度の高いホワイトカラーの比較的若いサラリーマン家族だったため、「その生活様式は古い都市地域や周辺の農村的集落とはきわだった対照を示した」。彼らは、戦後の新しい中流階級だった。

『主婦の友』一九六二年八月号の「団地族の生活と意見」（角田房子、『モノ誕生「いまの生活」1960－1990』水牛くらぶ編集、晶文社、一九九〇年所収）は、香里団地で取材している。若い主婦たちに団地のよさを聞くと、「鍵一つで安心して外出できること。自家用車を持っている人が急病人を運ぶとか、出産の前後や病気のときお互いに助け合うなど、力強い相互扶助があること。自由な時間が多く、近所に友だちが多いので毎日が楽しい、などの答えがあった」。

文化人・知識人も、初期の団地に住み、批評的な目を向けている。『団地の空間政治学』から拾ってみよう。文芸評論家の秋山駿は一九五九年、完成直後にひばりが丘団地に入居し、日常生活のパターンや部屋の使い方がほぼ同じで「すべてよく似ている二十四の同じような人間が、すべてよく似ている同じような生活の光景を展開している、というのでは、これほど飽き飽きする見物はあるまい」と書いている。西山夘三は、セールスマンは団地で「階段のうちのどこか一軒をねらえ」と言われ、「生活革新の流行をうみだすモデル地域となってしまった」と嘆く。下着デザイナーの鴨居羊子は、団地の女性はネグリジェ率も高い、と指摘する。一九六〇年代、夫に性的魅力をアピールしよう、とネグリジェをすすめる記事は『主婦の友』でも出ていた。また、一九六一年にひばりが丘団地で、当時の全国平均の約三・二倍の出生率を記録したなど、プライバシーが保護された団地で、突出したベビーブームが起きていたことを指摘している。

このように、たくさんの人々が興味深く見つめた団地の中心で輝いていたのが、ダイニング・キッチンである。

公営住宅の台所をリノベした女性

団地の看板になるはずのキッチンは当初、セメントに砂利などを入れ加工した「人研ぎ」と呼ばれた流しがついていた。のちに日本中を席巻するステンレスの天板の開発は、難航していたのだ。ここから、ステンレスなどの現代的な設備とその設備が入った空間を「キッチン」、それ以前のものを「台所」と呼ぶ。また、ステンレス導入以降の流しは「シンク」と呼ぶ。キッチンと台所は、家庭での位置づけがまるで違うからである。

公団住宅に先駆け、都道府県営の集合住宅が建てられ始めていた。しかし、それらの住宅の台所は、必ずしも評判がよくなかった。

台所改善提案を盛んに行っていたメディアの一つ、『暮しの手帖』（暮しの手帖社）は、誌面で批評するだけに飽き足らず、一九六三年にナスステンレス（現ナスラック）と共同開発した、ワークトップの継ぎ目がない独自商品まで開発している（『台所から戦後が見える』）。その少し前、同誌一九五八年秋号には、山手線の目白—高田馬場駅間の車窓から見える都営戸山ハイツアパートの台所を改善した体験レポートが掲載されていた。

『ダイニング・キッチンはこうして誕生した』によると、同アパートは建設省（現国土交通省）と東京都が手がけた二つ目の鉄筋コンクリートのアパートだ。一九四八年につくった高輪アパートの反省点をもとに、台所にダストシュートを設けるなど工夫したが、何しろ一九四九年竣工と、公営住宅法より前。そのためだろうか、『暮しの手帖』の台所評は「じつにいい加減で投げやりで不親切」とさんざんである。内容を確認してみよう。

四階建ての四階に住むTさん夫婦の台所は、玄関から入ってすぐの一・二坪（約二・二畳）の空間。バルコニーに面した腰窓の下が人研ぎの流し、横にガス台があり、自分で用意したコンロを置く。通路を挟んで戸棚兼配膳台がある。Tさんは奥の壁に小さな食器棚を設置していた。困ったのは、調理台がないため「流しにマナイタをおいて仕事をするというバカげたこと」になること。流し台の奥行きはわずか四七五ミリと最低限欲しい五五〇ミリよりかなり小さく、鍋などを乾かすときにも困る。高さも七五〇ミリで、想定されている利用者の身長が一四〇センチとかなり低い。つくりつけの戸袋は高過ぎ、奥行きも深過ぎるため、出し入れしにくい。水栓も横の壁につけられているため、「左手でひねらなければならないし、体は横向きになるし、全くヘンなことをしたものです」と批判する。天井の照明も流しの手前にあって夜は手暗がりになっていた。予算その他の制約があったにせよ、よくここまで不便なキッチンをつくれたものだ。

Tさんは設備をすべて取り払い、L字型キッチンにリノベした。流しとガス台はステンレストップにして、新しい一口コンロを二台壁際に置いて作業スペースを確保。その上に鍋やザルを置けるパイプ式のオープン棚を、さらにその上にプロペラ型の換気扇をつけ、壁に面して配膳台、袋戸棚をつけた。壁には調理器具をぶら下げ、コンロの奥に調味料入れらしき容器を並べる。さらに、入り口側の壁に折り畳める小さなテーブルと椅子を置き、簡単な朝食を摂れるようにした。調理台の高さは八五〇ミリ欲しかったが、窓にかかるため八二〇ミリにし、流しの奥行きは一〇〇ミリ広げて五八〇ミリとした。ステンレストップを採用できたのは、Tさんがリノベした年にちょうど公団の晴海高層アパートでステンレストップのキッチンが導入されて、量産が始まったからだろう。

今は人研ぎの流しは廃れ、換気扇ももっと高性能なものが一般的になり、コンロもビルトインされた三口が珍しくない。それでも、Tさんの不満は現代に通じている。ここまでひどくないにせよ、高過ぎる袋戸棚も低過ぎる調理台も狭過ぎるシンクも、今も存在する。一部とはいえ、まだ現役でこの悩みが続いていることに愕然《がくぜん》としてしまう。

食事と寝室の空間を分けたい

　気を取り直して、公団がもたらした新しいキッチンの話をしよう。公団のキッチンが革命を起こすきっかけは、食事する空間と寝室を分ける「食寝分離」を求めたことだった。戦前から建築家などの間では、畳の部屋が多彩な用途で使えるので、狭い住宅では日中、ちゃぶ台を出して食事をし、夜は片づけて布団を敷き寝るため不衛生だ、と考えられていた。それに異を唱えたのが、西山夘三である。

『昭和住宅物語』「3DK誕生記」に、西山のインタビューが載っている。西山は一九三五年に京大大学院へ入ると、大阪の長屋を調査し始めた。すると、六畳一部屋と二または三畳の二間、台所という狭い間取りで、台所に隣接した二畳の部屋を食事専用室にしている実態がわかる。狭い庶民住宅での実態は、中上流層の住宅しか研究してこなかった建築業界の盲点だった。しかし西山が日本建築学会で発表した「食寝分離論」は、特殊な少数例だとして学会誌への掲載を拒否された。西山は発奮して、京都・大阪・名古屋の五〇〇〇戸余りの大調査を行った。また、岡島暢夫が一九三九年に川崎市の小住宅で行った調査でも、同様の結果が出ている、と、西山は『すまい考今学』で指摘する。

　一九四一年、上京して就職した先は、発足したばかりの住宅営団。関東大震災後にできた同潤会を吸収して発足した組織で、西山は研究部調査課に配属される。食寝分離のDKスタイルの間取りを提案するが、ほぼ採用されなかった。「戦時下の住宅レベルはＤＫすら不可能なところまで極小化していた」（『昭和住宅物語』）からだった。

研究が日の目を見るのは戦後。一九五一年に施行された公営住宅法は、第一条で「国及び地方公共団体が協力して、健康で文化的な生活を営むに足りる住宅を整備し、これを住宅に困窮する低額所得者に対して低廉な家賃で賃貸し、又は転貸することにより、国民生活の安定と福祉の増進に寄与することを目的とする」と謳っている。「健康で文化的な最低限度の生活を営む」国民の権利は、一九四七年に施行された日本国憲法第二五条が保障している。

『ダイニング・キッチンはこうして誕生した』によると、鉄筋コンクリートの集合住宅で最初にＤＫを採用したのは、一九五〇年五月に東京・田端で竣工した国鉄アパートで、東京・世田谷のＮＨＫ池ノ上家族寮の一九五一年一〇月竣工、東京・神宮前の穏田《おんでん》郵政アパートが続く。

公営住宅については、都営高輪アパートや都営戸山ハイツアパートの経験を踏まえて、建設省住宅局や大学で計画が進められていた。一九五〇年、東京大学助教授の吉武泰水《やすみ》が、大学院生だった鈴木成文のプランを土台に、郭茂林《かくもりん》と約一二坪の和室二間とＤＫで構成された「51Ｃ型」を完成させる。

『「51Ｃ」家族を容れるハコの戦後と現在』（鈴木成文・上野千鶴子・山本理顕・布野修司・五十嵐太郎・山本喜美恵、平凡社、二〇〇四年）で、吉武研究室では戦後まもなく、零細住宅や労働者住宅の調査研究を行い、鈴木も横浜・川崎などを歩いた、と鈴木は書く。そしてわかったのは、食寝分離をするかどうかは間取りの影響も大きいこと。狭い家で家族は一室で寝ているが、子どもが成長する、あるいは人数がふえると、二部屋に分かれて寝るようになる。そうすると、六畳と四畳半の二間の家では、食寝分離ができなくなってしまう。

首都圏を対象にしたこの調査では、西山が調査した二畳、三畳の部屋がなかったためか、食寝分離していた例は一割しかなかった。もしかすると、建築業界の人々は首都圏の事情から、庶民は食寝分離できないと考えていたのかもしれない。『昭和住宅物語』で、鈴木はその一割が「住むことにとても意欲的でいろんな工夫をしてる」ことから、その使い方に未来を見、食寝分離できる間取りが必要、と結論を出したと語っている。

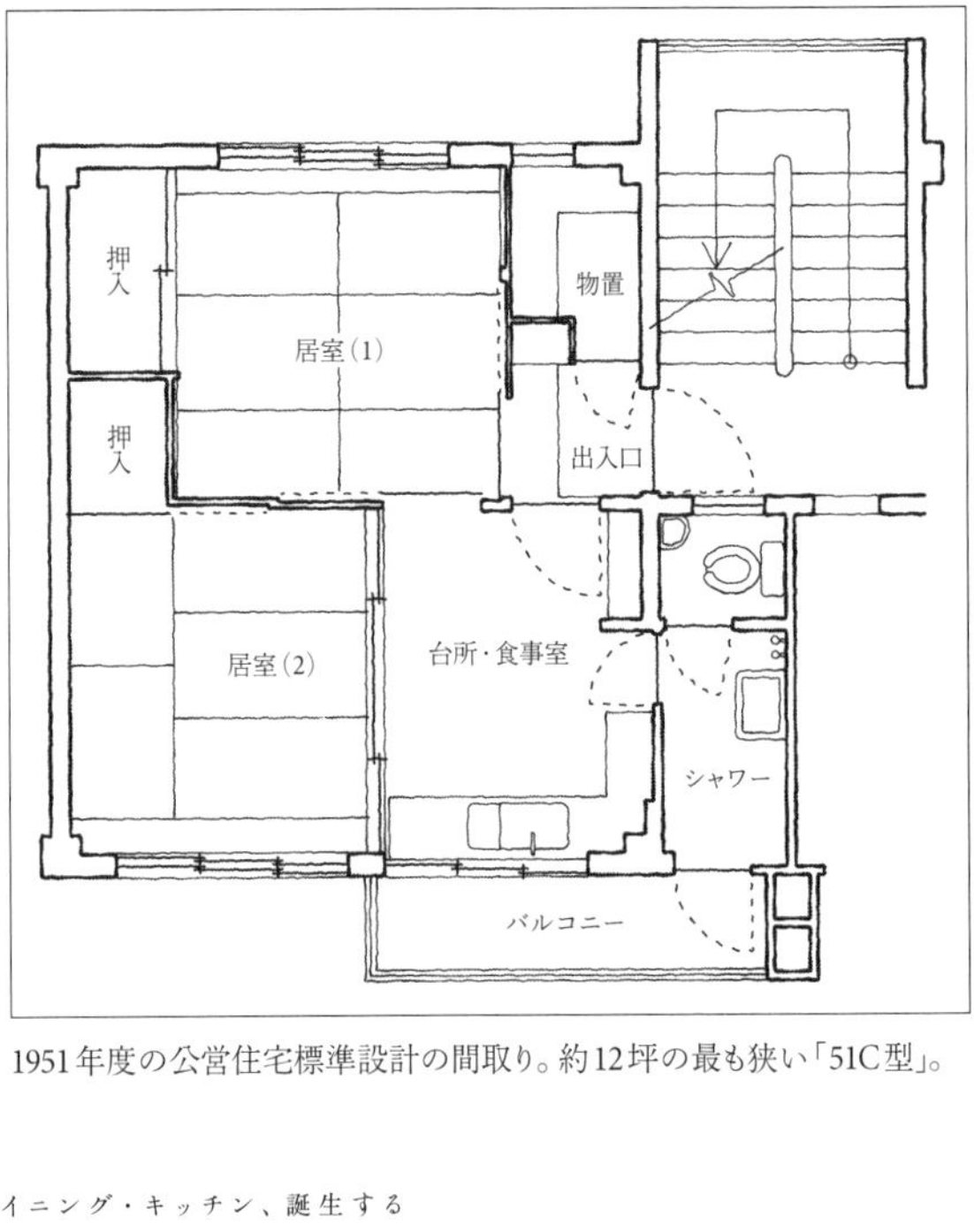

1951年度の公営住宅標準設計の間取り。約12坪の最も狭い「51C型」。

建設省管轄の委員会で一六坪、一四坪、一二坪のA、B、Cの三案が求められ、吉武研究室が出したC案が採用された。それは二つの和室は壁とふすまで仕切り、食事ができる台所を設ける案。残念ながら手持ちのどの資料にも台所の広さは明記していないが、四畳半ほどはありそうだ。

トイレもある。階段の位置によって51C－Sと51C－Nがつくられた。行水や洗濯ができるように、とベランダもつけた。

そうした試行錯誤を経て、日本住宅公団の団地が誕生する。『台所から戦後が見える』によると、初代総裁の加納久朗は外国暮らしが長く、敗戦時は横浜正金銀行（現東京三菱銀行）のロンドン支店長だった。「アパート生活の体験から、公団には清潔なステンレスの流しの設置と玄関の安全性の確保とを主張した」とある。

団地が変えたライフスタイル

食寝分離を実現させるため、公団がダイニング・キッチンに設備として入れたのがダイニングテーブルだった。

『近代ニッポンの水まわり』によると、51C型の部屋に住んだ人たちは残念ながら、台所空間にちゃぶ台を置く、従来型の暮らしを営んだ。鈴木らの一九五三年の追跡調査によると、川崎市営住宅では九五パーセントがちゃぶ台を使っていた。資材難でテーブルはあまり出回らなかった一方、ちゃぶ台は木工場にあふれていたからだった。

日本では農家が箱膳を使っていたように、銘々膳が一般的だったが、『ちゃぶ台の昭和』（小泉和子、河出書房新社、二〇〇二年）によると、明治三〇年代から都市部を中心に広がり定着した座卓がちゃぶ台である。当時の人たちが慣れ親しんでいたから、公営住宅ではちゃぶ台は導入されたのだろう。そこで、公団はあらかじめテーブルを用意し、食寝分離へつながる椅子式生活の普及をうながした。しかし、一九五七年以降の団地にはテーブルはついていない。すっかり団地で椅子式が定着したからだった（『ダイニング・キッチンはこうして誕生した』）。わずか二年と変化が速かったのは、団地住民が新しモノ好きだったから、あるいはこの頃から経済成長が本格化し、社会の近代化が進んだからかもしれない。

『昭和住宅物語』には、技術開発に当たった主要メンバーの、賃貸住宅課長の尚《しょう》明、設計課長の本城和彦が登場している。本城は、「ダイニング・キッチン」と命名した人である。わかりやすい和製英語は、団地人気を大いに高めた。

千葉県松戸市に建設された、常盤平団地のダイニング・キッチン（写真提供＝松戸市立博物館）。

一九五五年七月の公団発足から八カ月で、二万戸分の土地の取得から設計図完成まで行う、とタイトなスケジュールだったため、尚は「そう新しい試みはできなかった。しかし、それでは面白くないから、昭和三十二年竣工の〈光が丘〉では、新しいことをやった」と言い、小学校や診療所、商店、郵便局など暮らしに必要な施設をつくったことを明かす。「光が丘」とは、千葉県柏市の光ヶ丘団地である。一九五六年は堺市・金岡団地、千葉市・稲毛団地が竣工。翌年は東京都板橋区に蓮根《はすね》団地も誕生。いずれも一戸当たりの敷地は一三坪と公営住宅より一坪広いだけなのに、和室二部屋、DK、浴室、トイレ、ベランダを組み込まなければならなかった。本城は、集合住宅で一般的だった屋上の物干し場を止め、アスファルト防水からモルタル防水に替えたが、「数年で全滅で、やり替えたナ。ケチの一念。階段の幅もそれまで1mだったのを90cmに削った」と語る。

公団は新しいライフスタイルを提案しようとしていたのに、先述の初期の団地には人研ぎのシンクしか入れられなかった。本城は「汚ないしすぐ水は漏るし、だめなんだ。ちっともDKがいいスペースにならない」と話していた。

ステンレスシンク誕生前夜まで

ステンレスシンクの話に入る前に、流しの前史をたどっておきたい。第二章2で書いたように、江戸時代までは床の一部をスノコ敷きにして水を流していた。ウェブサイト『けんせつPlaza』(経済調査会)が二〇一八年四月一五日に配信した「材料からみた近代日本建築史 その19 台所流し材料の変遷――ステンレスに至るまでの道程」(須崎文代)によれば、明治後期にはトタン(亜鉛)などの金属製、人造石製などが提案されている。「この時期までの流し台は、現在のシンクと違って深さが極めて浅いものが多い」とあるように、一九〇六年の金属製流しのイラストは、バットぐらいの深さしかないように見える。

二〇世紀初め、特許・実用新案の流しで採用されたのは、トタン・鋳鉄《ちゅうてつ》・ステンレスなどの金属系、人造石・コンクリートなどの石・セメント系、ゴム、ビニール樹脂、石綿、陶磁器、ホーローなど多彩だ。『近代ニッポンの水まわり』によると、木製の流しも多かったようだ。

昭和初期まで生き残ったのは木材にトタンを貼りつけたモノで、同潤会アパートでも採用された。比較的安価で加工しやすかったことに加え、衛生面や耐久性で優れている、と考えられたからだ。明治期にコレラやチフスなどの感染症がたびたび流行し、衛生への関心は急速に高まっていた。

ステンレスを採用した初期の台所は、一九四〇年に静岡市に建てられた旧マッケンジー住宅のモノで、設計者はウィリアム・メレル・ヴォーリズ。宣教師としてアメリカから来日したが、メンソレータムで知られる近江兄弟社と設計事務所を設立し、成功したことで知られる。「台所における動線の合理化理論に基づいて設備配置を行う必要性を説くなど、家事労働空間のデザインも重視した建築家であった」とある。

ヴォーリズが書いた『吾家の設計』（一九二三年の初版を復刊。創元社、二〇一七年）にある台所の解説では、設計の最初に取り組むとし、「台所がうまくできたら、その家の価値が上がる。台所が拙いなら、値打ちは半分以上なくなる。なぜならば、台所は吾々の生命懸けの場所です。吾々の生きて行くための大事な食物をつくる所です」と明記している。その前振りとして、戦後に浜口ミホが批判した、座敷を立派にする人が多いことを早くも指摘している。

先の記事に戻る。昭和恐慌と戦時体制により、安価な人造石やコンクリートが改めて脚光を浴び、人研ぎの流しが広がる。『近代ニッポンの水まわり』によると、乾式成型による陶磁器タイルの技術が完成した明治末以降、タイルも流しに使われ始める。しかし食器を落とすと割れやすいので、スノコや金網を敷いて使われていたらしい。

憧れのシンク

『人と暮らしの中に――流し台の歴史』（井上工業、一九七九年／以下、『クリナップ三〇年史』と表記）によると、ステンレスは一九世紀末にイギリスで誕生した。鋼に白金、銀、銅、ニッケル、クロームなどを加えた合金である。錆びにくく丈夫で加工しやすいことから、主に軍需用として開発が進み、日本では一九一八（大正七）年に導入された。第二次世界大戦後は、民需に振り向けるため、フライパンや鍋に使われ人気になる。占領軍住宅のキッチン用品にも使われたことで、急成長を遂げる。

ステンレスシンクは、加納公団総裁が本城に「君、ステンレス流しは是非ものだよ」（『台所から戦後が見える』）と言い、団地の目玉になった。採用は、一九五八年竣工の前川國男設計、晴海高層アパートからである。すぐに導入できなかったのは、一枚の板を一八〇ミリの深さのシンクと台の形に加工する、深絞りの大量生産技術を確立するのに手間取ったからだった。

その大変さを報じたのが『プロジェクトX』（NHK）シリーズ、二〇〇〇年五月二日放送の「妻へ贈ったダイニング・キッチン　勝負は一坪・住宅革命の秘密」である。四〇人の従業員を抱える板橋の町工場だったサンウェーブ工業（現リクシル）が一九五六年春、「大型プレス機を購入してくれれば」とステンレスシンクの大量生産に名乗りを上げる。尚が公団で三〇〇〇万円を用意し、サンウェーブの新人たちが、プレス成型に挑む。

『台所から戦後が見える』は、当時のサンウェーブ工業で製造部長だった南山育長に取材している。「流しは、実はこの隅の丸みが大切なのです。丸ければ、水を流して掃除しやすく清潔に保てますね。しかし、この丸みを出すのに苦労した。（中略）途中で裂けたり、しわが寄ってしまったんです」と南山。何しろ、従来のステンレスシンクの製造は、「ハンダ付けや溶接で四角い箱を作ってから隅を磨く手仕事だった。一日数台ほどしか作れない高級品で、買える人は、一部の金持ちに限られていた」。人研ぎ流しは三〇〇〇円だったが、ステンレスシンクは大手の台所器具メーカーの見積もりで三万八〇〇〇円もした。一万円で大量生産することが目標だったが、一八〇ミリに深絞りする方法は、図書館にも資料がなく大学教授も知らなかった。

『近代ニッポンの水まわり』によると、当時の大学教授たちは、深さ一〇〇ミリ以上に絞り込むとひび割れが入ると予想していた。板金工たちは工場に寝泊まりして徹夜をくり返し、成功まで一年もかかった。『プロジェクトX』は、ついに完成した一九五六年九月二〇日、社長は彼らにステーキをおごったと紹介している。しかし、その社長の柴崎勝男は、急成長後に会社を追われたと、『昭和住宅物語』と『ダイニング・キッチンはこうして誕生した』にある。

　公団の賃貸住宅課長だった尚は、琉球王国の王の末裔である。『プロジェクトX』によれば、妻の道子は料理上手で、夫が部下を連れて帰ってきても、文句を言わずに安上がりで食べやすい煮込みを出した。皆が寝静まった深夜、寒い台所で足踏みしながら洗いものをしていた姿を、尚は目撃していたわっている。五六歳で公団副総裁になるが、狭い家しか供給できなかったから、と退職するまで戦後に建てた一〇坪の平屋に住み続けた。

同番組は道子が専業主婦だったかのように紹介しているが、実はこの頃料理研究家となっている。『主婦の友』では一九五七年一二月号から登場し、その頃放送が始まった『きょうの料理』（NHK）では、一九五九年一二月に「十分料理」でデビューしている。実は時短レシピのパイオニアだった。タコさんウィンナーの考案者でもある。道子の妹は『料理の鉄人』（フジテレビ系）で名物審査員を務めた料理ジャーナリストの岸朝子。革命的なキッチンの周りは、実に多士済々だった。

浜口ミホのアイデアは画期的だったか？

浜口ミホを、キッチンのアドバイザーとして抜擢したのは、『日本住宅の封建性』に感銘を受けた本城だった。家政学者は細かいことにこだわるが、一級建築士の浜口なら広い視野で意見を述べられるだろう。しかも彼女は建築評論家の浜口隆一の妻で、主婦でもある（『ダイニング・キッチンはこうして誕生した』）。

『昭和住宅物語』には、浜口のインタビューも載っている。サンウェーブ工業については、前身の菱和《りょうわ》で「私の設計した住宅に入れるステンレス流し台を一品生産でつくってもらってた。後のサンウェーブってことになるけど、当時の菱和は小さなメーカーで、自分の工場なんてなくて、三菱電機の工場の片隅で仕事してたわヨ」と浜口は証言している。

『近代ニッポンの水まわり』によると、菱和工業株式会社は、米軍向けに冷凍ケースをつくり、三菱電機の注文で一般家庭向け氷冷蔵庫をつくっていた。金属製の流しをつくり始めたのは一九四七年頃で、トタンやジュラルミン、亜鉛引き鉄板を、型紙に合わせてハサミで切り、ハンマーで曲げて成型していた。

柴崎は、三菱電機の航空機用の廃材だったステンレスの再利用として、ステンレスシンクの研究を始めている。鈴木商行（P.143〜145）が戦後まもなく休業状態になり、菱和はその生産を引き継いだ。菱和のステンレスシンクは、高島屋や三越などの百貨店で高級家具として販売され、一九五二年頃には、台所設備業界の首位になった。「サンウェーブ」のブランド名は一九五四年七月から使い始め、一一月に三中産業と合併しサンウェーブ工業になっている。

浜口が公団に提案したキッチンは、真ん中にシンクがあって左右がガス台、調理台として使えるセンターシンクのポイントシステム。幅が一八〇〇ミリ、奥行き六〇〇ミリ、高さ八〇〇ミリでシンクは幅六〇〇ミリ深さ一八〇ミリだった。シンク下はオープンだが、それは「外国雑誌で真を見たこと」から採用したが、「住む人はそこにカーテンを垂らして中にショーユビンとかお婦人が流し台の前に椅子を置いて座り、足を真ん中の空いているところに入れて家事をしてる写酒とかいろいろしまう。どの家でも薄汚れたカーテンが中のもので膨らんで垂れていて」失敗だった、と浜口は明かす。

二〇二二年一一月二一日、私たちは移転準備中の東京・北八王子にあったUR都市機構集合住宅歴史館で、技術調査課の増重雄治さんを訪ねた。浜口が考案した最初のキッチンは運び出された後で見られなかったが、一九五七年または一九五八年にできたキッチンはあった。キャビネットはベニヤ板にニスを塗った引き違い戸で、通風用の穴がある。

シンク下はオープンで、「鉄筋コンクリート製の住宅の気密性がどの程度あるか、まだわからなかったから湿気を避けるため開けた」と増重さん。おそらくデザイン性と湿気、両方がオープンにした理由だろう。シンク下は今も湿気を帯びやすく、私が以前住んでいた部屋のキッチンでは、何週間も雨が続くと扉裏側の包丁差しで包丁の木製の柄にカビが生えた。

1958年頃に公団に採用されたキッチン。UR都市機構集合住宅歴史館に展示(筆者撮影)。

浜口がポイントシステムを提案したのは、『プロジェクトX』によれば、あまりにもDKが狭いためだった。何しろ四・五畳の空間に四人がけのダイニングテーブルを置き、キッチンに主婦が立つのである。お互いにぶつからないようにするため、動かず料理する工夫が必要だった。

『ダイニング・キッチンはこうして誕生した』によると、日本のキッチンはそれまで、鈴木商行がアメリカから持ち込んだ、流し→調理台→コンロの流れ式のレイアウトが、最も使いやすいとされていた。そのため、公団スタッフは半信半疑のままで、試作したキッチンは公団職員の津端修一邸に持ち込まれた。津端は原宿に一フロア一室の延床面積一〇・五坪の自邸を建てたところで、実験的に使ってみることにしたのだ。

実際に使ったのは、のちに料理上手で知られエッセイ集なども出す妻の英子《ひでこ》。「使い勝手はよいものであった」と同書にはあるが、英子自身が執筆した『高蔵寺ニュータウン夫婦物語』（津端修一・津端英子、ミネルヴァ書房、一九九七年）には、「快適というより小さなスペースに閉じ込められて格闘を強いられる」、と実家の土間の台所を懐かしがっている。動線については指摘していないが、見切り発車の感がなくもない。

津端は一九二五年生まれで、一九五一年に東大第一工学部を卒業。レーモンド事務所などを経て、一九五五年に日本住宅公団に入っている。最晩年に、ロングランヒットしたドキュメンタリー映画『人生フルーツ』（二〇一七年）の主人公になった。同作パンフレットによれば、津端は「日本住宅公団のエースだった」。惜しまれつつ二〇一三年に取り壊された低層住居群の阿佐ヶ谷住宅や、愛知県春日井市の高蔵寺ニュータウンなどの都市計画に携わっていた。

浜口は、流しを中心にする理論は常識を打ち破るほどの力を持たない、と実は悩んでいた。そこで思い切って従来の流れ式を主張する急先鋒、女子栄養大学の武保《たけやす》助教授を訪ね、比較実験を申し出る。公団の仕事の進退をかけて女子栄養大学にポイントシステムのキッチンを持ち込み、一〇人の主婦に煮魚、ホウレン草のおひたし、ご飯、吸いもの四人分をつくってもらう。すると、流れ式は平均調理時間が二三分一五秒、ポイントシステムは二三分一〇秒とほぼ同じだったが、歩数は二七・五歩、二歩と大きな差が出た。武は浜口を応援すると言い、ポイントシステムが採用された。

しかし、ポイントシステムはその後主流にはならなかった。私は二〇二一年と二〇二三年に自分の住まい探しで十数軒のUR賃貸住宅の部屋を内見しているが、いずれも一般的な流れ式のキッチンが入っていた。

URの増重さんは、「ポイントシステムのセンターシンク型は、昭和四〇年代半ばまで使い続けました。集合住宅の間取りは左右対称で二パターンできるので、従来型だとキッチンは二パターンつくる必要がある。しかし、センターシンクなら一パターンだけで済む」、と公団側の厳しかった懐事情を明かしてくれた。公団のステンレスキッチンが誕生した頃、コンロは一口が主流だったので、何とかなった側面もある。その後二口のガステーブルが広がっていくと、ガステーブルを置くためワークトップを切り下げる必要ができた。すると、コンロとシンクが隣り合わせになって調理スペースが取れなくなり、従来型に戻ったのである。

当時のガスコンロについて、関係各社のウェブサイトと大阪ガスの『炎と食　日本人の食生活と火』（大阪ガスエネルギー・文化研究所　炎と食研究会編、KBI出版、二〇〇〇年）で確認した。東京ガス・ガスミュージアムのウェブサイトの年表では、一九五七年の欄にプラスチック製と思われる台をカラー塗装した、マッチで火をつける一口コンロがある。『炎と食』では、電池ヒーター式自動点火の二口ガステーブルは一九五九年六月に、片面の魚焼きグリルつき二口ガステーブルは一九六〇年三月に出ている。

換気扇が普及するきっかけをつくったのも、公団団地だった。当初は窓や換気口を設けるなどの自然換気。『台所から戦後が見える』によると、公団がメーカーと提携し、一九五七年に市販されていたプロペラ直径二〇センチ並みの風量を一五センチ以下で実現し、高層住宅の外風圧にも対応できる、という厳しい条件を満たしたものを開発し、一九五九年から導入。しかし予算の都合上、開口部の木枠だけを取りつけておき、居住者は自己負担で設置した。公団があらかじめつけるようになったのは、一九七〇年だった。

納入したメーカーは松下電工（現パナソニック）。パナソニックのウェブサイト「住まいと空気の歴史館」「パナソニック換気扇の変遷」によると、大正時代から映画館や病院用の「排気扇」はあり、同社が住宅用を開発したらしい。二大メーカーとされるもう一社、富士工業の換気扇製造開始が一九七三年なので、パナソニックがパイオニアなのだろう。同社サイトによると、換気扇の販売を始めたのは一九五八年である。

2

浜口ミホとドイツのキッチン

女性建築家の誕生

『日本住宅の封建性』で旋風を巻き起こし、公団住宅のダイニング・キッチンの開発に関わった浜口ミホとは、どのような建築家だったのだろうか。そもそも昭和半ばに、堂々と男性と渡り合いキッチンに革命を起こさせた女性について、ご紹介しよう。

浜口は「女性建築家の草分け」とよく言われるが、正確には日本史上三人目である。『研究年報No.30　2003年版』（住総研）「日本における戦前戦後の草創期の女性建築家・技術者」（主査：松川淳子、委員：中島明子、杉野展子、宮本伸子）によると、最初に建築家になった女性は、一九二九（昭和四）年に設計活動を開始した土浦信子だ。一九〇〇（明治三三）年に思想家の吉野作造・たまのの長女として生まれ、一九二二（大正一一）年に東京帝国大学建築学科の土浦亀城《かめき》と結婚。翌年から夫とともにアメリカへ渡り、フランク・ロイド・ライトの下で二年余り働いて基本的な製図の知識と技術を身につける。帰国後も、アメリカの通信教育で建築設計の勉強を続け、一九三三年に夫が土浦亀城建築設計事務所を開設したのちも設計に携わっていたが、戦後は抽象画家となっている。一九九八年に逝去した。

続いて、一九一三（大正二）年に島根県津和野町で、大工の娘として生まれた吉田文子が登場する。自宅には常に福岡や熊本の高等工業学校を出た青年が居候し、建築の話題が身近にある環境だった。職業婦人になろうと、一九二八年に工業技術者育成を目的とした各種学校の中央工学校を卒業する。一九〇九年設立の同校には、一九一八年に女子製図科が設置されていた。卒業した翌年、夜学の早稲田大学附属工手学校に入る。同校は一九二二年、建築系で唯一女性を受け入れ始めた専門学校だった。

吉田は一九三二年、女性が社長の鈴木小松商店技術部に就職し、軍隊、病院、東宝劇場、明治生命館などの厨房設計に携わった。鈴木小松商店が倒産すると、下請けだった佐藤鉄工所設計部に就職し、陸海軍施設の厨房設備の設計施工に携わるが、三年で倒産したので、一九三九年に則武工業事務所に入った。しかしそこも戦後に倒産し、一九五〇年に吉田設計事務所を設立する。住宅や社屋、店舗などの設計に携わっており、「作品主義のアトリエ設計事務所ではなく、中規模の町場の生産施設を中心にした非住宅系設計事務所」だった。一九九六年に事務所を閉め、二〇〇一年に八八歳で亡くなっている。

浜口に先立つ二人はどちらも、大学で建築設計を学んでいない。旧制大学は原則として女性の入学を認めなかったからだ。浜口が、一級建築士の資格を取得したのも一九五四年だった。浜口は一九三三年に東京女子高等師範学校（現お茶の水女子大学）家事科に入学して卒業後に家庭科教師となったのち、一九三八年に東京帝国大学建築学科で一年間聴講生をしてから前川國男事務所の所員となっている。『ダイニング・キッチンはこうして誕生した』によると、生涯に設計した住宅は一〇〇〇戸におよび、新聞や雑誌などで少なくとも一〇〇本以上の記事を発表している。『女性教養』一九五四年一月号（日本女子社会教育会）の「婦人建築家　浜口みほ女史訪問記」では、「主婦の働き場所である台所など、日のあたらない非衛生な場所につくられ、設備は不完全で、一家の中でいちばん虐待されていました。しかし大部分の婦人が、終日家の中で暮すのですから、住宅こそは、婦人本位につくられなくてはならないものでありましょう」と言いつつ、「婦人たちがもつと自意識をもつようになれば、婦人建築家の存在理由が、大きくみとめられることになりましょう。今までのところは、男のかげに安住している婦人のほうが多くて、自分の意見さえ持ちえない有様ですが」と女性に対しても手

浜口ミホが設計した高齢夫婦のためのキッチン（『台所150集』主婦之友社、1957年）。

厳しく語っている。さらに、「一方には文化的な設備どころか、小さな自分の家さえもち得ない多くの人がいますでしょう。こんな差別があってよいものか。高い生活をねたみの目でみる人があってよいものか」と、低所得者層にも目を向けている。なぜ、浜口ミホはこのような視点を持ち得たのだろうか。

浜口ミホはなぜ建築を志したのか？

『ダイニング・キッチンはこうして誕生した』を手がかりに、浜口の生い立ちをひも解いてみよう。一九一五年、濱田正直・濱田久の長女として大連で生まれた。もともとの名は、濱田美穂。父は元薩摩藩士の家に生まれ、伊藤博文のもとで英語を学んで中国へ渡り、外資系の金融機関勤務やジャーナリストを経て、中国の税関にあたる海関の役人として働いていた。母は美穂を生んだのち、生まれたばかりの双子とともに、スペイン風邪で一九一八年に死去。

美穂はおとなしいが言い出したら聞かない強情な子で、養育係の手を焼かせた。遊び相手は兄と妹、イギリス人の子どもたち。両隣にオランダ人とイギリス人、向かいにスイス人一家が住み、日本人はあまりいない環境だった。

小学校に入学した頃、父が神明高等女学校の作法の教師を務める、とりと再婚。敬虔なキリスト教徒だった父が、教会で知り合ったらしい。義母の良妻賢母教育に反発しつつ、強い意志と賢さを育てていく。町の三方を囲む海を愛した彼女は、晩年スペインの海辺に別荘を建てた。

浜口の人間性を培ったのは、大連の風土と家庭環境、そして住まいだった。大連の家は官舎で、イギリス人が建てたと言われる大きなレンガ造りの一戸建て。洋風建築で和室もなかった。そのため、浜口は成長したのちも、布団で寝ることや床に座ることが苦手だった。一二歳のとき、一家は日本人街が広がる丘の中腹に引っ越す。ここで父は和室を採り入れるが、日常的には使っていない。生活様式はイギリス式で、椅子を使いティータイムもあった。家事は中国人の使用人が行う。父は家長の権限を振りかざす人ではなく、食事どきは一家五人でだんらんを楽しんでいた。

日本へ初めて来たのは神明高等女学校の修学旅行で、日本人の住宅がみすぼらしく映りショックを受ける。一八歳で東京女子高等師範学校（現お茶の水女子大学）に入学し、二年間の寮生活ののち、一九三五年に大連を引き払った家族と自由が丘で暮らし始める。遠藤新の設計だったが、美穂は和洋折衷の豪邸を「日本の建築家は下手だ」と言って嫌う。中国でも差別される中国人庶民に同情を寄せていた彼女は、日本に住むようになると、農村で藁ぶき屋根の下、貧しい人たちが暮らす不平等に反発心を抱くようになった。

義母に命じられて入った女高師時代、作法の授業を嫌う一方で、住居学にのめり込み、講師の市浦健に直談判して図面の描き方を個人指導してもらう。市浦はその後、住宅営団に入り、戦前戦後の住宅建築界を指導した人。女高師との契約でなった家事科教師の仕事が合わず、美穂は両親に建築の勉強をしたいと頼み込む。すると、意外なことに義母が「住宅は、主婦が使いやすいように工夫されるべきです。女の建築家がいてもいいと思います」と背中を押し、友人の帝大建築科の武藤清教授夫人に交渉し、聴講生として娘を受け入れてもらう。段取りをつけてくれた大学側は、風紀の乱れが起こらないよう男子学生と口を利かないこと、目立たないように一番後ろの席に座ることを条件に了承した。そして一年後、武藤教授から前川建築設計事務所で働くようすすめられる。実は恩師の市浦が、大学で同期だった前川に美穂の受け入れを頼んでいたのだ。

当初は「自分の家ぐらいは自分で建てたい」という程度だった美穂は、時代を代表する建築家の事務所で本格的に建築家を志すようになる。とはいえ、戦争に向かう時代で仕事は少なかった。事務所の後輩として入ってきたのが、浜口隆一。美穂の母と同じく、隆一が生後三歳のときに生母がスペイン風邪で亡くなっていた。そして一九二七年に父とその後に結婚した義母も亡くなる。しかし、生母の弟夫婦のもとで、大切に育てられた。浜口は隆一との結婚の動機を、親も親戚もいない人だからがまんできると思った、と『建築雑誌』（日本建築学会）一九八七年二月号で話している。

婚約した二人が交わした誓いは「子供をもたないこと。ともに仕事をもつこと。生涯現役であること」、と当時の時世とはかけ離れたものだった。浜口はその理由を語っていないが、一度だけ「姪を養女に迎えたい」と隆一に言ったが反対され、出産した部下に「事務所をやりながら、子供もちゃんと育ててる。私はできなかった」と語りかけたというエピソードから、欲しかったが仕事のために断念したと思われる。

隆一は弟が一九四四年に戦病死したことから、兵役を逃れようと、美穂を伴い北海道への戦時緊急開拓団に加わる。戦争罹災者の救出と国民の食糧供給を目的に、東京都庁が募集したものだ。しかし、夫妻は津軽海峡上で、敗戦を告げる玉音放送を聞く。とりあえず配属先の石狩当別村の納屋で暮らし、敷地横の空き地に一〇坪のワンルームの家を建て、帰京のタイミングを待つことにした。隆一は一年ほどで帝大（東京大学の名称になるのは、一九四七年一〇月から）の助教授となって帰京したが、東京の住まいが焼失したと言われていたことから、浜口はその後二年半ほど残り、農家の生活ぶりを観察して『日本住宅の封建性』を執筆する。隆一も北海道で執筆し、一九四七年に建築界に大きな影響を与えた初の著書、『ヒューマニズムの建築』（雄鶏社）で、建築評論家としてデビューしている。

浜口は規格外の育ち方をし、周囲の後押しもあって、時代を先取りする建築家になれたのだろう。大連育ちで、日本を相対化する視線を持てたことも、彼女の革新を支えた。

ダイニング・キッチンへの模索

美穂が隆一と結婚したのは一九四一年五月。美穂は父の結婚祝い金で、東京・等々力に自邸を建設した。外観はコロニアル様式風で、DKと寝室だけの一五坪の小さな家だった。DKには大きなテーブルがあって、食事と接客、夫婦の勉強などに使った。玄関はなく、靴脱ぎ場だけがある。寝室にはダブルベッドを造りつけた。新婚初日、妻が台所に立たないので夫が「どうしてご飯、つくってくれないの」と聞くと、妻は「どうして私がつくるの」と聞き返す。互いの仕事を尊重するには一緒にご飯をつくるべき、と美穂はハンガーストライキも辞さない構えを示し、夫婦は家事シェアを実践する。

北海道から帰京した浜口は、前川國男が考案した木造プレハブ住宅「プレモス」で南青山に自邸兼事務所を建てる。資材不足だったにもかかわらず工期はわずか一カ月。『昭和住宅物語』のインタビューでは、椅子式でDKのワンルームだったので、一般的にはあまり受け入れられなかったのではないか、と浜口は語っている。実際、プレモスは販売体制が整っていなかったこともあり、量産化に失敗した。日本の住宅のくすんだ色が苦手だった浜口は、下見板張り（板の下端がその下の板の上端に少し重なるように張る外壁仕上げ）をアーリーアメリカン調のブルーグレーで、目地やサッシをチョコレート色のペンキで塗った。丘の反対側に住んでいた作家の阿川弘之は、米兵に囲われる女性である「オンリーの家ができた」と思ったらしい。

『ダイニング・キッチンはこうして誕生した』によると、浜口は家の入り口に「浜口ミホ住宅相談所」の看板を掲げる。夫が「ラディカルになる」、とすすめたことから、ここから「ミホ」を名乗る。主婦を中心にたくさん相談が寄せられ、すぐに事務所を建て増しする。夕方になると、清家清などの新進の建築関係者が集まって議論に花を咲かせた。一九五九年、事務所名を「浜口ハウジング設計事務所」に改名し、家は一九六五年に建て替えた。

浜口が身内以外の家を建てたのは、一九五二年の古谷綱武邸が最初である。古谷は評論家で、妻は家事評論家のパイオニア、吉沢久子。吉沢は『日本住宅の封建性』を読んで、浜口に玄関も床の間もいらない、書庫と食事ができる一間だけの家が欲しいと注文する。この家で、浜口は初めてステンレスシンクを導入した。ダブルシンクにしたが、同じ大きさにしてしまったため、使いづらかったという。

一九五四年には主婦連合会の住宅相談員になり、銀座の松屋百貨店で、「狭い台所の改造例」として、一二〇〇ミリ幅でシンク、調理台とその奥に二口のガスコンロというキッチンセットを展示し、その後自邸でも使い「流しの前にいると調理台にもガス台にも手が届き、動線が極端に短縮できる」、とポイントシステムに至る発見をする。主婦の友社でも、キッチンを展示販売する計画が持ち上がり、一九五七年に同社売店で、家庭用品や衣料品などとともにモデルキッチンを設置。浜口が一九五五年に描いた青図によると、キッチンの幅は一八〇〇ミリでシンクは七八〇ミリ幅で水切りスノコつき、真ん中に調理台、そしてコンロのレイアウトになっている。主婦の友社での浜口の住宅相談は週に一度、二〇年も続いた。

ドイツで生まれたコンパクトキッチン

『ダイニング・キッチンはこうして誕生した』によると、浜口夫妻が新婚当時につくったワンルームのDKは、「ヴォーン・キュッヘ」を採り入れている。それは第一次世界大戦後、ドイツを中心にヨーロッパで生まれた、LDKのうち一・五畳程度をキッチンにしたスタイルのことだ。敗戦国ドイツでは、帰還兵や彼らの結婚で住宅不足が深刻になり、小さくても健全で住みやすく経済的な負担が少ない生活最小限住宅が流行。一九二〇年代半ばから盛んに建設された公営住宅で、採用されていた。日本では、ヨーロッパの建築事情に精通した川喜田煉七郎が、『国際建築』（美術出版社）一九三〇年三月号で紹介している。

浜口は書籍などからヴォーン・キュッヘを知り、隆一に提案してもろ手を挙げて賛成されたことから導入した。しかし、隣組の会合で来た近所の人たちには、「台所に客を通すのか」と不満を言う人もいて、世間の理解が追いつかないことを実感している。

当時のヨーロッパの生活最小限住宅について『すまい考今学』は、「日本の現実とはかなりズレており、建築家たちには十分うけとめられなかった」と記している。この点について、『ダイニング・キッチンはこうして誕生した』は、ヴォーン・キュッヘが椅子式だったこともあるが、ヨーロッパと異なり、日本ではそもそも狭い家で暮らす庶民に建築家の目が向いていなかったことが大きい、としている。今も庶民の生活に目が向けられない実態は、あまり変わらないように思える。

『近代ニッポンの水まわり』が、ドイツのフランクフルトの都市計画で集合住宅に採り入れられた最小限住宅は、日本で最初にダイニング・キッチンを採用した三角錫子（P. 139〜140）と同じく、アメリカのテーラー・システムに影響を受けている、と指摘している。この思想を適用したコンパクトキッチンは、コルビュジエやバウハウスを創設したグロピウスといった、新興建築家たちが開催したCIAM（近代建築国際会議）第二回、一九二九年の「生活最小限住宅」の展覧会で展示されている。エルンスト・マイとマルガレーテ・シュッテ＝リホツキーが開発した「フランクフルト・キッチン」である。

欧米のキッチンの歩み

　ここで、日本が影響を受けた、欧米のキッチンの近代史を確認しておこう。日本で囲炉裏が暖を取る場とコンロを兼ねていたように、ヨーロッパでも近代以前は、暖炉が調理空間でもあった。『はじまりコレクションⅡ』（チャールズ・パナティ著、バベル・インターナショナル訳、フォー・ユー発行、日本実業出版社発売、一九八九年）によると、火を閉じ込め効率的に加熱できる天火（オーブン）のアイデアが生まれるのは一七〇〇年代の後半だ。一八〇二年、イギリスの鋳鉄製造業者のジョージ・ボドリーが、鋳鉄製で熱にムラがなく排気管のついた石炭レンジで特許を取った。

　同じ年、ドイツの発明家、フレデリック・アルベルト・ヴィンソンがガスレンジを開発。安全に調理できるガスレンジがアメリカに出回るのは、一八六〇年代である。電気レンジは一八九〇年に登場した。レンジは、コンロとオーブンがついた加熱調理器具だ。

　『図説　英国のインテリア史』（トレヴァー・ヨーク著、村上リコ訳、マール社、二〇一六年）によると、鋳鉄製のレンジは一八世紀につくられ始め、「幅を調節できる火格子の横にオーブンがつけられ、反対側には湯沸かしをつけたタイプが最初に現れたのは１７８０年代のことだった」。一九世紀半ばになると、それまで中流家庭で地下にあったキッチンは、建物の後ろに配置されるようになった。必ずついていたのが独立した作業台、オープン棚がある食器棚、鋳鉄製の湯沸かしつきのレンジである。

『キッチンの歴史　料理道具が変えた人類の食文化』（ビー・ウィルソン著、真田由美子訳、河出書房新社、二〇一四年）によれば、まず石炭レンジが普及し、一九世紀にガスが使われるようになって、一八八〇年代からガスレンジへ転換されている。

システムキッチンの考案者

フランクフルト・キュッヘは、ヨーロッパで電気やガスが普及した時代に生まれている。発明したマルガレーテ・リホツキーについては、『ナチスのキッチン』がくわしい。一八九七年にウィーンで生まれた、オーストリア初の女性建築家だ。彼女は建築家になった動機を、目的がある芸術であること、時代の科学的・技術的な流れと結びつくこと、形あるモノをつくることも芸術に属し、人間の環境に対する感性とつながっていること、すべての社会問題と密接に関わっているポピュラーな芸術であること、人間の生活環境に影響を与え続けること、の五点を挙げている。

一九一四年に始まり、一九一八年に終わった第一次世界大戦は貴族階級を没落させ、中産階級の躍進を招いた。退廃的な絵画で知られるグスタフ・クリムトとエゴン・シーレは一九一八年に亡くなり、アール・ヌーヴォーも大戦で息の根を止められた。リホツキーが芸術に実用性を求めたのは、効率重視の近代化が急速に進んで中流の時代が始まったことが影響していると思われる。アメリカの機械技師フレデリック・ウィンスロー・テーラーがテーラー・システムを謳った『科学的管理法の原理』を刊行したのが一九一一年、その概念を家事に応用したクリスティン・フレデリックが『新しい家事』を出したのが一九一三年。リホツキーが工芸学校に通ったのは一九一五年から一九一九年なので、大きな影響を受けたと考えられる。

卒業後、数々のコンペで賞を得て、食糧不足をしのぐ菜園つきの簡易住宅や集合住宅を設計する。戦災により、オーストリアでも住宅不足が深刻化していた。社会民主党政権下のウィーン市は、貧困者に優しい累進課税制を採り入れ、土地の投機を防止。「労働者にも住み心地のよい住宅を供給する」ことで、活力を産もうとしたのである。

団地の設計に関わったリホツキーは一九二一年、家事の合理化と住宅を結びつける。きっかけの一つは、ウィーン西部の森で自分が台所と居間を設計した労働者住宅を訪ねた際、住人が居間を使わずかまどで暖まり、小さな台所で生活していたのを発見したことだった。子どもの一人は、ゴミやチリを集める木箱に座って食事をしていた。リホツキーは家族が集う部屋と調理場を分離させるため、ガスを熱源として導入しようと考え始める。西山夘三が食寝分離を訴える二〇年近く前である。

一九二五年一一月、リホツキーに一本の電話がかかる。都市計画技師で建築家のエルンスト・マイがフランクフルト・アム・マイン市の住宅局参事になり、市営住宅のキッチンの設計を依頼したのである。リホツキーは食堂車の厨房をモデルに、フランクフルト・キュッヘを設計する。サイズは一・八七×三・四四メートルの約三・五畳。広々としているわけではないが、一九一五年に日本で話題を呼んだ入沢常子の「一畳半の台所」や、同様のサイズのヴォーン・キュッヘのキッチンスペースの約二・三倍もある。

『東京工芸大学工学部紀要vol.35 No.1』（二〇一二年）「マルガレーテ・シュッテ＝リホツキーの「家事の合理化」翻訳と解題」（海老澤模奈人）によると、フランクフルト・キュッヘが最初に展示されたのは、フランクフルト市庁舎で一九二六年。L字型の天板で、窓に面して椅子を置いた開放的な調理台で作業ができる。調理台には洗いやすいブナ材が使われ、右端に食材のくず入れの穴が、左側に貯蔵庫がある。当時、電気冷蔵庫は普及していなかった。L字右手の壁に面して水切り場、ダブルシンク、六×三段で合計一八個の調味料・食材入れの引き出しが下部収納として取りつけられている。その上は台になっていて、上に袋戸棚がつく。対面ガスレンジ、保温器がある。照明は可動式だった。

このキッチンの重要なポイントは、コンロ横の引き戸でLDとつながることだったのに、実際の住居ではしばしば壁になり、「実験室のよう」と主婦が孤立する空間が批判される要因になった。そのことをリホツキーは、二〇〇四年の回想録で「母親は、キッチンでの作業の間、居間で遊ぶ子供たちをもはや見ることができなくなってしまいます。（中略）さらにはこの間に二つのドアを開けなければならないのです」、と嘆いている。

フランクフルト・キッチンの全景（『ナチスのキッチン』、共和国、2016年）

パナソニック電工汐留ミュージアムで二〇一

〇年九〜一二月に開催された「バウハウス・テイスト　バウハウス・キッチン」展のカタログ所収の「二〇世紀の「ドールキッチン」──「新しい女」マルガレーテ・リホツキーとフランクフルト・キッチンをめぐって」(田中純)は、合理化によって女性の労働をへらすキッチンを試みるために女性建築家を起用したことは、火を使う神聖で暖かい空間にノスタルジーを感じる人々とマイが戦う武器になった、と指摘している。

『ナチスのキッチン』によると、この頃フランクフルト・キュッヘが代表する「労働キッチン」と、居間を合体させたヴォーン・キュッヘは、どちらが未来の台所としてふさわしいか論争があった。「台所を家庭の紐帯《ちゅうたい》ととらえる考え方からすれば、主婦は居間の近くにいなくてはならなかったが、主婦の労働を軽減せよという要求からすれば、労働キッチンは女性解放の一助となる」。この価値観の対立は、オープンキッチンか独立型か、として今も続いている。

また、田中が指摘したことは、浜口が実は女性だから公団キッチンへの参画が求められたことと、どこか共通する。キッチンが女性の労働の場とされていたからこそ、革命を起こす旗印として女性建築家が必要とされたのである。しかし、実は二人とも料理をあまりしない女性だった。海老澤は、「リホツキーは普段家事をするような女性ではなく、その時まで調理をした経験さえほとんどなかった」と指摘している。だからこそ、二人は男尊女卑社会でも建築家として地位を築けたのだろう。

フランクフルト・キュッヘは約一・五万戸に導入された。『ダイニング・キッチンはこうして誕生した』によると、リホツキーは貧しさを前提にしたとしてナチスに投獄され、終身刑を言い渡されるが戦後解放され、建築家として活躍して二〇〇〇年に一〇二歳で死去している。『ナチスのキッチン』によると、この頃ドイツでは、さまざまなコンパクトキッチンが開発されていた。最初に考案したのはバウハウス。一九二三年、ヴァイマールの実験住宅「ハウス・アム・ホルン」が、大量生産を前提に設計された。その家のL字型の独立型キッチンは、白い簡素な空間である。壁は汚れにくい白い曇りガラスの上張りで覆われ、棚の上には保存食材の貯蔵容器が置いてある。ガスレンジも入っていた。設備が統一的にデザインされたのは、このキッチンが最初である。

日本で流行ったリビング・キッチン

第二次世界大戦で日本とドイツは負け、「リビング・キッチン」が池辺や清家など若手建築家が審査した建築雑誌のコンペで流行する。『ダイニング・キッチンはこうして誕生した』によると、この言葉が最初に用いられるのは『新住宅』(新住宅社)一九四九年三月号とされるが、椅子式の食事室と台所、居間を近づけたり連続した空間にする試みは、一九四六年からすでに始まっている。

浜口も、一九四九年の『日本住宅の封建性』では、リビング・キッチンと呼び始めている。ドイツをモデルにしたことが封じたい過去であり、アメリカへの憧れが強くなってきた時代背景もあった。やがて、日本ではリビング・キッチン的なLDKが人気になっていく。

3
女性を「城」に閉じ込めた？昭和後期以降のキッチン

調査でわかった「調理台が広いほど、料理は楽しい」

ダイニング・キッチンの誕生によって、日本のキッチンは現代の私たちが親しむ形にようやくなった。その後も使い勝手のよさ、あるいは美しさを求めて進化を続けている。しかし昭和後期、使い手と製造者の間で食い違いも生じていたことが、一九八三〜一九八六年に建設されたプレハブ住宅メーカー七社の住宅について、『台所空間学事典』で一九八七年に著者らが行った「戸建工業化住宅の台所に関する研究」からわかる。

日本で、部材を規格化した住宅の大量生産が始まったのは戦後。魅力は安定した性能と工期の短さである。本格的に開発が進むのは一九六〇年代。大手プレハブ住宅メーカーが戸建て住宅の製造を始めたのは、積水ハウスが一九六〇年、パナソニックホームズが一九六一年、大和ハウスが一九六二年、ミサワホームが一九六五年、積水化学工業（セキスイハイム）が一九七一年、旭化成ホームズ（ヘーベルハウス）が一九七二年である。プレハブ住宅が急速に普及した時期は一九八〇年代から一九九〇年代半ばまでで、その後大幅にシェアが小さくなっている。調査は、プレハブ住宅の全盛期に行われていた。対象は関西在住者がほとんどで、三〇〜四〇代の専業主婦が七割近くを占める。住宅購入金額は当時の住宅全体の平均より少し高く、床面積も少し広い。中上流層の人たちである。

LDKの面積は、独立型キッチンが約八・三平方メートル（約四・六畳）、DKが一四・六平方メートル（約八畳）、LDKが二一・五平方メートル（約一一・八畳）。向きは北・北東・北西が約七割、東西が二割、南向きが一割強。ほとんどのキッチンに窓がついていて、位置は作業台前が大半を占めるが、システムキッチンを入れて壁面積がへり、収納がふえたことなどが要因で狭くなる傾向がある。この頃のキッチンは、モノがあふれることが問題になっていた。

レイアウトは一列型が約四分の三を占め、L型が二割。台所が狭め、あるいはDK型が多いので、二列型は難しかったようだ。天板の幅の平均値は約三一〇〇ミリで奥行きは六〇〇ミリ。奥行きは一九八五年以降、六五〇、七〇〇ミリが多くなり、中には八〇〇ミリのモノも登場した。シンクは当時流行していた、中華鍋が納まる九〇〇ミリ幅のジャンボシンクが一九八五年以降に急増。床下収納が八割の家にある。独立型が約二割、カウンターやハッチなどで仕切られたセミオープン型が約五割、DK型が約二割。コンロの数は尋ねていない。

台所の担い手は、コンロ、流し台の大きさに満足しているが、現在も不満が多い調理台と配膳台は半数以上がもっと広くしたいと考えている。ダブルシンクが流行った時代だが、シングルタイプを望む声が多い。広告が盛んに流されたジャンボシンクを欲しがる人は、シングル希望者の九割も占めている。隠す収納への要望が高く、二〇代主婦にその傾向が特に強い。家を建てる際に重視したいのがキッチン、という人が七割も占める。北向きの現状への不満は多い。トップライトが欲しい、という人が二割いる。

セミオープン型を使う人の満足度が独立型より高く、天板の長さが三五〇〇ミリを超えると、約八割が台所仕事を楽しいとする。同じ長さなら奥行きが深いほうが満足度が高い。奥行き六〇〇ミリ以下と以上では、満足度に三割前後も違いがみられる。シンクの大きさはあまり影響がない一方、調理台の広さは料理しやすさに大きく関係していることがうかがえる。

メーカーと台所の担い手のギャップ

『台所空間学事典』「戸建工業化住宅の台所に関する研究」は、住宅メーカーの設計者および営業開発関係者にも調査している。約九割が男性で、二〇〜三〇代が九割を占める。当時、最も私生活で台所仕事に関わらなかった層である。

主婦は約六・五割が食事をだんらんの中心と考えていたが、メーカー側は食事とは別にだんらんがある、と考える傾向が強い。主婦の四分の三が台所仕事を楽しんでいたが、メーカー側の六割は楽しんでいない、と判断していた。主婦は夕食に手の込んだ料理を出している、と自覚する人が六割いたのに対し、メーカー側は七割以上がしていないと思い込んでいる。メーカー側は、加工食品や外食などで食を外部化する傾向が強いと考えているが、主婦は家族の協力を強く望み、できるだけ外部化したくないと望む傾向がある。食事に対する認識が、真逆なのである。

サイズについては、主婦は調理台と配膳台を広くしたいと望んでいるが、メーカー側は全体の幅を伸ばせばいい、と単純に考えている。主婦の六割以上が隠す収納を望んでいるが、メーカー側は出し並べする前提で設計している。

レイアウトについては、メーカー側も主婦もセミオープン型を望む傾向が強い。設計で重点を置く部屋については、メーカー側が居間、台所、水回りの順に挙げているのに対し、主婦は台所、居間、水回りで優先順位が異なる。台所とのつながりを重視している部屋は、主婦の半数以上が居間を挙げるが、メーカー側は二割。メーカー側は、家事の利便性からか、物干し場やサービスヤード（屋外の家事スペース）とのつながりを重視しているが、主婦はしていない。私がチェックした一九八〇年代以降の部屋でも、洗濯動線とキッチンのつながりを重視する設計は多い。

このように、台所の担い手と売り手には、ずいぶんと認識の差があった。キッチンがなかなか使い勝手のよいモノに進化しないのは、供給側が台所ではたらかない男性に偏り、台所の担い手の実感を知らない歴史が長いからではないか。しかし、供給側も使い勝手をいろいろと考え、使い手の調査を行い、工夫してきたのも事実だ。本節以降は食い違いを頭に置きつつ、技術面を中心にキッチンの進化をたどっていきたい。

ＤＫからＬＤＫへ

ＤＫ誕生の次の進化は、ｎＬＤＫの標準化だ。不動産広告でもおなじみの個室プラスキッチン回りという間取りは、暮らし方を限定する、と長らく建築関係者や社会学者などから批判されてきたが、出発点は必ずしも供給側が押しつけたのではなかった。

『「51Ｃ」家族を容れるハコの戦後と現在』によると、食寝分離が実現したのち、ソファやピアノ、ステレオなどの家具が置かれた和室は次第にリビングルーム化し、やがて公団がＬＤＫをつくるようになり、民間の建売住宅、マンションなども、ＬＤＫを前提に部屋数をふやして供給するようになっていった。『台所の一〇〇年』によれば、公団がＬＤＫのプランを採用したのは、一九六七年である。

『住まいを語る――体験記述による日本住居現代史』（建築資料研究社、二〇〇二年）でも、著者の鈴木成文は、公共住宅などの調査をもとに、２ＤＫの間取りでもＤＫにつながる部屋にソファやピアノが持ち込まれることが少なくなく、その居間が夫婦の寝室も兼ねていたと指摘し、「生活上の無理をおかしてまで洋風家具を導入することには、やはりその生活スタイルへの強い憧れが存在していたと考えるべきであろう。夫婦寝室の独立性よりは洋風リビングルームの形成の方が優先した」と書いている。

流行の歴史では、一般的に上流階級から順に降りてくるものが多い。明治期に上流階級が、接遇空間として洋館をつくったことを、大正—昭和初期に中流階級が和洋折衷住宅として採り入れ、そして昭和後期に庶民がＬＤＫ空間を求める。

本章1でも紹介した公団のガイドビデオ『団地への招待』に登場する住まいも、狭いＤＫにダイニングテーブル、その横の部屋にソファ、ステレオが詰め込まれ、家具置き場と化したリビングをつくり上げていた。

しかし、ここには時代の変化がある。戦前の洋室は接客用の部屋で、戦後にも応接間を求める傾向はあったが、２ＤＫから発展したＬＤＫの空間は、基本的に家族がくつろぐための部屋になる。ｎＬＤＫへの批判には、家族が閉鎖的になるという指摘が強い。それはしかし、六〇〇万人もの人々が田舎から都会へ移動し、郊外に集まって住んだことなどの社会構造の変容も関係しているので、間取りの影響がどの程度あったのか。むしろ、家族が閉鎖的になったから、客間より居間を求めたのではないか。

この新たに生じたＬＤＫの使い方の試行錯誤も、キッチンの発展に大きく影響している。

一億総中流時代の女性たち

一九七三年秋に起こったオイルショックは、高度経済成長期を終わらせた。そこから不況が始まるのだが、失われた何十年を生きる現代から見ると、それは安定成長期である。金本位制だった世界は変動相場制になり、一九七八年には第二次オイルショックも始まる。さらに一九八五年のプラザ合意をきっかけにバブル景気、グローバリゼーションがあり、一九九一年にバブルが崩壊し、長い低迷期に突入する。

安定成長期、それは耐久消費財が行き渡り、人々が豊かさを実感した時期である。サラリーマンの夫と主婦業を中心にした妻、二人前後の子どもで形成される核家族が一般的だった時代。一九七五年以降、パートを含めた共働き化、少子化、晩婚化が始まっていたが、人々がそれに気づくのは一九九〇年代である。主婦業が安定した立場と思われていたことは、一方で女性と子どもたちに安心感を、一方で抑圧をもたらした。

高度経済成長期に庶民まで浸透し、最近まで人々が信じていたのが、女性の本分は主婦業にあり、家族のために家事に勤しむべきとする価値観である。このあたりについてくわしくは『家事は大変って気づきましたか?』で書いた。家電の普及で家事がラクになり、妻たちは仕事を得るようになったが、あらかじめ「家のことには手を抜かない」と誓わされたり、仕事をしたいと思っても「外聞が悪い」と夫に止められたりしていた。

一方で、主婦業にやりがいを見出し、料理の腕を磨こうとレシピを研究し、料理教室に通う女性たちもいた。一九八〇年前後は、和洋中のレパートリーがそろい、日本人が史上最も栄養バランスが整った食事をしていた時代と言われている。懐石料理に挑戦して手間のかかるゴマ豆腐を手づくりする、フランス料理のフルコースをつくってみる、ケーキやクッキーなど洋菓子をつくる、パッチワークキルト、刺繡、編みものに挑戦するなど、家事の趣味化も進んでいた。

趣味の家事は、主に専業主婦が行ったと思われる。人研ぎ流しの時代まで、主婦は休憩するヒマすら取れなかった。しかし、曲がりなりにも男女平等が謳われた日本国憲法のもと、女性はどの程度家事に手をかけるか、自ら決めることができるようになった。

戦後まもなく、人口抑制のために出生数を抑えるよう国から働きかけられたことや、経済成長で高学歴化が進んで子育ての費用がかさむようになったことから、女性が産む子どもの数も四〜五人以上から二人前後へと大幅にへり、子育てで一生を終える女性もへった。家電の普及も、家事をラクにした。そして水汲みが不要で火の管理がラクな近代的なキッチンも、女性の負担をへらす。

家事がラクになり、オイルショックがあっても主婦にとどまった女性たちは、夫の収入が高い人が多かった。外聞が悪いからと妻が働けないのは、夫たちが自分の甲斐性を世間に疑われたくなかったからである。先のプレハブ住宅に関する調査で、女性たちは料理に力を入れたことがわかったが、それはおそらくこうした中上流層の女性たちが、料理に力を注いだ時代も影響している。

中流以下の女性たちは、働く必要があった。社会が複雑になって高卒以上の学歴がないと職業の選択肢がへる時代になったが、日本の教育制度は個人の経済的負担が重いため、母親も働く家庭は多かった。また、第二波フェミニズム・ムーブメントの影響で、社会に出て自立したいと願う女性もふえ始めていた。再び働こうとした女性たちは、ワンオペの家事・育児と仕事の両立のため、より効率的な家事の技術を求めていた。そんな中、料理家の小林カツ代などの活躍で、時短料理のレシピが流行する。

昭和後期の女性が求めたのは、より料理しやすい環境である。主婦たちは高機能なキッチンが欲しかったし、働く女性は、より効率的に使えるキッチンを求めた。こうした中、また新しいキッチンが登場し、女性たちを魅了していた。システムキッチンである。

キッチンの主役が交替

内閣府が二〇二一年三月に実施した消費動向調査によれば、システムキッチンの普及率は六八・五パーセント。統計を取り始めた一九九二年の約二・八倍になっている。ただしピークは二〇一六年の七四・五パーセント。キッチン・バス工業会の自主出荷統計でも、ピークは二〇一七年。セクショナルキッチンを合わせたキッチン全体も、出荷台数のピークは二〇一七年だ。コロナ禍で引っ越しやリノベーションがふえたと言われるが、システムキッチンの出荷台数や普及率をみると、実はすでにピークアウトしていたことがわかる。

長期的な推移を見てみよう。キッチン・バス工業会のデータによれば、システムキッチンの出荷台数は一九八〇年に完成品がわずか五四九九台だったのが、一九九四年度に一〇〇万台の大台に乗る。セクショナルキッチンは、一九八〇年は完成品が約二〇二万台だったのが、二〇二二年には約三五万台にまで落ち込んでいる。システムキッチンの出荷台数がセクショナルキッチンを上回るのは、一九九八年度以降である。

今は分譲マンションや建売住宅では、当然のようにシステムキッチンが入り、SNSなどで発信されている個人のキッチンもたいていシステムキッチンだ。賃貸住宅ではまだまだセクショナルキッチンも多いが、一般的には「キッチン＝システムキッチン」となっているように思う。

松下電器産業（現パナソニック）を経て長年キッチンデザインの専門家として活躍した黒田秀雄が、日本のシステムキッチンが抱える問題を、ウェブマガジン『オールアバウト』（オールアバウト）二〇一〇年三月二六日配信記事で、欧米ではサイズの規格があり、いろいろなメーカーの部材を組み合わせることが可能だが、「日本のシステムキッチンメーカーは基本的にビルトイン機器以外の他社製品は使うことができないクローズドシステムで販売されていることを指摘する」、とある。システムキッチンは自分のライフスタイルに合わせてビルトイン機器を選べる「オープンシステム」なのに、日本メーカーはその利点を否定している。海外のメーカーは「家具と機器とが同じ寸法モジュールで作られているために、お互いに互換性があり、違うメーカーでも長期的なメンテナンスや製品交換にもそのまま対応できる」とも指摘している。

機能や設備の呼び名もメーカーごとに違っている場合があるし、定義や分類がわかりにくいところがある。タコつぼ的な発展の仕方が日本的だ。

システムキッチンの誕生

「システムキッチン」は、和製英語だ。命名したのは、クリナップで開発を担当していた岡本孝之。『台所から戦後が見える』によると、ヨーロッパでは規格に合わせた量産品の収納キャビネットを組み合わせ、継ぎ目のないワークトップをかぶせるキッチンが一般的になっていた。ドイツ語では「アインバウキュッヘ（取りつけキッチン）」「モデルネキュッヘ（近代的なキッチン）」「ビルトインキュッフェ（つくりつけキッチン）」など呼び名がまちまちだった。イギリスでは「フィッテド・キッチン」と呼ばれていた。こうしたキッチンの最初の作品は、一九五〇年に西ドイツ国際見本市に出品された「ビルトインキッチン」である（『建築と社会』日本建築協会、一九八一年四月号）。

『クリナップ三〇年史』によると、当時、日本では経営学などで目標を設定し達成するためのシステム論が流行っていたことから、台所仕事の機能をキッチンの中で組織的に組み合わせ一つにまとめあげる、と考え、伝わりやすいよう「システムキッチン」と命名している。

同社広報課の小泉恭子さんは、ただ設備を置いただけではなく「キッチンという一つの空間を構成し、間取りやユーザーの求めに応じてカスタマイズできる。今後は絶対にオーダーメイドの時代が来る、となったそうです」と語る。確かにフランクフルト・キュッヘも、空間をどう構成するかに重点が置かれていた。

『台所から戦後が見える』によると、発端は一九七〇年、岡本に取引先の新日鉄のドイツ駐在社員が、ドイツのキッチンカタログを送ってきたこと。そこに並んでいるキッチンは機能的で美し

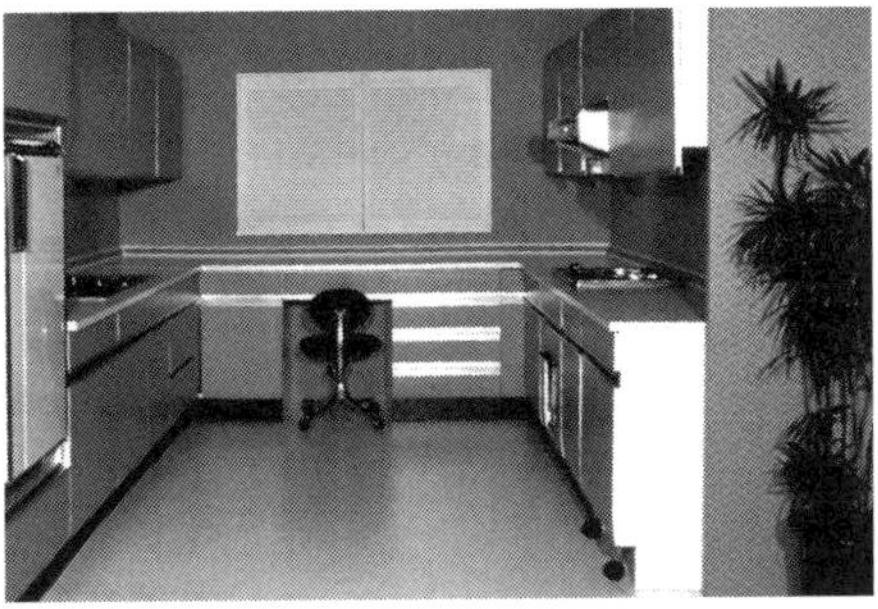

1973年、クリナップが発表した日本初のシステムキッチン。

く収納力がありそうだった。強力なライバルが日本に入ってくる前に知りたい、と翌年、井上登社長が社員を率いて視察ツアーに赴く。そして、早くも一九七一年夏の商品総合カタログで、「夢のキッチンといわれるシステムキッチンなども積極的に開発中です」と書いている。『21世紀をめざして　クリナップ40年史』（一九九〇年。以下、『クリナップ四〇年史』と表記）によれば、一九七二年三月に商標登録の出願を行ったが、同業各社が一般名称として使用し始めていたこともあり、特許庁からは品質表示的な意味合いが強いので登録しにくい、と通知され一般名称として受け入れることになった。

　実は当時、リビングには質が高い家具やソファが置かれるようになってきたのに、「台所だけが貧弱で、それが気になり始めたところでした」、と岡本は『台所から戦後が見える』でコメントしている。

『クリナップ三〇年史』を見ると、当時の識者たちが、日本人はLDKを使いこなしていない、と指摘している。道具があふれ調和もない、と指摘する人もいれば、働く場であるキッチンとつながっていることがリビングを落ち着かない場所にしている、と指摘する人もいる。この問題を解決しよう、とクリナップはシステムキッチンの開発を決めたのである。

『クリナップ四〇年史』によると、試作品を完成させたのは一九七二年で、一九七三年一〇月に全国の販売店員を東京・赤坂のホテルニューオータニに集めて発表会を行った。しかし、価格は一〇〇～二〇〇万円と高額で、売れ行きは芳しくなかった。同社が本格販売を始めるのは一九七六年だが、一九七三年には西ドイツ（現ドイツ）のティルザ社が上陸し、続いてコンテッサ、ジーマティック、ユニクラフトなどの製品が輸入されるようになる。一九七五年には西ドイツ、アメリカ、スウェーデン、イタリア、カナダ、オランダなどのキッチンメーカーが国内市場に進出した。いずれも一セット一〇〇〜二〇〇万円の高級品だった。

国内メーカーも、一九七五年に伊奈製陶（のちのＩＮＡＸ、現リクシル）が一九七六年には日本楽器製造（のちのヤマハ、現トクラス）、モーリショップ、フランスベッド、岩谷産業が、翌年には松下電器産業（現パナソニック）、東芝住宅産業（現野村不動産）、サカエ流し台（現サカエ）が参入している。『クリナップ三〇年史』によると、システムキッチンは、都会の高額所得者の医師や弁護士の家から売れていったそうだ。

収納力が求められる時代へ

台所の担い手がキッチンに求めているのは、料理やお手入れがしやすいこと、収納力、動線がラクなこと、そして美しいことだ。料理のしやすさと動線は、大正―昭和初期の台所改善運動から問題にされてきた。お手入れしやすさと美しさは、ダイニング・キッチンが登場し始めたときにクローズアップされた。そうしたポイントが、期待できるようになったからだろう。人間はつましく、実現可能性が見えてはじめて、欲求が生まれることが多い。

システムキッチンが明確にした欲求が、収納力だ。システムキッチンが日本で登場し、浸透した一九七〇〜八〇年代は、台所の担い手が料理に最も力を入れた時代と重なる。キッチンの環境が整備され始めたことに加え、料理のバリエーションが急速にふえたからである。それは、栄養不足が国民的課題だったからだ。

一九五九年に厚生省（現厚生労働省）が発表した、『国民栄養の現状　昭和33年度国民栄養調査成績』によると、脂質やタンパク質、ビタミン類が不足しがちだった。戦中戦後の食糧難が尾を引いていたのと、食料増産をする途中で、肉類などの供給が追いついていなかったためでもある。庶民があまりなじみがなかった、肉や乳製品、油脂を摂る必要性は高かったが、従来の和食にはそうした栄養を摂れるレシピが少ない。そこで奨励されたのが、こうした栄養をたくさん含む洋食や中華だったのである。

しかし、洋食や中華をつくるには、和食とは異なる調理道具、調味料が必要になる。中華鍋やフライパン、ケチャップやウスターソースなどがキッチンに入っていく。また、油脂をたくさん使う料理をつくると、油汚れがキッチンにつき、食器も洗剤で洗わなければならなくなる。最初に公団団地で導入されたキッチンは幅が一八〇〇ミリ、奥行きが五二〇ミリしかなく、一般家庭のキッチンとしては最低限の大きさだった。袋戸棚をつけたところで収納力は多くない。

キッチンで使う家電も入った。蒸気を出す炊飯器や電気ポットは、棚にしまい込んでおくわけにはいかない。冷蔵庫も当たり前になったうえ、サイズも大型化していった。一九六〇年頃から冷凍庫つきの二ドア冷蔵庫が、一九七四年には3ドア冷蔵庫が登場している（『冷たいおいしさの誕生』村瀬敬子、論創社、二〇〇五年）。

インスタント食品などストック食品の種類もふえる。また、高度経済成長期頃から、分割払いの食器セットや、結婚式で引き出物に皿を選ぶことが流行し、食器もふえていく。もちろん、洋食や中華の食器も必要になる。

あふれ返るモノを納める場所が、キッチンには求められていたのである。『台所の一〇〇年』「システムキッチンの成立と展開」（山口昌伴）によると、収納力は高度経済成長期から問題になり始めていた。一九六五年を境に、厨房家具カタログで紹介する収納法が転換するのだ。それまでは、吊戸棚の下に水切り棚が設けられて鍋類が伏せられ、壁のパンチングボードにキッチンツールが吊り下げられる出し並べ型のキッチンだった。それが、この頃から収納をふやして道具をしまい込むキッチンが推されていき、システムキッチンへのプロローグとなる。

昭和30年代、公団団地で採用された木製の吊戸棚とフレームの棚。

キッチンツールをフックで引っかけるパンチングボード、吊戸棚下の水切り棚は、公団住宅が当初から導入していた収納アイテムである。この頃まで、団地のキッチンがリーダー的な存在だったが、UR都市機構の増重さんは「昭和五〇年代になると、製品の開発はメーカーさん主導になった」と証言している。システムキッチンの登場も、公団の地位を低下させた。

独立型かコミュニケーション重視か？

キッチン回りの空間は戦後、再び広くなり始める。ＤＫからＬＤＫへの変化もその一つだ。『台所空間学事典』は、一九五〇～一九八五年の『新住宅』（新住宅社）に掲載された独立住宅（戸建て住宅）一九六〇軒も調査分析している。

『新住宅』は一九四六～一九八八年に大阪で発行された雑誌で、編集発行人は一貫して、あめりか屋出身の小林清である。『大阪市立大学大学院都市系専攻　修士論文概要集』二〇一五年二月の「雑誌『新住宅』の概要と特徴―戦後における住宅思潮の研究―」（前田憲泰）によると、小林は設計技師から出発し、入社二年目の一九三三年から同社の『住宅』編集に携わった。そのためか、新住宅もどちらかといえば施主向けで、特定の思想を押しつけずに啓発する内容だった。掲載されたのは、全体的に規模が大きめの注文住宅が多く、新しい建築材料や新工法を採り入れた個性的な住宅が多い。『台所空間学事典』が分析したのは、時代の先端を行く住宅群だったことを頭に入れておこう。

まず、延床面積は公的集合住宅の二倍程度で、戸建て住宅としても全国平均より大きめだが、居住者は都市のサラリーマン家庭で、関西を中心に二五の府県にある。キッチンは徐々に広くなる傾向があり、一九五〇～一九五八年は六～七平方メートルと三畳半前後だったのが、一九八一

〜一九八五年は一〇平方メートル（約五・五畳）になる。DKの面積も、年々広くなる傾向がある。一九五〇〜一九七五年は北東・北西を含めた北向きが六割を占めていたが、以降は五割を切る。戦前は九割以上が北向きだった。集合住宅では、窓がない中央の位置にキッチンが入る間取りがふえた時期だが、同誌の戸建て住宅にその傾向はほぼない。窓の大きさは、縮小していく傾向があるが、時代を追うにつれ換気扇が普及し、収納が充実していったことが影響したようだ。

独立度の変遷も調査している。DKは当初少なかったのに、団地にステンレスシンクが入った一九五八年頃から急激に増加し、一九七一年には四〜五割を占めた。それは、風呂を薪で沸かさなくなり、浴室とのつながりを意識しなくなったことや、コミュニケーション重視のモダンリビングが注目されたからと分析している。私には、団地のインパクトも大きかったと見える。

独立型のキッチンがふえ始めるのは一九七二年から。一九七八年にはセミオープン型がふえる一方、完全に独立型のモノも三〜四割ある。一九七〇年代から、先進的な人たちの住宅では、キッチンが作業に没頭できる独立型か、コミュニケーションを重視したLDにつながるか、好みが二手に分かれ始めていたのである。

レイアウトは、一列型のピークは一九六六年で六・五割。二列型は一九七〇〜一九八五年は四分の一程度で、セミオープン型の増加と対応している。L字型が最も多かったのは一九五五年直前で六〜七割もあった。他の時期は四割前後。U字型（コの字型）は、面積に余裕がある独立型キッチンに採用され、一九五五年以前と一九八〇〜一九八五年が一・五〜二・五割で、その間は少なくなっている。対面キッチンは、システムキッチンが出てきた影響で一九七八年から登場し、二〜三割を占める。平成以降に流行するアイランド型やペニンシュラ型は、ほとんどない。

作業台は、JIS規格で一九六一年に奥行き五五〇ミリ、一九七五年にシステムキッチンで多いことから六〇〇ミリと定められるので、それぞれの時期に規格サイズがふえるが、一九五〇〜一九五一年は四〇〇ミリ以下のモノもあった。幅は一九五〇〜一九六五年は三〇〇〇〜四〇〇〇ミリと、L字型人気の影響もあり、かなりゆとりがある。工業化で機能性が高くなった一九六六年以降は三〇〇〇ミリまで短くなり、一列型が人気になる。その後は二列型やU字型がふえたこともあって長くなる傾向があり、一九八五年には平均五〇〇〇ミリにもなっている。

家族だんらんとのつながりは一九五〇〜一九五一年は無視されているが、一九五三年頃から重視され始める。団地のDK導入による家族だんらんのイメージのインパクトが大きかった、と同書も分析する。その後独立キッチンが人気になるものの、システムキッチンが普及し始める一九七七年以降は、だんらん空間との関係が求められていく。

台所の形を振り返ってみると、昭和半ばは団地が提示した新しい食事・だんらん空間の影響が強く、その後は作業のしやすさ、ニオイその他が気になるなどから、いったん独立型が人気になるが、システムキッチンが導入されると、コミュニケーション重視へと変化していく。高度経済成長期は公団が、オイルショック以降はシステムキッチンが、トレンドをリードしたことがよくわかる。

システムキッチンは、扉ですべて隠してしまうので家族が関わりづらくなる、と山口昌伴ほか識者たちは批判した。山口は『台所の一〇〇年』「システムキッチンの成立と展開」で、平成初期の対面式人気の中で、ハウスメーカーの営業マンが「台所はおいしい料理をつくる修羅場、焼きものなど数秒が勝負で、コミュニケーションなんかしている場合じゃない、モデルハウスに来る客は対面式にしか興味を示さない」、とぼやいていたと記している。山口は、キッチンの進化は「おいしくない」方向に進んできた、とさまざまな書籍で書いている。

しかし、先に示したようにシステムキッチンの人気は、二〇一〇年代半ば頃まで広がり続けていく。

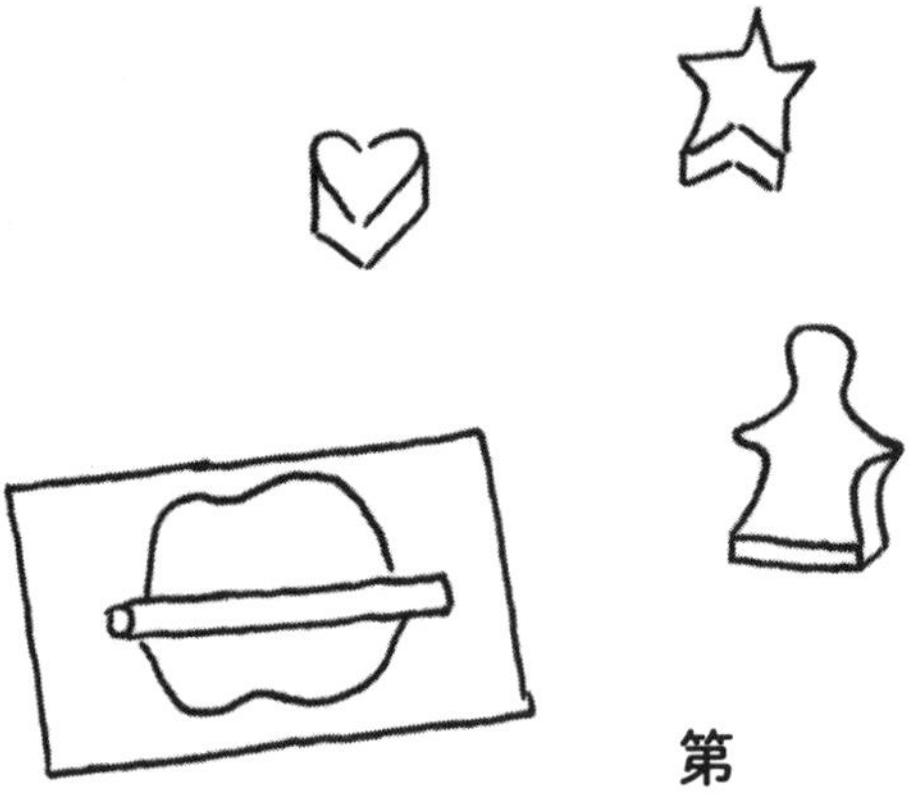

第四章 システムキッチンの時代

1 キッチンはどこまで進化するのか

システムキッチンのすごい収納力

昭和半ばに登場したシステムキッチンは、顧客の求めに応じてメーカーが開発を続けてきた。本稿では、いったいどこまで便利になったのか、順に追っていきたい。

まずはこの半世紀、新しい発想でたびたび業界をリードしてきたクリナップの開発史を中心に見ていこう。クリナップがシステムキッチンを発表したのは一九七三年。ヨーロッパに学んだ当初の製品は、今ならオーダーキッチンに分類されるような自由度の高さだった。しかし、従来のセクショナルキッチンの二〇〜三〇万円に対し、一〇〇〜二〇〇万円の同社製品は高額で、売れ行きは芳しくなかった。

そこで一九八三年、一〇〇万円を切る目標で開発したのが「クリンレディ」シリーズである。パーツの選択肢を絞りつつ吊戸棚をつけた簡易施工型で、最低価格を四五万円まで下げたところ、システムキッチンブームが到来した。しかし、この形が日本のシステムキッチンとして一般化したため、自由度を求める人はオーダーや造作のキッチンを選ぶようになった。

ここからは、システムキッチンのパーツごとに進化を確認したい。

人気になった理由の一つ、収納力は、平成になると、さらに上がっていく。一九九五年に手動で吊戸棚の棚ごと降ろせるムーブダウンを開発し、一九九九年にスイッチを押せば電動で棚が降りるオートムーブというシステムに発展させた。一九九〇年代初旬にも、手動式の製品を製造したメーカーがあったようだ（『50周年記念誌「キッチン台所空間10年の移り変わり　企画開発、製造、販売に係わる〝技術〟を振り返る」（キッチン・洗面技術専門委員会　木下敬介））。

続いて取り組んだのはキャビネット部分。従来は扉だったシンク下、コンロ下の収納を引き出しにしたオールスライドをコンパクトキッチンで一九九七年、システムキッチンで一九九八年に導入し、翌年に下の台輪部分を引き出しにしたフロアコンテナを開発した。

キッチンでは作業中、何度もザルや包丁、調味料、鍋などを出し入れする。しゃがんで扉を開

1983年、クリナップが発表した「クリンレディ」。

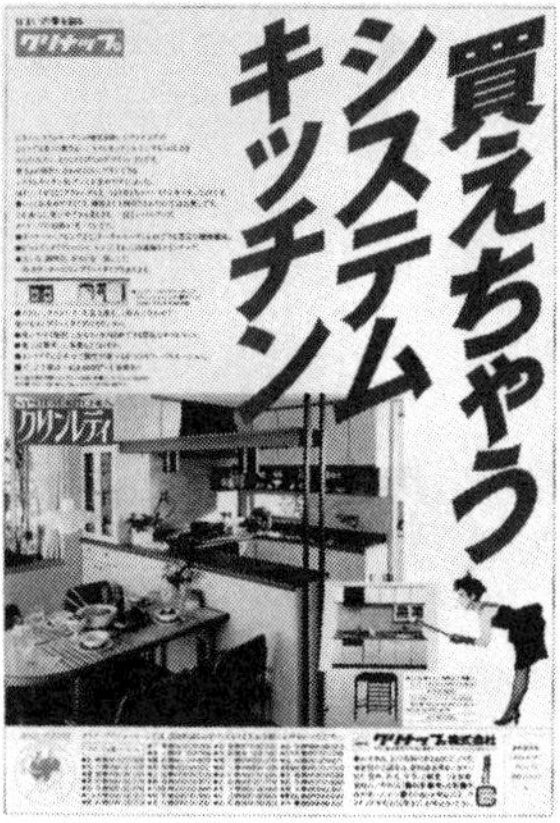

「クリンレディ」の広告。100万円を切るシステムキッチン。

キッチン下部の収納に「フロアコンテナ」を採用したシステムキッチン。

き、奥にあるモノを取り出すのは煩雑だが、引き出しにすれば奥のモノもラクに取り出せる。鍵となるのはレール。当時、売り込みがあったドイツ企業のレールは、耐荷重の性能が高く動きがスムーズだった。開発チームが海外視察で得た情報をもとに、最終的にオーストリアのブルム社のレールを採用。合わせて、シンク下の空間を有効活用する開発も行った。従来のキッチンは、シンク下の真ん中に排水管があり、モノを入れづらかった。しかし排水管を奥に納めれば、キャビネット内を広く使える。シンクは奥にある排水口に向かって傾斜する凸型にする必要ができたが、開発は困難を極めた。TOTOに先を越されたものの、二年がかりで一九九七年に実現している。

すべてを引き出しにするため、扉を開け下から引き出す形だったビルトイン食洗機を、日本のメーカーに協力を依頼して一九九七年、引き出しを開け上から食器を入れる形にさせたのも、クリナップだった（『40年のあゆみ』「食器洗い乾燥機の最新動向と課題」（松下電器産業株式会社　村瀬清彦））。

フロアコンテナは、コロンブスの卵のような発想の転換で誕生した。開発チームのサブリーダだった舟《ふ》生《にゅう》美幸さんは、「台輪部分は、土間の時代のイメージのままで、収納にすると湿気でモノが傷む、とタブー視されていました。何と言われたか残念ながら覚えていないのですが、設計課長の発言がきっかけで、みんながすごい集中力で『蹴込み部分を収納にすればいいんじゃないか』と開発に向かった気がします」と振り返る。

フロアコンテナは、五〇〇ミリリットルの缶ビール、カセットボンベを立てて入れられ、土鍋とカセットコンロも入る高さ二二〇ミリに設計した。バブル崩壊後の当時、クリナップでも赤字からの脱却をめざし、さまざまな改善が行われていた。存在感を増してきた集合住宅に向けた営業体制を整える、営業と設計でプロジェクトチームをつくる、主婦モニター制度をつくる。モノと動作に合わせて置き場所を設計するゾーンコンセプトを開発する。そうした改善努力から、新しい収納のアイデアも出てきたのではないだろうか。

フロアコンテナは、技術的には製造が難しくなかったこともあり、翌年になると各社が同種の商品を投入し一般化していった。キャビネット部分の進化も続き、中が二重三重の構造になった引き出し、シンク側面の包丁など薄い調理道具を入れるドアポケットなど、多彩な商品が開発されている。

コーナー部分がデッドスペースになりがちな、L字型キッチンの収納も課題だった。昭和のシステムキッチンには、ヨーロッパ発のコーナー部分に円形の回せる収納台を入れていたが、デッドスペースが多くなる問題があった。クリナップでは二〇〇一年頃から、コーナー部分を引き出しごと出せる形に変更している。

ダイニング・キッチンが主流の時代は、食器棚は家具屋で木製ガラス扉などのモノを調達した。しかし、対面キッチンが広がると統一感も大事になり、キッチンと同じメーカーの家電置き台をつけた食器棚を入れる人がふえた。クリナップの食器棚は、一九九〇年代後半頃から分譲マンションのオプションで用意し、二〇〇〇年代になって一般化。吊戸棚が避けられるようになった二〇〇四年頃からは、容量が大きいタイプが人気になっている。同じ頃、キッチン横にパントリーを設けたい、奥行きが深いカウンターが欲しい、という要望もふえたという。

選べるワークトップ

システムキッチンのもう一つの魅力はデザイン性だ。目に飛び込んでくる扉・引き出しの面材の選択肢が非常に多い。また、天板もキッチンの印象を左右する。しかし、作業すれば必ず汚れるので、お手入れしやすさも重要だ。各メーカーは、使いやすさとデザイン性を併せ持つ素材の開発に力を入れてきた。

ステンレスと並ぶ代表的な天板の材質は、人工大理石または人造大理石である。呼び名がメーカーによって異なり明確に定義されていないので、以降はどちらの略称でもある「人大」を使う。天然の大理石は高級感があり、実際に高級だが、硬くてもろいうえ、重く汚れも落ちにくい欠点がある。一方で、人大は主成分がプラスチックなので加工しやすく、色やデザインの選択の幅が広い。ステンレスの金属感が暮らしになじまない、と人大を選ぶ人もいる。とはいえ、ステンレスと比べて「汚れが落ちにくい」「熱いものが置けないから不便」と言う人もいる。

人大には、主にポリエステル系とアクリル系の二タイプがあり、『成形加工』第14巻第6号（プラスチック成形加工学会、二〇〇二年）「解説　人工大理石」（成田俊人）によると、日本ではまず、一九六六年にＩＮＡＸ（現リクシル）の洗面化粧台のカウンターとしてポリエステル系人大が使われ、その後も主に水回りで発展していく。

『50周年記念誌』「アクリル系人工大理石カウンターの特長、安全環境対応」（ＭＲＣ・デュポン株式会社　際健二）によると、アクリル系の人大はアメリカのデュポン社が一九六五年に開発し、二年後に「コーリアン」というブランド名で発売した。日本では一九七九年に発売され、キッチンや洗面のカウンター材として使われてきた。アクリル系人大は穴が少ないので汚れがしみ込みにくく、ガンコな汚れはナイロンたわしで落とせる。

『40年のあゆみ』「ＢＭＣ系人工大理石と環境問題の対策について」（吉本産業株式会社　糸山弘征）によると、コーリアンが入ってくると、吉本産業は開発中だったシステムバスの壁材のポリエステル系人大の技術を使い、システムキッチンの天板を開発した。簡易施工型のシステムキッチンが広がると、それが採用されるようになる。一九八八〜一九九六年の販売額の推移では、ポリエステル系のほうがアクリル系の倍程度に売れているようだ。どちらの人大も、メーカーの主張ではお手入れしやすい。ただ、住宅・住宅設備メーカーのサイトをいくつか読み比べたところ、どうやらポリエステル系のほうが割安で黄ばみが生じやすいようだ。

日本で最初に人大の天板を開発しキッチンに導入したのはヤマハ（現トクラス）で、一九七六年である。同社ウェブサイトの動画「トクラス　キッチンはじめて物語」によると、欧米の大理石カウンターを模した量産品をつくろう、と試みた。美しく強度と耐熱性があって軽い製品の開発には、二年かかったという。

ホーロー製品メーカーとして一九一二年に創業したタカラスタンダードでは、第二次世界大戦後にステンレス製のキッチンシンクの製造を始め、一九六二年にホーロー製キャビネットを入れるキッチンをつくり始めた。同社ウェブサイトによると、シンクはステンレスでキャビネットがホーロー製だったようである。ホーローは鋼板にガラス質の素材を貼りつけたもので、耐久性の高さとお手入れしやすさが売り。マグネットもつけられる。ただし重い。

進化を続けるシンクと水栓

キッチンの歴史を調べると、シンクに関する情報はやたらと多いことに気づく。量産するステンレスシンクの開発がドラマチックだったこともあるが、日本の料理は水仕事が要であることも大きいように思う。水が豊富な日本では、麺類など水を大量に使う料理が多い。「一汁三菜」という献立を表す言葉もあるように、汁もののウエイトも大きい。一方欧米では、シンクは洗面所程度の小さなキッチンが珍しくない。

お手入れしやすく、食器を落としても割れにくいステンレスの人気は高い。ステンレスのシンクも平成以降の進化が目覚ましい。クリナップでは、排水管を奥に納めた凸型で洗剤を置くポケットもつけた製品を一九九七年に完成させた。ゴミを受け止めるかごも、「環境問題の視点から、筒状のかごにゴミを溜めていると成分が流れ出すので、浅型になりました。一九九八年施行の琵琶湖条例の排水基準がきっかけだったと思います」と同社の舟生さんは説明する。トラップが浅型だと、筒形よりマメに生ゴミを捨てる習慣をつけやすいし、排水口自体も洗いやすい。シンクと排水口が一体成型なので、継ぎ目にゴミが詰まる心配もない。

ゴミといえば、キッチンは家の中で最も多種類のゴミが日常的に出る。自治体によっては一〇を超える分別を求める時代になったが、ゴミ箱置き場を設定していないキッチンは珍しくない。一方で、シンク横にゴミ箱をビルトインする、シンク下をオープンにしてゴミ箱置き場にするといったキッチンも登場している。高度経済成長時代に注目されたダストシュートも、壊れる、防犯面で難しいなどの問題があり、一般化はしていない。コンポスト化も、マンションでは持て余すなど、ゴミ箱問題はまだ解決途上である。

二〇一五年にクリナップは、シンク内の水流をコントロールし、ゴミや汚れが自然に排水口に流れ込む「流レールシンク」を開発した。二〇〇〇年代以降は、シンク内にスライド式のプレート棚をつけ、水切りかごや食材の置き場にできるシンクも人気になった。

水栓については、『50周年記念誌』「給水栓の動向」（株式会社三栄水栓製作所　佐藤成吾）から拾ってみよう。リクシルと日本バルブ工業会に取材を申し込んだのだが回答は得られず、これ以外にくわしい情報は手に入らなかった。

水栓メーカーの同社では、一九五八年に水栓とシャワー、一九六七年にシャワーつき湯水混合水栓を発売し、一九七五年に湯と水を切り替えられるシングルレバー湯水混合栓、一九八三年にサーモスタット式湯水混合栓を開発している。昭和期には、小窓からガスの炎が見えるガス給湯器がキッチンの壁につけられていた（P.230）が、いつの間にか給湯器は屋外に追い出され、キッチンの壁面がすっきりした。日本ガス石油機器工業会に問い合わせたところ、屋外式ガス瞬間湯沸器が開発されたのは、一九七七年である。

水仕事の静音化に取り組んできたクリナップでも、二〇〇四年頃からサイレントシャワーを導入し、手元で止水する、シャワー部分を延ばせる機能をつけた水栓をラインナップに加えた。二〇〇八年頃には、手をかざして止水・給水を操作できるタッチレス水栓を導入。対面キッチンがＬＤから見えることもあり、近年ではホース部分が高いため目立つ「シングルワンホールスプレー混合栓」なども人気である。

壁パネルと換気扇の進化

次はコンロ。コンロの周りは耐火材料を使う、という基準はさすがに建築基準法が制定している。ダイニング・キッチンの時代以降、火を使う際は油脂も使うことが一般的になったので、コンロ回りは油汚れでお手入れが大変になりやすい。

昭和期、キッチンの壁はタイルが一般的だった。しかしタイルは目地に汚れが溜まりやすく、水滴などがカビの原因になる。また、ゴシゴシこすって汚れを落とすのも、かんたんではない。クリナップ開発担当の齊藤隆一さんは、「一九九〇年代後半の分譲マンションや建売住宅では、タイル壁がまだありました。しかし、二〇〇〇年代になるとどんどんパネルつきになっていきました」と振り返る。

壁パネルはフラットで汚れがつきにくく、濡れ布巾でこすれば汚れがかんたんに落ちる。こちらについては『五〇周年記念誌』「メラミン化粧板および付随したキッチンパネルに関しての素材技術、デザイン性、環境技術」（アイカ工業株式会社　高添香織）から紹介する。アイカ工業は、メラミン化粧板パネルのシェア一位。

キッチンパネルは、硬くて傷がつきにくいメラミン化粧板である。メラミンもプラスチックの一種。高度経済成長期に石油化学工業が発展し、プラスチック素材が次々に開発され発達したおかげで、キッチンのお手入れしやすさは飛躍的に高まった。色やデザインの自由度も高く、メラミン化粧板は何万通りもの色柄をつくることができる。

ただ、メラミン化粧板は「メラミン樹脂特有の「照り」が、本物の素材である木や石がもつ〝自然の風合い〟との違いの原因となっていた」と同記事にあるように、メラミンのプラスチック感が苦手、とあえてタイルを選ぶ人も多い。そうした人たちは、イラスト入りのタイル、カラフルなタイルを選び、自分で組み合わせて使うこともある。

換気扇の性能が高ければ、キッチンに油汚れは溜まりにくくなる。しかし、松下電工（現パナソニック）が公団と開発した初期のプロペラファンには、汚れがべったりつく。換気扇の開発では、吸引力とお手入れしやすさをいかに高めていくかが重要だった。

パナソニックのウェブサイト「住まいと空気の歴史館」によると、団地住まいの人たちが、魚を焼くと家じゅうが煙だらけになって困ったことから、住宅供給側が換気扇の標準装備化に取り組んだ。住宅用換気扇を同社が発売したのは、一九五八年である。

国内二大メーカーのもう一社は富士工業で、同社ウェブサイトの沿革によると、一九七三年から換気扇を覆うレンジフードの生産を開始した。一九八三年にシロッコファンと油脂の粒子を吸い取るスロットタイプのフィルターを開発している。シロッコファンは、縦長の板状の羽根が筒状についた換気扇で、回転させて汚れた空気を吸い込み、ダクトと呼ばれる管から屋外に排出する。屋外に隣接していない場所に換気扇をつけることもできるため、対面キッチンの流行とともに広がってきた。また、プロペラファンより音が静かだ。昭和期のレンジフードは、基本的に縦長のブーツ型である。

シロッコファンは市販の不織布のフィルターで油を吸着できるので、比較的お手入れもラクになった。しかし、たとえば私が使っていたフィルターは一枚五〇〇円台で二週間に一度は交換するので、フィルター代がバカにならない。そしてフィルターですべての油脂を吸着はできないので、掃除はやはり必要である。

富士工業は一九八九年に、金属製の平らな整流板を備えたレンジフードを開発。整流板は、空気の通り道を狭くして流れを加速させ、煙やニオイの吸収速度、吸収量を大きくする。汚れも付着するので、奥につけるフィルターや換気扇が汚れにくくなる。

一九九九年には薄型レンジフードを開発。二〇〇九年には、フィルターがいらない製品も開発。二〇二二年には自動洗浄機能つき換気扇も販売している。

クリナップでは、二〇〇七年に自動洗浄機能つきの換気扇を発売している。年に一度、フィルターの役割を果たすプレートを自動で洗い、一〇年に一度、ファンの部分を洗うだけ。こうした製品を使えば換気扇掃除に苦しむ必要はなくなるが、残念ながら賃貸住宅では、今でもフィルター交換が必要なブーツ型が一般的で、プロペラファンにも遭遇する。

このように、キッチンの設備や部材は、主にお手入れしやすさを追求し、進化を続けてきた。現代の最新式のハイスペックキッチンを導入すれば、大掃除もいらなさそうである。しかし、実際にそうしたキッチンを使える人はどのぐらいいるのだろう。

2

コンロに食洗機、ビルトイン機器の進化

意外に長い三口ガスコンロの歴史

半世紀の間、二口ガスコンロがある生活をしてきた私が気になっていたのは、三口ガスコンロがいつ頃一般化したのかだった。何しろ火口が二つと三つでは、調理時間と利便性に格段の差が出る。しかし、キッチンの歴史でコンロの話題はスルーされがちで、私が調べた学者や建築関係者が書いた十何冊の本には、コンロの火口数を明記したものがほとんどない。

これも火の文化と水の文化の違いが関係ありそうだ。何しろ、ヨーロッパのキッチンを紹介したビジュアル本では、極小キッチンさえ、四口コンロとオーブンがついたユニットが置かれている場合がある。私が主催するオンライン座談会「理想のキッチン検討会」でも、イギリスに住んだ経験がある人が、量販店で四口コンロのユニットがふつうに売られていた、と話していた。ガス器具メーカーのリンナイにも問い合わせたが、回答を得られなかったので、かき集めた資料と

日本ガス石油機器工業会の回答、各社ウェブサイトから歴史を描いてみたい。

『炎と食』によると、三口コンロはなんと一九三五年頃からある。二口コンロが大正時代に登場し、明治時代は鋳物製の一口コンロだった。二大メーカーのパロマとリンナイのうち、先にガス器具をつくり始めたのはリンナイで、一九二三年からガステーブルコンロ、ガスレンジ、ガスオーブン、ガス給湯器を製造している。『日本物流新聞オンライン』「リンナイ創業一〇〇周年インタビュー」によると、同社は、一九二〇年に名古屋ガス（現東邦ガス）にいた内藤秀次郎、林兼吉が、外国製の石油ガスコンロの青色の炎に魅せられ、林内商会として創業した。

一九五〇年代の業界誌では、まだヨーロッパ製のガスコンロに手本を求めている記事が目立つ。

『日本瓦斯協会誌』（日本瓦斯協会）一九五七年一月号の「ガス器具のデザイン（その一）」によると、当時の日本のガス七輪は二口および三口、とある。ガス七輪とは卓上ガスコンロで、炎の調節がかんたんで魚も焼ける、と関東大震災後に登場し普及した（『近代ニッポンの水まわり』）。国産ガスかまどは東京瓦斯（現東京ガス）が一九〇二年に発売。一九五〇年代頃まで、ガス七輪（コンロ）は二口のうち一口に炊飯釜がついているものが一般的だった（『炎と食』）。

『月刊消費者』（日本消費者協会）一九六四年六月号のガスレンジの消費者テストで比べた商品は、各社が百貨店で販売するガスコンロつきのユニットで、オーブンが内蔵されたモノもある。写真で紹介されるレンジのすべてが三口コンロだ。

『実業往来』（実業往来社）一九七〇年八月号の「座談会《東海編》住宅設備の普及とその問題点を探る」では、林内製作所（現リンナイ）の岩間照が、「四人家族でしたら二口のコンロで大体間に合うのですが近ごろは三口コンロの方が売れております」と語っている。日本ガス石油機器工業会によると、普及期は一九八〇年頃である。

日本ガス石油機器工業会に問い合わせると、一九七六年頃には、別置きのガスコンロでも三口コンロがあった。スペースとお金に余裕がある人たちは、かなり前から三口コンロに親しんでいたのだ。

『炎と食』によれば、大阪ガスが一九八八年に「グルメコンロ」というビルトインコンロを発売している。これは、五徳が全面を覆い鍋をずらせる三口コンロで強火からトロ火まで火力調節ができ、オーブン機能つきの大型両面焼きグリルがついていた。台所の担い手が最も料理に力を入れた時期なので、こんな商品も出せたのだろう。五徳が全面に渡ったコンロは、日本ガス石油機器工業会によると、一九八〇年頃からある。現在は、ハーマンとリンナイが販売している。

リンナイがシステムキッチン対応のビルトインの三口コンロを出したのは、二〇〇七年である。日本ガス石油機器工業会によると、現在のビルトインコンロはほぼ三口で、キッチンの約半分をビルトインコンロが占め、年に数パーセントずつ別置きタイプからビルトインタイプに転換されている。ビルトインコンロが登場したのは、システムキッチンの黎明期に当たる一九七五年だった。近年、古めの賃貸マンションでは、斜め二口のビルトインコンロに交換したコンパクトキッチンにリフォームする事例が目立つ。

ガスコンロは、火力の強化、安全装置の進化などの技術革新が行われてきたほか、特にＩＨコンロが登場してからお手入れしやすさにも力を入れるようになった。一九九一年以降は表面にフッ素加工を施したタイプが人気になったが、耐久性に難点があったことから二〇〇〇年代初めには、フラットな表面のガラストップが人気になっていた（『40年のあゆみ』「ガス機器の最新動向と課題」リンナイ株式会社　渡辺淳敏）。その後はガラストップが一般化し、五徳は小さくなる傾向がある。ふきこぼれの汁受けがないバーナーも広がった（『50周年記念誌』「ガスビルトインコンロの技術動向」リンナイ株式会社　倉地大修）。

コンロの技術進化について、もう一点付け加えておく。長年、点火はスイッチを入れ、マッチの火を近づけて行っていたが、一九五九年に、スイッチ一つで点火できる自動点火が開発されている（『炎と食』）。

魚焼きグリルとカセットコンロ、オーブン

魚焼きグリルについては情報が錯綜《さくそう》している。もともと日本では七輪で魚を焼いていたため、魚焼き網が発達していた。『主婦の友』（主婦の友社）一九六四年九月号の「新婚料理教室№8　ガス火で焼き魚をおいしく」によると、ガス火用の焼き網は当時、二〇〇種類もあった。焼きムラをなくす熱反射板がついていて、ほとんどが鋼またはステンレス製である。

しかしこの頃には、ガスコンロ内蔵のグリルが登場している。リンナイが一九六三年で業界初をウェブサイトの沿革で謳っているが、『炎と食』によれば一九六〇年に登場していた。メーカー名は記載がない。一九七〇年にはハーマンが両面焼きグリルを発売。一九九四年にマイコンで

自動制御する「自動グリル」が開発され、一九九八年にトレイに水を入れなくて済むグリルが発売された（『炎と食』）。二〇一七年にはリンナイから、遠赤外線バーナーで鶏肉やトーストなども焼ける、ココットプレートつきグリルが発売されている。

グリルのライバルは、オーブンである。最初に導入されたのはビルトインタイプの海外製で、一九〇四年に登場。国産品は一九一六年からあるものの、それは金属製の箱をコンロの上に置いて使う「天火《てんぴ》」と呼ばれた製品だった。ガスバーナーが内蔵された国産品が登場したのは、一九六六年。一九七一年にファンつきの「超高速レンジ」がリンナイから登場（『炎と食』）。ガスオーブンの全盛期が到来するが、一九七七年に三菱電機から電子レンジにオーブン機能をつけたオーブンレンジが登場し、オーブンレンジへ人気がシフトしていく。

ガスオーブンは、ビルトインタイプになって生き残ったのではないだろうか。『炎と食』によれば、システムキッチンへのビルトインタイプは一九八三年に開発されている。一九八〇年代に建ったマンションでは、ビルトインされたガスオーブンをよく見かける。

ガスオーブンが衰退したのは、住宅からガス栓が消えていったことが大きいのではないだろうか。私が育った一戸建ての家では、和室にガス栓があり、鍋料理をする際はそこにホースをつないで卓上一口コンロで料理した。ホースに足を引っかけ火事が起こるリスクからか、今はガス栓が部屋にない住宅が多い。

卓上一口コンロに取って代わったのが、カセットコンロである。朝日新聞二〇一九年八月二二日の記事「カセットコンロ　進化続けて50年」によると、日本で最初にカセットコンロを発売したのは岩谷産業で、一九六九年だった。鍋料理で邪魔になるホースをなくそう、とヨーロッパで登山者が使うガスバーナーをヒントに、カセットボンベを開発する。阪神・淡路大震災の被災地では、ライフラインが止まり、カセットコンロが大人気になった。一九九九年に発表した卓上たこ焼き器もヒット。同社ウェブサイトによると、創業者の岩谷直治は戦後、全国にプロパンガスを売って歩き、ガスの普及に貢献している。

ＩＨコンロの登場

二〇〇〇年代以降に建った賃貸マンションは、ＩＨクッキングヒーターのコンロがついたキッチンが多い。薄型換気扇でキャビネットは引き出し。私は、ＩＨコンロつき物件は、借りるか借りまいか躊躇《ちゅうちょ》してしまう。以前、ＳＮＳで「ＩＨコンロってどうですか？」と聞いたところ、「温度管理できるから、揚げものがつくりやすい」「湯が沸くのが速くて便利」「煮込みはタイマー設定ができる」といった高性能さを挙げる人が多かった。フラットなのでサッと拭くだけでお手入れが済み、火を使っていないときは調理台としても使える、炎が出ないので高齢者や子どもでも安全に使える、などと魅力は多い。一方で、「中華鍋を振る料理ができない」「チャーハンや焼きナスはガスのほうがおいしい」「火の回り方がガスと違うから、特徴をつかむ必要がある」といった声も上がった。そういえば、電子レンジで紅茶を温めると香りが飛んでしまうし、電気ケトルで沸かした湯でもお茶がまずい。ＩＨコンロにしたら、お茶好きの私はカセットコンロで湯を沸かさないといけないのだろうか……。

ＩＨコンロの歩みをさらってみよう。『Ｆａｖ-Ｌｏｇ』（アイティメディア）「炊飯器や調理器でよく聞く「ＩＨ」って何？　どうやって温めるの？　【解説】」によると、ＩＨは金属の近くで磁石を動かすと電気が生じ金属が熱くなるしくみを利用し、鍋やフライパンを直接温める。コンロは温まらないので、触っても熱くない。金属製でない土鍋は使えないが、最近はＩＨ対応の加工を施した土鍋も売られている。

『戦後日本のイノベーション一〇〇選』（公益社団法人発明協会）「ＩＨクッキングヒーター」によると、ＩＨの原理は一九世紀の科学者、イギリス人のマイケル・ファラデーが解明していたが、事業化に成功したのは一九七〇年、アメリカのウエスティングハウス社。日本では一九七四年に三菱電機と松下電器産業（現パナソニック）が事業化した。ＩＨとはインダクション・ヒーティングの略。

『家電ｗａｔｃｈ』（インプレス）二〇二〇年一一月二七日配信記事「ＩＨクッキングヒーターって実は超進化していた！　パナソニック神戸工場で見た歴史と最先端」の情報と合わせて国内シェア一位のパナソニックのＩＨコンロ史を描いてみよう。

初期のＩＨ調理器は、重量が大き過ぎ高価だったので、ホテルやレストランのワゴンサービスで使うワゴン型だった。松下電器産業は小型化、低コスト化に挑み、一九七八年に卓上ＩＨ調理器を開発。しかし、土鍋が使えないためカセットコンロに負け、ビルトインコンロをめざした。一九八三年にはＩＨ技術を利用して炊飯器も開発。今はすっかり当たり前になった高級炊飯器の道を切り開いている。

ビルトインタイプの三口ＩＨコンロは一九九〇年に開発したが、ガスコンロより大きいためキッチンの規格に合わず、苦戦する。二〇〇〇年にガスコンロと同じ規格の商品開発に成功し、二〇〇二年にそれまで使えなかった銅やアルミを加えたあらゆる金属鍋に対応するＩＨコンロの開発に成功した。

二〇〇〇年代半ばには、オール電化住宅人気の波に乗る。二〇〇六年六月二〇日の朝日新聞記事によると、原油高でガス料金が上がる中、電力会社が値下げした結果、二〇〇五年度には、前年度より三割ふえて約二五万戸の家がオール電化で建てられる。特に北陸・四国・中国地方で人気が高かった。二〇一〇年代近くになると、電力会社とガス会社の競争が熾烈《しれつ》になるが、二〇一一年に東日本大震災の影響で福島第一原発の事故が起こると、オール電化ブームの波は引く。しかし、早くも二年後にはＩＨコンロの売れ行きが上向き始めている（『50周年記念誌』「ＩＨクッキングヒーターの商品動向」（日立アプライアンス株式会社　天海洋平））。ちなみに、オール電化住宅の歴史は、なんと一九七七年から始まっている（『建築と社会』日本建築協会、一九八一年四月号）。

二〇〇八年にパナソニックは、横並びの三口ＩＨコンロ「ワイドコンロ」を発売。一般的な俵型三口コン

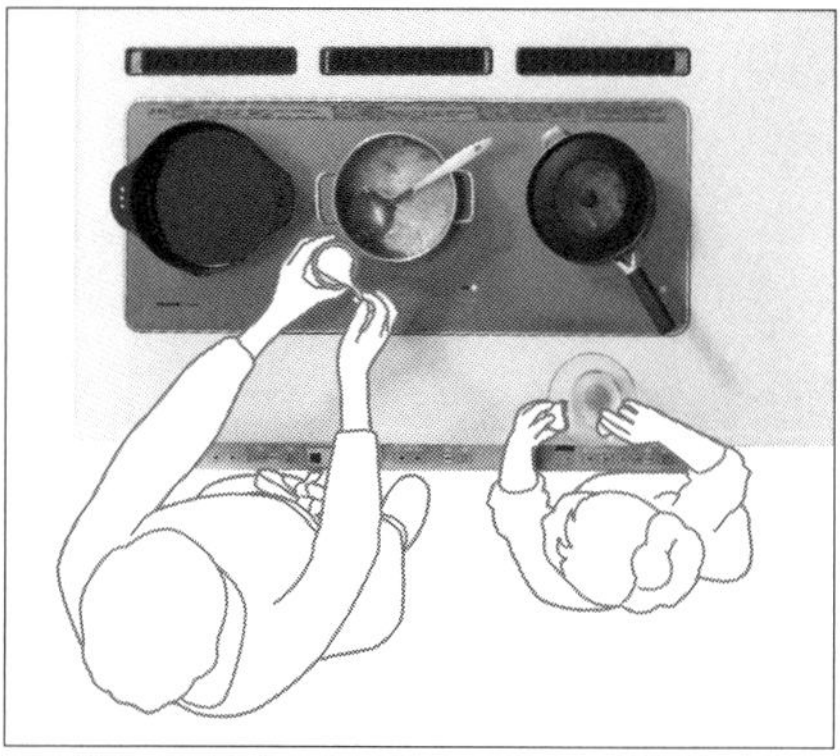

パナソニックの3口IHコンロ「トリプルワイドIH」。ふたり並んで調理ができる。

ロは、奥と手前の火口が近いため、鍋と鍋が接触するなど使いづらさがある。その問題を解決したうえ、手前にできたスペースに皿を置き盛りつけられる、鍋の柄《え》がはみ出さない、といった便利さが売りだ。ただし、天板の幅が広くないと採り入れられない。ワイドコンロを採用すると魚焼きグリルを入れられなくなるので、当初はなかなか売れなかったが、近年はあまり魚を焼かない人がふえ、売れ行きが伸びている（『クックパッドニュース』クックパッド、「作家・阿古真理さんのキッチン探しストーリー：第二編「火まわりをシェアする、いろりダイニング」二〇二一年四月一五日配信記事」）。さらに二〇一〇年にガスのワイドコンロ、二〇一六年に四口IHコンロ、二〇一七年にIH対応グリルパンを発売している。

ビルトイン食洗機がデフォルトになるまで

キッチンの取材をしていると、「最近はほぼ、食洗機をビルトインしたい、とお客さまから言われるようになりました」という売り手の声をあちこちで聞く。二〇一〇年代半ば以降、子育て世代の共働きがふえたこともあり、食洗機は必須、と考える人はふえてきた。しかし、日本では長らく、食洗機は普及率が上がらない家電の代表だった。「家事をラクにしてはいけない」、という呪いがかかった台所の担い手が多かったことに加え、多様な形、サイズの食器を楽しむ文化があり食洗機にうまく納まらない、そもそも食洗機を置くスペースがキッチンにない、という人が多かったからだ。もちろん今でも賃貸住宅に住む人は、キッチンに食洗機を追加することが難しい。別置きの食洗機を置くスペースすらない場合が、少なくないからである。

『40年のあゆみ』「食器洗い乾燥機の最新動向と課題」（松下電器産業株式会社　村瀬清彦）によると、食洗機は一八六〇年にアメリカで「手動式皿洗い機」として発明され、一九〇九年にGE（ゼネラル・エレクトリック）社が「電気皿洗い機」を発売した。日本では床置きの洗濯機のようなサイズで一九六〇年に登場。卓上型は一九六八年に家電各社が開発したが、専業主婦が多く家事の呪いも強力だったので、輸入品と合わせて年間一万台しか売れない厳しい状況だった。

一九八六年に置き型で四五センチ角のコンパクトサイズが発売されると、食洗機市場は一気に拡大した。六〇センチ幅しかなかったビルトインタイプでも、一九八八年に四五センチ幅タイプを出すと人気になった。しかし、一九九七年の消費税率アップで需要が落ちる。そこで消費者調査を行ったメーカーが、ようやく置き場所がない実態に気づく。

『プロジェクトX』（NHK）二〇〇三年一〇月七日放送「食洗機１００万台への死闘～赤字部署の40年～」が、松下電器産業の取り組みを紹介している。番組に出演した谷口裕《ゆたか》が一九八〇年に入社した頃、食洗機開発チームは洗濯機工場の片隅を借りる小さな部署だった。『台所から戦後が見える』にもあるが、一九六八年の『暮しの手帖』（暮しの手帖社）冬号で、「愚劣な食器洗い機～主婦をあまく見てはいけない～」と、当時食洗機を販売していた松下電器、シャープ、東芝の製品に洗い残しが多いと酷評し、他社は撤退している。

『プロジェクトX』に戻る。一九八四年に全自動洗濯機が売れず赤字になり、食洗機の新製品開発の号令がかかった。洗い残しが出ないよう工夫したが、水道の蛇口をつけ替えて使う想定だったため、レバー式水栓が普及してサイズが合わなくなり売れない。

やがてバブルが崩壊し、独立採算で黒字にならなければ開発チームは解散、というところまで追い込まれる。工場から営業に異動させられたメンバーから、「置き場所がない」と客に告げられたことを知り、谷口らも市場調査に行く。東京・多摩の分譲住宅では、調理台がまな板や調味料入れでいっぱいで、四五センチの食洗機を置くスペースなどなかった。そこでシンク横に置ける三〇センチ幅で、どんな蛇口からも水を取れる形に変更し、一九九九年に発売したら、売れに売れて年間一〇万台を突破した。

改めて番組を見ると、生活回りの商品を開発する人たちが、いかに家庭と遠い日常を送っていたかがよくわかった。発想の転換で二度、開発の課題を解決する場面がある。一度目は、主役の谷口が連日の残業で煮詰まっているのを心配し、看護師の妻がテニスサークルに誘い、気分転換させたとき。ボレーでボールを打ち返す場面で谷口はハッとし、水を壁に向かって噴射すれば全体に水流が回り、洗い残しがなくなることに気づく。二度目は、三〇センチにコンパクトする際、再び水流が回らない問題にぶつかったとき。別のメンバーが「仕事を忘れる時間も大切」と、散歩した公園でスプリンクラーを見て、ノズルを回転させればいい、と気づく。激務の彼らは、無理をしないと仕事から離れる時間をつくれなかったことがうかがえる。

一番驚いたのが、ただでさえ狭い調理台を占領する製品を開発したこと。既婚者ばかりの彼らは、なぜ自宅キッチンを観察しなかったのだろうか。それとも、大企業で働く彼らの自宅には、広々としたキッチンがあったのだろうか。

この番組では、戦後昭和に献身的な妻に支えられ、寝食を忘れ仕事に成功するビジネスマンが大量に出てくる。実際、二四時間体制で戦って日本の経済成長は成し遂げられたのだろう。しかしその結果、生活者の視点を置き去りにした製品、サービスが、たくさん生まれてしまった。その一つがキッチンである。次は、暮らしをつぶさに観察してきた、建築家たちの意見に耳を傾けてみよう。

3 建築家たちの理想と懐疑

建築雑誌が指摘した問題とは?

まず、『建築と社会』一九八一年四月号「台所まわりの計画と設備」が、現在につながるキッチンの問題点として興味深い指摘をたくさんしているので、そこから拾ってみたい。

大阪市立大学教授の上林博雄が「総論　台所計画と装備」で、ある有名建築家の妻が、「つぎに自宅を建てるときは夫に設計はさせないと言い切っているという話を聞いた」と書いている。建築史に刻まれた名作住宅のはずだが、キッチンが小さいうえに改良の余地もなく、不便だったことも影響したのか、その後夫婦は離婚した。上林は「建設省や通産省が後押ししているモデル的住宅においても、これらの第一の欠点は台所の収納計画がほとんど考慮されていない、もっと極端にいえば居住者の生活状況を真面目にとらえていないと言わざるをえない」と指摘する。残念ながら、第一章2で紹介した使用者アンケートから、この問題は四〇年以上経った現在まで解決されていないことがわかる。

ヤマハ家具ショップなんば「暮らしの設計室」のキッチンコンサルタント、多田昌子は「システムキッチン――その有効利用」で、「キッチンが住居の中心となるためには、その家族に合ったキッチンがつくられなければならない――これが欧米でのキッチンづくりの原則である」と指摘し、日本は来客スペースにお金をかけてきたが、これからはLDKを大切にするべき、と主張する。また、私が疑問を抱いてきた手が届かない吊戸棚については、窓をつくるために高い位置につける羽目になる、と説明する。しかし私が見た手が届かない吊戸棚の大半は、下は壁で窓はなかった。

千葉大学講師の坂田種男「台所のモデュールの変遷―過去―現在」によると、システムキッチンのサイズは、国際基準のISO規格が一九七八年に、JIS規格が一九八〇年に定められた。キッチンは家具として扱われた時代が長く、「つい5～6年前までは、流し台や調理台の間口寸法はまったくばらばら」だったと記す。今でも十分バラバラと思うが、もっとひどかったのだろうか。

この記事によると、JIS規格はキャビネットの高さや奥行きなどの規格は定めたが、空間に合わせてキッチンを置けるよう、全体的な大きさに関しては自由度があったようだ。今回さまざまな専門家たちから、「キッチン全体の最低サイズは決まっていない」と聞いた結果から考えると、使いづらいキッチンが横行するのは、この空間に合わせた自由度、という考え方が曲者《くせもの》かもしれない。確かに空間に納まらなければキッチン自体が入らないことになりかねないが、まともに作業できないなら、置く意味がなくなるのではないか。

建築家たちに聞いてみた

建築家の野口朝夫さん（P.67）に取材したのは、野口さんが校長を務める専門学校の講師をする私の夫が「部屋探しをしていますが、キッチンに問題があることが多いんですよ」と漏らしたところ、「吊戸棚が高過ぎるとかね」と即座に悩みの一つを言い当てたからだった。

野口さんは、「以前、施主の多くは、台所の使い勝手にあまり関心がない傾向がありました。特に二〇〇〇年代初めまでは、機器類の要望はあっても使い方についてご希望をいただくことは少なかったです。ある人たちは、雑誌の写真に映るような空間で、生活を演じたいという思いが強かったのではないでしょうか」と指摘する。

冷蔵庫がキッチンの一番奥でコンロの正面、という設計が多い話をすると「台所では、買ってきた食材を冷蔵庫へ入れる。冷蔵庫から取り出してシンクで洗い調理台で切り、コンロで火を通し盛りつけて食卓へ、という動線が確保されていることが一番大事です。冷蔵庫がガス台の向かい側にあるのは、その流れに反している可能性が高い」とスパッと答えてくれた。日本建築協会が企画した『図解住まいの寸法』でも、冷蔵庫は入り口とシンクの近くに設定し、ダイニングから使いやすい位置を推奨。コンロ前で距離が近いプランでは「調理の際に使いにくく危険で、ダイニングからも遠い」と批判している。

野口さんは以前、インテリアデザイナーとマンションの設計をする建築家が激しい議論をした場面を目撃した。「インテリアデザイナーが「なぜ、ベッドが入らないような寝室の設計をするんだ」と言ったら、マンションの設計者が「それは俺に関係ない。器をつくれば人はそこで生活をする」と答えた。すべてとは言いませんが、マンションや建売住宅の業者が生活に強く関心を持っていると思ったらいけないです」と話す。

建築やインテリアの教育現場における、生活に根差した発想の弱さを指摘する野口さん。「人間の生活を包む空間、という理解があるとすれば建築学科ではなく、家政学科と住居学科ではないでしょうか」と教えてくれた。

神奈川大学教授でキッチン事情にくわしい建築家の鈴木信弘さん（P.49～51）も、たとえば幅二四〇〇ミリのキッチンでは、水切りかごを置くスペースがなくなるという話から「技術屋は「食洗機があるから水切りかごはいらないだろう」と発想する。ボウルや鍋も洗うことに気づかない。日々仕事に追われて図面を描いているだけだから。今は女性の設計士も多いけど、その人たちも忙し過ぎて家事をしていない人が多いのではないでしょうか」と話す。

では、鈴木さんの現場に即した発想の原点はどこにあるのか、と思って経歴を聞くと、神奈川大学の建築学科を卒業後、東京工業大学で助手として都市計画などに携わり、建物の設計はガソリンスタンドが始まりだった。「僕は修業のもとがなく、手探りで住宅を設計してきました」という鈴木さんは、東大や早稲田、藝大などの主流の建築家キャリアを客観的に見てきた。流派に囚われず、施主の生活をきちんと考えてきたから、実情に沿った提案ができるのだろう。

生活者視点の建築を教える女子大

住宅「建築」について語る雑誌や書籍は、空間の魅力やデザインのディテールについて芸術鑑賞的な視点で書くが、使い勝手は二の次になっているように感じる。それは語り手が家事の担い手ではないため、住まいがはたらく場でもある、という視点が抜け落ちているからではないか。一般的な建築学科の教育が生活に根差していないらしい問題について、『a＋u』（エー・アンド・ユー）二〇二二年一月号「住居学と日本の女性建築家」特集が解説している。

日本女子大学で住居学におけるデザインを教えてきた小川信子は、「工学部建築学科で住居に力を入れている大学はあまり見当たりませんし、（中略）建築学科だと生活を中心に考える機会が少なくなってしまうのではないかと感じています」と話し、住居学と建築学の違いは、「生活からものを見るという視点だと思います。建築という言葉には工学的な強さがでてしまいますが、日常の私たちの行動を尺度に考えることはとても大切です」と語っている。小川は、日本女子大学を出て東工大の清家清研究室で学び、最初の女性建築家、土浦信子（P.200〜201）の夫、土浦亀城の事務所で働いた経験がある。

この特集は、金沢21世紀美術館の設計で脚光を浴びた妹島和世など、女性建築家を輩出してきた日本女子大学の教育に焦点を当てている。第三章でも紹介したように、戦前は原則として女性は大学に入学できなかった。一九四七年の教育基本法で男女共学が定められてから、大学は女子学生を受け入れ、女子大も設立された。

「イントロダクション：住居学と日本の女性建築家」(貝島桃代)によると、一九〇一年に設立された日本女子大学校には、設立当初から家政学部が開設され、衣食住の一分野として住居学が誕生した。専門学校の扱いだったが、一九四八年に大学として認められる。自主性を重んじる精神のもと、学生たちは卒論のテーマに合わせて指導教員を探す。「住居学から考える学びの場」という対談で、妹島と現学長の篠原聡子が「何もないところから新しく住居学科をつくろうとした」時代に、いろいろな背景を持つ講師が集まり、住宅を通して建築を考えるプラットフォームをつくった、と話し合っている。

日本女子大学は、二〇二四年に建築デザイン学部を設置した。篠原学長は、「住むことから考えるスタンスや、生活への繊細なアプローチを変えるつもりはない」、建築家を輩出してきた「実態に名前をそろえる」(朝日新聞 二〇二三年六月七日の記事)と話す。このほか、二〇一一年の工学院大学を皮切りに建築学部をつくる大学がふえており、女子大では二〇二〇年に武庫川女子大学、二〇二三年に共立女子大学が建築学部をつくっている。女性建築家が増加すれば、生活者視点の建築がふえるのだろうか。

林雅子の住宅とキッチン

日本女子大学の第一期生の一人が林雅子である。第一章4と5でも取り上げたように、林は一九五二年に竣工した最初の「Oさんのすまい」から、暮らしの中心にある先進的なキッチンを設計してきた。

林の事務所の弟子だった白井克典さんによれば、女性の発言権が強い施主が多く、「暮らしの達人で、女性の地位向上の活動をするなど文化人が多かった」。林も一九六〇年代に、農家の台所改善などの活動も行う。自邸の「私たちの家」を増改築した一九七八年には、ドイツの高級キッチンメーカーのジーマティックを入れて使い勝手を研究している。その際、天板を長く延ばして一部をワークスペースにした。『住宅建築』二〇〇六年七月号の「林雅子という建築家」特集で紹介された図面を見ると、LDKは増築部分に移し、キッチンの前に日常のダイニングテーブル、ワークスペースの前に来客をもてなす食堂を設け、キッチンの前とダイニング側に窓をつけている。キッチンは南向きがいい、と一九五〇年代に語り、自邸でもそのようにした。

林の思想を、白井さんは『住宅建築』二〇二二年四月号「林雅子の建築 その1 傾斜地に建つ家」で次のようにまとめている。「住む人の生活の姿のはっきりしない人籍不明の家はつくらない」「環境、その地域の文化や風土、その土地の持つ固有の特性に合わないものにしない、あいまいな空間をつくらない、〈こと〉を複雑にし、〈もの〉を付加することをしないこと。『INAX REPORT No.147』（INAX）二〇〇一年六月号の林雅子特集では、林の夫でやはり建築家の林昌二《しょうじ》が、生活を非常に重んじた設計だったと振り返り、目につかないよう工夫した収納が「べらぼうに多い」と語る。だから、「〝骨組〟がしっかりしていないと後にぐしゃぐしゃになってしまう」と分析する。土地とのつながりを大切にするため、イランやインドなどのアジア各地を旅行し、比較することで日本の住宅を考えていたことも、昌二は振り返っている。

明確な骨格を持つがゆえに、林の建築が周囲と浮いてしまう問題も起こった。『建築家　林雅子』（「建築家　林雅子」委員会編、新建築社、二〇〇二年）に収録された「林雅子さんの住宅が語りかけるもの」（長谷川堯、初出『新建築住宅特集』一九八六年一一月号）は、アントニン・レーモンドの影響を感じさせる、林の設計した家があることで、「周囲の一般的な住宅が何かあまりにも弱々しく貧弱に見えてしかたがない。逆にいえば、この住宅が一軒だけ辺りを払うような強さで建っている」ことが気になる、と指摘する。土地と環境に合わせてつくったはずの家が、そうした配慮がない家に囲まれ浮いてしまうのは皮肉な話だ。同じく収録されている林自身の論考「住宅のゆくえ」（初出『建築雑誌』二〇〇一年一月号）では、ハウスメーカーの住宅が「ここまで商品性に徹してこられると、もともと素人である顧客に対して、残酷なことだと思う」「素人には想像出来ない可能性を拓いてみせることこそ、時代を導く企業の役割ではないのか」と指摘する。売れるから、という理由だけでキッチン奥の冷蔵庫が設計される問題へも通じている。林雅子とは、どんな人だっただろうか。

女性差別が当たり前の時代に育って

林は日本女子大学時代に東工大の清家清研究室で学び、卒業後にしばらく助手として働いていた。『建築家　林雅子』「住居がデザインされてきた時代」（植田実）によれば、清家の一九五一年のデビュー作「森博士の家」について、「プランを見たら何とそれが畳の部屋が二間続きで、廊下があって、時代遅れもいいとこではないか」と悩み、翌年竣工した最初の「Oさんのすまい」で、寝室四つを家の四隅に置き、真ん中にキッチンを持ってくることで「個室の独立性と、家族構成の変化に伴う住機能の可変性とを満足させようとした」。民主主義が輝いていた時代の表れ、と著者の植田は観ているが、浜口ミホの『日本住宅の封建性』（P.165〜166）の影響もあったのではないか。同記事によると、一九五五年に建てた林の自邸に、玄関土間はなかった。

『建築家　林雅子』で、林と同人の建築家山田初江と中原暢子、林昌二の座談会で、山田たちも浜口ミホの影響はあったと認める。林とともに一九五三年に女性建築家の会「ポドコ」を設立した際も、浜口に話を聞く、見学に行くなど勉強会を積極的に実施した。

『建築家　人と作品』（下）によると、林は一九二八（昭和三）年、北海道旭川市の

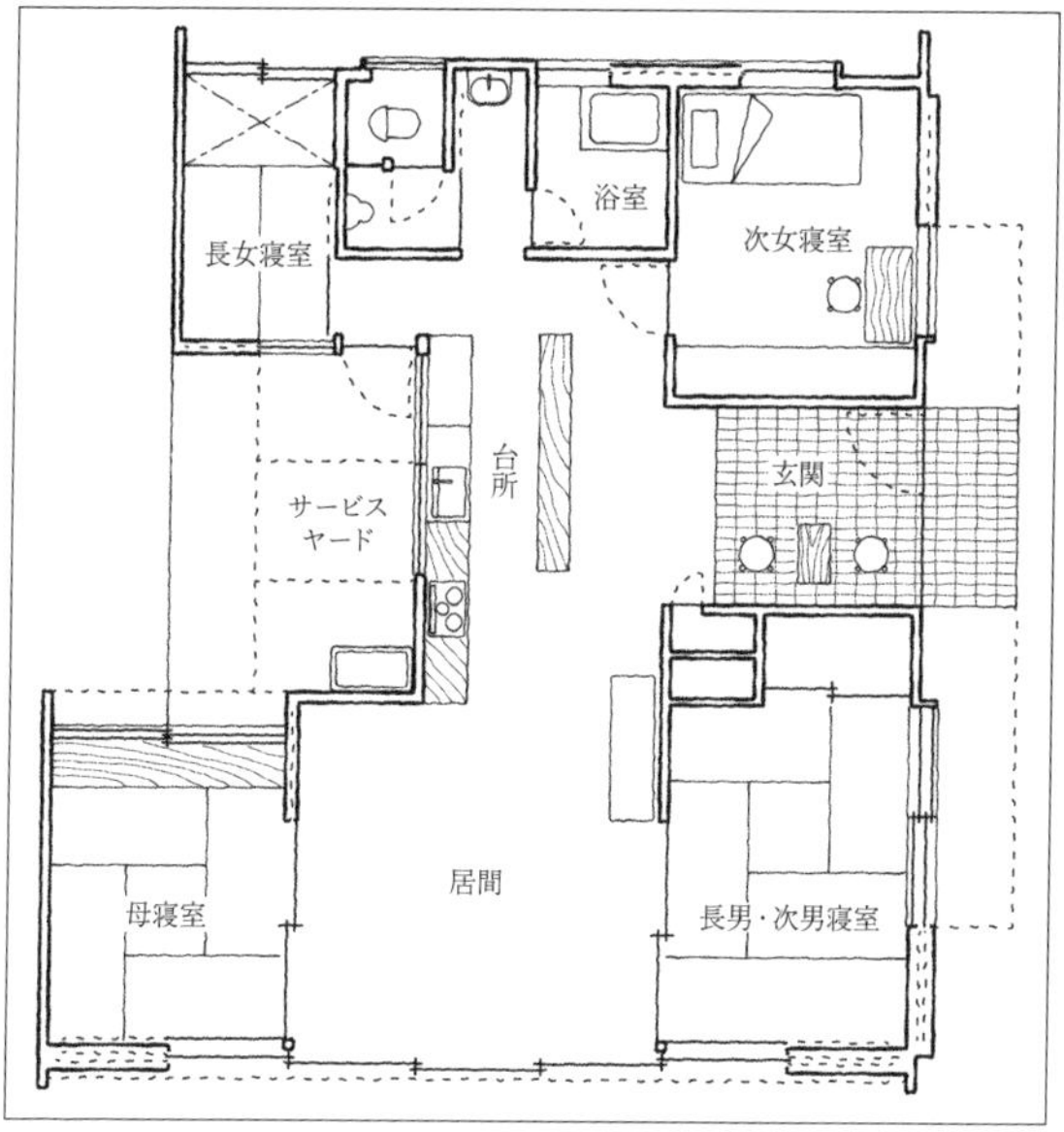

林雅子が設計した「Oさんのすまい」平面図（1951年）。

紙問屋の長女として生まれた。下に弟が二人。女学校を卒業したのが一九四六年。父と死に別れたところで、自立できる仕事を求めたが、当時女性の専門職として一般的だった医師や教師にはなりたくなかったため、まずは日本女子大に入り、家政科で料理を学び始める。在学中に新制大学になったので、生活芸術科で住居を学ぶ。外来講師としての卒論の指導者が清家清だった。清家は一人一人の自主性を重んじ、在学中から設計を始めた林の作品に口出ししなかった。女性の待遇向上などを目的にした団体「ポドコ」を一三人の女性で設立したのが一九五三年で、一九五八年に林・山田・中原設計同人を設立する。

『建築家　林雅子』「「雅子風」の原風景」(小谷部育子)は、林が、住居が人生に大きな影響力を持っているにもかかわらず、住居研究が軽んじられていると卒論で指摘したことを引用している。

林の旧姓は山田。祖父が新潟県柏崎市から旭川に移り住み、一九二二年に紙問屋を開業。地域でも信望が厚かった。父は慶應義塾大学を出て、子どもたちにも読書をすすめて本について語り合うリベラルな人物。与謝野晶子などの知識人の来客も多かった。しかし一九四四年に亡くなり、母が家督を継ぐ。住まいは職住一体型で、来客は主に縁側から出入りした。従業員は炊事場で食事を摂り、家族は居間で食べる。リベラルな家風でありつつ、伝統的な骨格を持っていたことが、雅子の批判精神を培ったと小谷部は分析している。

弟が進学した旧制中学校に比べ、女学校は英語の授業が少なく、家庭でも自分だけが家事を手伝わされることに不公平感を抱いていた。小学校時代に大病で一年留年している。「北海道育ちのおおらかさ」と評されることが多いが、器の大きさはもともと素質があり、リベラルと伝統が共存する環境でジェンダーへの視点が育ったのではないだろうか。

大学では寮で自治的な共同生活を営む。在学中の一九五〇年に、上京して別々に住んでいた弟たちと、清家研究室がある東工大に近い世田谷区尾山台に家を買って一緒に暮らし始める。やがて母も家業を畳んで上京し、同居する。

清家研究室の後輩だった林昌二と結婚したのは、一九五六年。当時は融資の条件が厳しかった住宅金融公庫の審査に、一発合格したことがきっかけである。海外旅行を始めたのは一九六九年の四一歳からで、ソ連と北欧が最初の目的地だった。以降、毎年のように夫婦で旅行するようになる。

『建築家　林雅子』の植田実による林昌二へのインタビューで、建築雑誌はあまり林を取り上げなかったことがわかる。専門誌以外のメディアは、女性建築家を大正―昭和の台所改善運動からの流れに「位置づけようとしていたけれども、雅子さんの姿勢はそれとは違うわけですよね」と植田が聞くと、昌二が「家政科出身だから、私は住宅を大事にするという点は、よその建築家とはちがうけど、台所に押し込められるのは願い下げ」と意識していたことを明かす。白井さんによると、林は建築雑誌ではほぼキッチンについて語らない一方、女性誌では特に一九六〇年代に盛んに書いていた。キッチンを重視しているにもかかわらず、その話を業界内ですれば「女性らしさ」に押し込められるリスクが大きかったことを思わせる。

個人としては料理が好きで得意。昌二は「ご飯を炊くのとてんぷらを揚げるのが僕の役割で、あとは雅子がやる」と話し、林が帰宅するまで食べずに待っていたという。対等に議論する夫婦ではあったが、基本的に家事の大半は林が背負っていたのではないか。浜口と同様、林夫妻にも子どもはいない。昌二は常に雅子への敬意を口にするが、記事を読む限り、そこには妻を夫の下に置きたがる世間への抵抗意識もあるように見える。

民芸が好きで、柳宗民《むねたみ》、剣持勇、榮《え》久庵《くあん》憲司、亀倉雄策といった昭和後期を代表するデザイナー、園芸家ともつき合いがあった。『INAX REPORT』で部下の加藤宏之は、「雅子おばさんは眠ることと食べることが大好きです」と記し、移動の車中ですぐ寝る、気に入った駅弁や地元の総菜を二度と忘れない、時間がなくても那須のおいしい茶店の前を素通りはしないなど、地に足が着いた人だったことを書いている。

林夫妻を、「お二人の間には、本当にゆったりした時間が流れている感じ。昌二さんが亡くなる直前に、雅子さんの写真を見つけてお持ちしたら、すごく喜んでくれて、昌二さんは雅子さんラブな人だった」と振り返るのは、宮脇彩《さい》さん。彼女の父は宮脇檀。家族ぐるみで仲が良く、宮脇檀は一度バリ島へバカンスに行って溺れかけているのだが、その旅にも彩さんと林夫妻が同行していた。

熱狂的ファンがいた宮脇檀の素顔とは？

第一章4でも紹介した宮脇檀は生前、メディアへの登場が多く、単著だけで三〇冊以上ある。先の溺れかけた体験もいち早く自分で記事にし、最晩年にはガンを発病したことまで書いている。

現実に即したキッチンと住居を設計できたのは、シングルファーザーで、吉村順三を師としたことがベースにある。発信の多さは、人々に対する啓発意識も強かったからのようだ。

離婚後に宮脇が住まいとしたマンションで、彩さんから話を聞いた。彩さんは一九九八年一〇月、六二歳で亡くなった父について思い出を綴ったエッセイ集『父の椅子　男の椅子』（PHP研究所、二〇〇一年）を刊行している。こちらも参考にしつつ、娘が見た宮脇檀の素顔に迫ってみたい。

彩さんは一九六八年に生まれ、吉村が設計し、父が改装した母の実家で育った。二つ下に弟がいる。母の宮脇照代はインテリアデザイナー。両親が事務所を自宅に置いたので、仕事と生活が入り混じる環境で育った。離婚後も、父は住んでいたマンション内で最大三部屋を事務所にした。公私が混じる環境を好んだのは、自身の両親がそうだったかららしい。

檀の父は洋画家で宮脇晴、母はアップリケ作家で宮脇綾子と言い、名古屋市に住んでいた。たとえば高級品だったメロンをいただくと、まず父が

1970年代の宮脇宅。9畳のダイニング・キッチン。左は彩さん。中央が宮脇檀（写真提供＝宮脇彩）。

デッサンする。食べよう、と包丁を入れると母が美しさに感動し、作品の構想を練り始めるため、本当に食べられるのは熟れ過ぎになってから、という家庭だった。

彩さんは子どもの頃、両親の眼鏡にかなったおもちゃしか買ってもらえず「彩ちゃん、デザインなんて大っ嫌い！」と叫んで、父の仲間たちにおもしろがられてしまうほどだった。「父の口癖が「かっこいいことはいいことだ」で、かっこいいか悪いかで生き方も暮らし向きも判断する人でした」と話す。施主に美意識の高さを要求し過ぎた側面もあったのではないか、と彩さんは振り返る。

両親の出会いは、父が藝大時代にアルバイトをした、『モダンリビング』（当時は婦人画報社）の編集者だった女性が、法政大学の建築学科にいる娘、照代の卒業制作を手伝って欲しい、と頼んだことがきっかけで、やがて結婚する。彩さんは、父が名作椅子をコレクションし始めたときも、場所を取ってしまう、お金がかかるなどの理由で母が怒った様子はなかったと話す。それどころか一緒に椅子を選び、やがてインテリアを輸入するハードウエア商会を友人たちと始める。夫婦ともに社交家で料理が大好き。「母の仕事も父は応援していました」と彩さん。

千駄ヶ谷時代は建築家や写真家の仲間と家が近く、しょっちゅう行き来していたという。スタッフや友人と食事をする中で、客の目の前で使うコンロつきキッチン&ダイニングの構想も生まれた。当時は珍しかった自動製氷機能つきGEの大型冷蔵庫、大型のガスオーブン、業務用のハイカロリーバーナーも入っていた。料理する人の姿が見えキッチンに入りやすいから、自然に手を出す人が出てくる。彩さんは、小学生のときにいきなりサンドイッチをつくって両親を驚かせ、父は教育効果まであるキッチンをつくった、といばる。

　しかし、多忙過ぎた両親は彩さんと弟を私立小学校に入れ寄宿生にした後、ケンカがふえて離婚に至る。子ども二人は母に引き取られたが、思春期で母と衝突がふえた彩さんは、一四歳から父のもとで暮らす。父は離婚の反省もあったのか、食事だけは必ずつくって一緒に食べ、その後再び仕事に向かっていた。

　父は彩さんにほとんど家事をさせず、平日の夕食は通いの家政婦に任せた。旅行社が主催するヨーロッパの建築見学ツアーで講師を務める際も、彩さんを連れていった。終点をパリに設定し、二人で買いもの三昧。ふだんの週末も、一緒に買い出しに行く、大型書店でお互いに好きな本を買い込む仲良し親子だった。彩さんが一九九四年に結婚したときは大変で、当時を知るプレハブ建築協会の百瀬深《ふかし》は「ご機嫌斜め」な彼をなだめると「頭じゃわかってても子宮が許さんのよ」とふざける姿を記憶している（『家とまちなみ№39』「追悼 宮脇檀」住宅生産振興財団、一九九九年三月号）。その少し前、母がくも膜下出血で倒れ亡くなった。入院した母親を見舞う娘に付き添う彼を見て伴侶として認めたようだ。

　まもなく咽頭ガンに侵された父は、病院のベッドにお気に入りの作品を飾るなどして生活らしい空間に整え、彩さんが差し入れるスープなどを食事にした。「血の滴るようなステーキが食いたい」というリクエストに応えるため、彩さんは柔らかい部位の小さなステーキに赤ワインを添えて出したこともあった。

　父の得意料理は、ローストビーフなど肉の塊をドーンと焼くような豪快で手順がかんたんな料理。「繊細な小鉢とか白和えなどは、結婚してからレシピ本を見てつくるようになりました」と彩さん。週末に二人で合羽橋へ行き、寸胴鍋などを買う。疲れたときも気分転換に料理する。カウンター式の割烹やビストロで外食し、料理人の手元を見て技を盗もうとする。おいしいものを食べるのもつくるのも大好きな人だった。

「父は子どもの頃、一人で黙々と戦闘機の絵を描いている子だったらしく、後年「聞いて聞いて！」と積極的になったことに、名古屋時代の知り合いは皆びっくりしたと聞いています」と彩さん。自身は、「うちには主婦がいなかったし、私は料理も買いものも好きなので、早く主婦になりたかった」と、航空会社を結婚退職して主婦になった。たまに頼まれてエッセイを書くが、おこがましくて「エッセイスト」とは名乗れない、と謙遜する。

宮脇檀の人とキッチン観

宮脇檀は一九三六年に生まれ、高校時代まで名古屋市で過ごした。「宮脇檀の住宅地設計の思想」（小川正人・高尾忠志・樋口明彦・榎本碧、景観・デザイン研究講演集№8、二〇一二年一二月）によれば、高校時代にＧＨＱのアメリカ人将校の肖像画を描いたことがきっかけで、アメリカの雑誌を入手し、工業製品の美しさからデザインに興味を持つようになった。父が教師を務める学校に講演で来た柳宗理に助言を求めたところ、藝大の建築科をすすめられて進学先を決める。

藝大を卒業後、東大大学院へ進学して都市計画を学び、朝吹一級建築士事務所を経て、一九六四年に宮脇檀建築研究室を設立。後年、静岡駅前商店街再開発や真駒内住宅地などの都市計画に携わったが、生活や空間に対するリアリティが欠如する計画に疑問を抱いていた。

『家とまちなみNo.39』で百瀬は、「高校時代スキーの距離競走では、団体で愛知県の代表選手にもなった健脚で、塔や建物の屋上など高いところに走って登り見下ろして全体を把握するようにしていた」、サービス精神も食欲も旺盛だったと振り返っている。

『住宅という場所で』（ギャラリー・間企画・編集、TOTO出版、二〇〇〇年）の座談会で建築家の山本理顕が、宮脇の生活観は具体的で「自分の身体の延長が『建築』である」という倫理観を持っていたのではないかと語り、藝大で自身も鍋のふたをどのような動作で取るのか、といった具体的な動作を求められた体験を話している。

宮脇の住宅およびキッチン思想を著作からたどってみよう。『宮脇檀の［間取り］図鑑』（山崎健一、エクスナレッジ、二〇一二年）によれば、人の動きに沿ったシンプルな間取りにする、回遊動線をつくる、見通しをよくするなどの工夫を行った。暮らしに対する配慮の技術と思想に、レーモンド→吉村→宮脇の系譜が見て取れる。スペースを無駄なく使いつくす設計から、林雅子との共通性が感じられる。

キッチンにダイニングテーブルをつなげる設計も多い。その際、要望に応じて、人に見せたくないときは隠せる引き戸をテーブルとキッチンの間に入れる工夫もしている。第一章3で紹介したような土間キッチンもつくっている。

『宮脇檀の住宅デザインの教科書』（中山繁信、エクスナレッジ、二〇一四年）のキッチン内のレイアウトには、冷蔵庫が出入り口から遠いプランが一つもない。吉村の教えと自身の体験から、こうしたレイアウトにしたのだろう。それにしても、没後一六年経っても実用的とされた持続力に驚く。

『暮らしをデザインする』（宮脇檀、丸善ブックス、一九九五年）は、当時の主婦たちが大量の道具や皿を入れるために、キッチン空間を埋め尽くす吊戸棚を求めていたことを記す。しかし、完成した家を訪れると、「本当に必要な食器類は半分くらいしか入ってなくて、後はどうでもよい——それもどちらかというと軽いものが突っ込んであることが多いのがわかる」。この実態を知った宮脇は、日本の調理用具の多くが重いことに思い至る。やがて台所の担い手たちも気づき、吊戸棚なしのキッチンが流行する。

日本の住宅政策にモノ申す

わかりやすい言葉で住宅の歴史なども解説していた宮脇は、最晩年の『宮脇檀の「いい家」の本』（PHP研究所、一九九八年）で、日本の住宅事情への批判も行っている。「ヨーロッパの賃貸アパートは、かなりしっかりとした建物である。（中略）低所得者用の賃貸住宅でもパリにはそれこそ宮殿ではないかと思えるような、立派な建物がアパートだったりする」と書く。一方、民間企業が賃貸住宅を経営する日本では、安普請の建物しかつくれない。また、戦中戦後の家が足りない時期に悪徳家主を抑えようと借家人の権利を保護し過ぎた結果、賃貸住宅経営者が一気にへったことを指摘する。

宮脇は解決策として、賃貸ビジネスがきちんと成り立つようフランスなどが行っている、貸し手・借り手双方へ国が補助し家賃水準を下げる方法を提案する。公営住宅には「きちんとした造りの家を供給する義務があるはずではないか。そして、それを安い家賃で貸す」という意見には大きくうなずいてしまった。UR賃貸住宅で、カウンターをダイニング側に延ばすことで調理台にさせようとするキッチンや、居室の一つは四畳しかなく、キッチンの背面が狭く棚もロクに置けないが、LDが一二畳もあるアンバランスな部屋もある。しかも、なぜか周囲に水準を合わせるため、家賃は公共住宅と思えないほど高い。都営住宅では、小部屋に小さなL字型キッチンがあり、入り口がすべての部屋の出口とぶつかるキッチンを見たこともある。そのキッチンには、ゴミ箱を置くスペースもなかった。

都市計画にも携わった宮脇は、住宅だけしかない郊外住宅地開発にも疑問を抱く。職場と生活、多様なライフスタイルの人たちを包み込む計画が必要とも指摘。「官が、これまでのように家を持ちたいという人だけを優遇するという「持ち家政策」から、いろいろな形で賃貸を促す政策に転換することによって、みんなが都心の賃貸住宅で豊かに暮らすことができるようになるはず」とも書いたが、宮脇が改善のチャンスと見込んだ二一世紀初頭の再開発では、便利な都心では過剰な商業施設、タワーマンションが集中し、中流生活者が旧耐震基準のマンションを買ってリノベする状態になっている。遊びや息抜き、仕事ができる空間が不足する郊外の住宅地は限界集落化し、都心と郊外の住宅価格、賃貸価格の差を広げている。

「都会に住むためには、私たち一人ひとりが持ち家にこだわるという農民意識から脱却するとともに、国や地方公共団体がありとあらゆる方法を使って、賃貸住宅促進政策を行う必要がある。世界の各国で、あらゆる大都会で、それぞれの政府が行っているように」とあるが、その声は政府やデベロッパーには届かなかったようだ。

収録された住宅生産振興財団主催のセミナーの講演録では、戦後の住宅政策を語っている。第二次世界大戦終結後、他の国の政府は、最大課題として住宅建設に励んだが、日本の政府は四二〇万戸もの不足が明らかになっていたにもかかわらず、政府はお金がない、と宣言して住宅に予算を割かなかった。アメリカその他からの援助金は、鉄と石炭の生産に回す傾斜生産方式で使われ、日本はわずか五年で鉱工業生産を戦前レベルに戻す。日本の奇跡の復興と経済成長は、国民の住生活を犠牲に成し遂げられたのである。

こんなわかりやすい説明ができる人気者の建築家が、二一世紀の到来を待たずに亡くなってしまったのは、大変残念だ。最終章は、こうした住宅政策に関わる不動産の歴史から、貧弱なキッチンが横行する実態の背景を解き明かしたい。

不動産屋から見た日本のキッチン事情

対談　まち暮らし不動産主宰

齊藤志《し》野《の》歩《ぶ》さん × 阿古真理

第一章7.で紹介したシェアキッチン「okatte にしおぎ」の設立に関わったエヌキューテンゴ（N9・5）の代表であり、「まち暮らし不動産」として、不動産のコンサルティングなどに携わる齊藤志野歩さんと、日本のキッチンの問題を話し合った。

阿古　私は七〇平方メートル以上の賃貸住宅を探して、賃貸マンションやオーナーが住んでいた物件、分譲賃貸など多彩な部屋を合計一年以上、数十件見てきたのですが、イ

okatteにしおぎの通路幅1000ミリの広々とした2列型キッチン。壁付、アイランドの両方にコンロとシンクを備える。調理や片付けなど、複数人が同時進行で作業できる。

チから料理をつくる環境とはとても思えないキッチンや、謎の間取りや動線の部屋がたくさんありました。住み手のことを考えて提供される住宅は希少なのですか？

齊藤　日本の賃貸住宅は、つい最近まで相続対策で建てる場合がほとんどで、あとは政策的に画一的な住宅を効率よくつくる公共住宅しかありませんでした。オーナーもあまり住宅の設計には関心がなく、ハウスメーカーの標準仕様品や工務店がつくるキッチンを入れるだけで、多くの人が設計に関わることもない。使い勝手より、平面に納まることが重視されています。

住宅設備は、メーカーさんが使い勝手のよい製品を開発してきましたが、それを「なぜこの形に並べるのか」、と考えてしまうケースは多いです。

私の周りは似た者が集まるせいか、住みやすさを大事にする業界関係者がふえた印象がありますが、世の中全体から見れば爪の先ぐらいだと思います。ただ、人口はへるしモノは余る状況で、価値を上げないと住んでもらえない、とやっと皆さんわかってきたという手応えはあります。

日本の住宅にはもともと、つくる理由が二つありました。一つは住みたいからつくる。二つ目は相続に向けて土地の評価額を下げるために、つまりお金を借りたいから建てる。住む人のためにつくっていない住宅が、日本ではかなりの割合を占めますが、それは税制上の理由もあります。上に何が建っているかで、土地の価格がこんなに変わる国は少ないと思います。相続税も重

「住宅を建てる理由が、住む人のためでない場合が日本には多い。住み手の暮らしを考えてつくる時代は、これからです」（齊藤）

いので、土地を持っている人の負担をへらすサービスが発展しやすかった。

阿古　日本ではプロの賃貸住宅経営が発達していない、とも言われます。

齊藤　それは、賃貸住宅経営業の査定力が、日本の銀行になかったからです。一九八〇年代頃は、住み手も賃貸住宅を終の棲家と思っていないから、不便でも数年がまんすればいい、と思っていたんですよね。一生賃貸の可能性が見えてきたのはリーマンショック後ぐらいで、その後原発事故が起こって、「すぐに移れる賃貸がいいよね」という考え方もふえます。

　銀行は長い間、住宅ローンを貸し出す政府資金貸付業みたいな商売をやってきたので、賃貸経営に投資する必要がなかった。日本でリート（不動産投資信託）が解禁されたのも二〇〇一年で、欧米より遅れていました。

　不動産の査定は、バブル崩壊後に入ってきた外資系の銀行が得意で、私はそういう業界にもともといました。最近は個人投資家や規模が小さい私募ファンドもありますし、賃貸マンションをつくって投資する環境が育ってきたので、いい住宅をつくらないと借りてもらえない、という市場になってきました。

阿古　改めてお聞きしたいですが、齊藤さんはどのような経験を経て、今のお仕事をなさっているのですか？

齊藤　両親が設計士だったので、何となく不動産方面に来た感じです。大学は慶應義塾大学湘南藤沢キャンパスで、町のシステムをよくする方法を考える地理学などを学びました。ゼネコンは合わないと思い、金融寄りの不動産会社に就職しました。会社の規模が小さかったので、駆け足ですが一通りの経験をさせていただいています。個人相手の不動産販売、企画営業、商業用の開発、金融ファンド、リゾート開発までやったところで妊娠し、産休中にリーマンショックがあり、震災後に退職しました。

職場復帰した際、時短勤務にさせてもらったので、六時に子どもを迎えに行ったらその後ヒマだから何かしよう、とNPOのコレクティブハウジング社に参加させてもらいました。夫が出張がちでワンオペ状態になり、子どもはすぐ泣くし、食事していても「これのどこが家庭のだんらん?」という状況に陥りました。このままでは育児ノイローゼになってしまう、といろいろなところにアクセスし始めたんです。

コレクティブハウジング社で、みんなが順番にご飯をつくって一緒に食べていたのがいいなと思って、同社で知り合った人たちとエヌキューテンゴをつくり、まち暮らし不動産を始めたときに、似たことをやりました。住んでいる阿佐ヶ谷の駅前にレンタルキッチンを見つけて行った、「おたがいさま食堂」という月一度ぐらいの活動です。お母さん仲間、飲み友達、近所で会った人、祭りの手伝いで会った人など誘い、三〇人ぐらいでご飯を一緒につくって食べる。やってみると、来る人がやたら楽しんで帰っていくんです。料理するときは、横に立って同じモノを見ながら作業する。共同作業することがすごくよくて、場づくりさえできてイヤな思いをしなければ、人は来るんだとわかりました。

その頃に子ども食堂も流行り始めたんですが、困った人を助けるという正義のりきみがしんどく感じてしまい、来たという人たちもいました。最初は保育園のお母さん仲間と始めようと考えたのですが、お母さんたちは忙しい時間帯が同じだから助け合えない。「助け合いたい」とか「役に立ちたい」ということを言わないで、いろいろな人が集まるほうが、結果的に助かるのだ、と思い至りました。

阿佐ヶ谷のおたがいさま食堂は三年で終わりましたが、この名前は著作権フリーで誰でも使っていい、としたら、いろいろな人が活動し始めた。うれしかったのは、熊本地震の後で「食堂熊本」を始めた人たちがいたことですね。みんな何かしら困りごとを抱えていますが、居心地がよければポロッと話したりする。それで心は軽くなるのではないでしょうか。

不動産も、あまりハードに頼りすぎないほうがよい、と思います。okatteにしおぎでは、便利グッズや食洗機は入れず、どこに何があるかラベルで示したりしない、などわざと少し不親切にしています。そのほうがお互いにコミュニケーションするからです。

悩みもそうですが、「一人で戦わなくていい」とわかると、必ずしも解決しなくてもいい問題がふえてくる。困った相手がいるとして、本人と話せば実はそんなに問題は大きくなかったとわかったりもするんです。日本人の悪いクセは、話し合わないで勝手に想像して悩みを大きくしがちなことではないでしょうか。

阿古　お話をうかがっていると、齊藤さんがかっちり枠組みを設定するのではなく、不動産の困りごとを持ち込んでくる人の相談にのりながら解決法を探る、という仕事の仕方をしていく状態と意味がわかってきました。

齊藤　技術的な解決方法はインターネットで調べたり、不動産屋に聞けばわかるんですが、選べない理由は別にあったりします。

阿古　キッチンの問題に話を戻します。私はさんざん難のあるキッチンを見てきたわけですが、内見した一つに、交通量が多い道路に面した窓は二重窓にし、四階しかないのにエレベーターをつけ、エントランスを植栽で整えた賃貸マンションがあったんです。ところがキッチンは、コンロ前の通路が六三センチしかない。油が跳ねたときに壁に背中をぶつけないのか、火傷はしないのかと心配になりました。他にも理由があって断ったんですが、そういう危険なキッチンがときどきあるのは、なぜなんでしょうか？

齊藤　キッチンには、火事を出さないなど個別の設備に対する安全基準しかなくて、組み合わせたときの安全基準はないことが、大きな問題だと思っています。でも、もし基準の設定を厳密にやれば、そもそもキッチンをつけられない物件が多くなってしまうかもしれません。実際、浴室にシャワーしかない部屋はふえていますし、そのうちキッチンをつけられない物件はふえていくと思います。

個人の建築事務所の人たちは仕事をしながら生活もしているのですが、デベロッパーの設計室にいる人たちはサラリーマンで、男性も女性も昔は二四時間体制で働く人たちでした。今はそこまで働かないと思いますが、日中家にいる人たちを想像しないで、モノをつくってきたと思います。

阿古　先日、引っ越したい原因となった、隣の敷地に建てるマンションの説明会に行った際、「私は在宅の仕事なので、工事の音がどのぐらい出るのか知りたいです」と質問したら、他の女性も「私も週の半分はリモートです」と言う。それを聞いた企画会社の人も建設会社の人も、ハッとした顔をする。住宅地では、在宅勤務の人も主婦もリタイヤした人も、子どもも病気の人も、日中家にいるのに、そのことに気づいていないみたいで驚きました（工事開始時、できるだけ静かな重機を使う旨の通告が来た）。

齊藤　どうかしていますよね。確かにプランニング上どこもかしこも快適にはできません。しかし、個別の建物以前に、住宅地の設計で間違っていることがあります。たとえば杉並区は八割がたが住居地域ですが、日本ではそうした住居地域と商業地域をミックスしていく設計があまりありませんでした。また、南を表向きにしたら、通りの向こうの家の裏側を見る形になる。たとえば四街区を一緒に建てて入り口近くに駐車場を四つつくる、という計画にすれば家の前がオープンスペースになって庭が連続し、裏側を見せ合わずに建てることができる。それをしないのは、単純につくるのが一番効率的だからです。買うほうも気にしないから、こういう住宅地ばかりになるので、そこは共犯関係と言えます。

阿古　なるほど。根深い問題があるのですね。キッチン自体で言うと、ほかに吊戸棚に手が届かない、動線が悪いなどいろいろありますが、齊藤さんはほかにどういう問題が多いと思いますか？

齊藤　冷蔵庫がコンロ前の場合が多いです。

阿古　その通りです。

齊藤　あとは作業スペース不足が多いです。少なくとも家族分のお皿が並べられるぐらいは欲しいですが、そういうキッチンはあまりありません。吊戸棚は踏み台がないと手が届かないから、使っていないんですよ。だから、使いやすいオープンな棚をつくればいいと思います。天板下がオープンだったら、電子レンジでも寸胴鍋でも融通《ゆうずう》無碍《むげ》に入れられるでしょう。可動棚になっているといいですよね。

阿古　余計な収納があるために、入れたいモノを入れられない物件はたくさんあります。キッチンもオープン収納で通路ががらんとした空間なら、好きにカスタマイズできますし、そのほうがオーナー側も安上がりです。十数年前、冷蔵庫の使用感についてアンケートを取ったことがあるのですが、細かい棚が邪魔だという声は多かったです。それで当時人気が出てきたハイアール製を買った人もいました。

齊藤　無駄に改善ばかりして、新たな産業をつくるほうに人が回らない日本企業の感じが、本当にバカみたいと思うことがあります。GEのシンプルな冷蔵庫はいいと思いますが、日本のメーカーは細かく棚をつくりがちです。

キッチンでも、家具を置いてカスタマイズし使う人を想定せずに、おせっかいしちゃうんですよ。IKEAみたいに機能的でシンプルで、家のインフィル（内装や間仕切り設備など）を補完できる産業、たとえばホームセンターが不動産業の一番のライバルだと私は思っています。設備と家具の間ぐらいの、自分で買える住宅設備がもうちょっと発達して、動かせるキッチンもあるといいなと思います。

阿古　モバイル設備ですね。

齊藤　今は、ある設備を取っ払わないと交換できないので、家を買ってリノベーションするしかないんですよ。本当は、賃貸住宅でも引っ越すときにキッチンを持って移動できればいいんですよね。

阿古　私は、細長いLDKでキッチンが壁付なら、ダイニング側にオリジナル作業台をつくって置けるからいいなと思っています。でも意外とそういうシンプルで平凡な間取りの部屋に出合わないんですよ。住宅も結局、机上の空論で使用者を妄想しているだけかもしれませんね。それより現場へ調査に行って欲しい。

齊藤　先ほどの、本人に聞かない問題はここにもありますね。実際に使っている人と一緒に考えるほうが、想像上の困っている人におせっかいするより大事だと思います。でも、そもそも自分のやり方を持てるような住宅教育が、日本ではできていないです。

阿古　それはすごく感じます。家庭科の教科書には住宅の話も載っていますが、実際にどこまで授業でやれるか。一週間に二コマ程度しかない家庭科でやるべきことが多過ぎて、住宅についてきちんと学んだ人はほとんどいないと思います。

そもそも、自分が住む家の設計に関われる人はごくわずかです。分譲マンションも、間取り図とモデルルームしか事前資料はないし、選べるのはキッチンの高さと食洗機を入れるかどうかでしょう。何十年もローンを組んで買う高額商品なのに、入居する際初めて、梁がどこにあるかわかるのはすごいリスクだと思います。

齊藤　分譲マンションは個別に価格交渉して売るので、入居予定のお客さま同士が情報交換しないようにしているんです。ノウハウが蓄積できない、見る目を養わせないマーケットになっていると思います。セカンドオピニオンをくれる人も少ないですし。

私は、学童保育や保育園などのプログラムに、家庭科の内容が入ってくるといいなと思います。習いごとがくっついた学童保育は最近ふえていますから。うちの息子は今高校一年生ですが、okatteにしおぎができたときは小学校一年生で、放課後に私にくっついてきて、ここで包丁の使い方を習ったりしました。最近は人の家庭に行く機会がある子どもも少ないので、うちとは違う料理をいろいろ食べられたのはありがたかったです。

阿古　キッチンや住宅の学習の機会も足りないですし、話は尽きませんが、この辺でお開きにしたいと思います。ありがとうございました。

齊藤《さいとう》志《し》野《の》歩《ぶ》

慶應義塾大学総合政策学部卒業後、不動産投資ベンチャー企業に就職。長男を出産後、NPOコレクティブハウジング社での活動も行う。二〇一二年に退職し、株式会社エヌキューテンゴを設立し、社長に就任する。

第五章

居住権がない国で

1
住宅政策の始まり　江戸時代〜一九五〇年

伝説の大阪市長の住宅論

現代史を見ていくと、提供者たちは消費者の要求に応えるべくキッチンを進化させてきたことがわかる。しかし、いくら使いやすいキッチンが開発されても、導入できないなら、使い手にとっては意味がない。少なくともキッチンの空間に余裕があれば、自分で棚を置くなどの工夫ができるが、その余地すらないキッチンも多い。そして、賃貸住宅では、自らの負担でキッチンを交換できる物件がほとんどない。本章では、庶民向けを中心にした不動産の歴史から、なぜ使いやすいキッチンが当たり前にならないのかを考えていきたい。

庶民に向けた良質な住宅と住環境づくりを最初に提案したのは、学者から政治家になった関《せき》一《はじめ》である。関東大震災の一カ月前、大阪市助役だった関は住みやすい町づくりの必要性を訴えた渾身《こんしん》の著書『住宅問題と都市計画』（弘文堂書房）を刊行した。

同書を解説した『現代日本ハウジング史』によれば、関は公共交通網を広げて郊外住宅地を開発するべきことや、「資本主義社会では住宅市場に欠陥がある」ため、「自治体が住宅政策の主体になることと、住居法を制定し住居監督制度を実施すること」などを訴えている。当時は土地公有論も話題になっていたが、関は国が広大な未利用地を所有すれば宅地供給が減少して独占価格を産む恐れがあると指摘し、土地は時価で売却し、開発で増加した土地は社会に還元しインフラ整備に充てるとよい、さまざまな方法で供給を増加させれば、家賃も地代も自然に低下する、と主張した。『居住の貧困』（本間義人、岩波新書、二〇〇九年）は、関が最も重要としたのは住宅の最低限度を定める居住権および住宅（住居）監督制度をつくることだった、と指摘する。

関はまた、「都市計画は骨であり、建築物は肉であるにもかかわらず、都市計画は国の事業とし、建築物法の施行は自治体の権限にしているのは、骨と肉を分離してしまうこと」（『現代日本ハウジング史』）と、両者を一体的に運用すべきと主張している。住宅を大量に供給するには、多様な供給手段が必要で、政府が支援する借家供給を専業とする民間会社を設立すべき、とも書く。関の住宅と都市計画の構想は一〇〇年後の今でも通用するが、なぜいまだに日本では住居法もないのだろうか。

明治・大正のスラム化問題

関が都市計画の必要性を訴えたのは、近代化を急ぐ政府が、個人の生活を支えることまで目を配っていなかったからである。大正時代は、急激に進んだ近代化でさまざまな都市問題が噴出していた。関は、生活が困窮すると生活状態に無関心になり、そうした人々が集まる結果、スラムが生まれる、と主張する。肉体労働に従事する人たちは、住宅の条件が悪くても職場に近い家を求める傾向があり、娯楽が多い都市の生活を楽しもうとする傾向が強い。だからこそ、住教育が必要と訴えている。

根拠は一九二〇（大正九）年の大阪府調査だ。大阪市南部のスラム街の長屋は、一戸当たりの面積が五坪半で一人当たりは二畳以下のモノが大半で、住宅が密集しているため採光や換気が不完全で改修もロクに行われず不衛生で、日が射さず台所も貧弱だった。

神戸市のスラムに住み込んで貧民救済活動を行っていた社会運動家の賀川豊彦は、関の本に先立つ一九一五年に『貧民心理の研究』（警醒社書店）を刊行し、スラムの実態を発表している。『〈住宅〉の歴史社会学』から拾ってみよう。

棟割長屋（一つの建物を壁で仕切り、何軒かに分けた住宅）一畳一間の不衛生な欠陥住宅は、狭過ぎるので家族は家に居つかないし、他人の男性が泊まり込んでいるうちに妻と肉体関係を持つなど、品位も道徳もなくなる。三カ月で一二パーセントが引っ越し、二年以内に住人の半分が入れ替わる。賀川は彼らの生活の問題点は、区切りがないことと指摘。路地を整理し、街路から見えるところに公園を置くなど、人の眼に触れる生活にすれば、スラムが解体され、住人は生活を管理する習慣を身につけられる。スラム化を防ぐ都市設計が必要、と説いている。

スラム問題の原因は、急激な人口集中である。『現代日本ハウジング史』によると、東京と大阪は一九四〇年までの四〇年間で、人口がそれぞれ三・五倍、二・四倍に増加。特に伸び率が高かったのは大阪市に隣接する西成郡（一九二五年に大阪市へ編入）で、同時期に工場数が三・六倍に増加し、ばい煙、排水による水質汚染問題が深刻になった。近代には、樋口一葉や石川啄木、正岡子規、梶井基次郎といった文学者など大勢が結核で若くして亡くなったが、それは都市の空気があまりにも汚れていたからだった。近代日本の三大死因は、肺炎、胃腸炎、そして結核である。

急激な発展は貧富の差を広げ、問題の深刻さに気づいた人々が、社会活動を始めたが、その対象に住まいもあった。大阪では、一九一二（明治四五）年に私設の大阪自彊館《じきょうかん》が西成に設立され、職業紹介所、宿泊救護施設、食堂事業を行い始めた。『胃袋の近代　食と人びとの日常史』（湯澤規子、名古屋大学出版会、二〇一八年）によると、設立者は、大阪府警察部保安課長の中村三徳《みつのり》。西成には江戸時代から出稼ぎ者が集まり、木賃宿が誕生している。明治時代になると、大阪市内の営業が制限されて西成に続々とふえ、劣悪な住宅環境になっていた。内務省の一行が視察に来たことから、警察部長が案内役の中村に、「衛生的で規則正しい生活を送ることができる施設」の建設を求めたのである。

郊外へ脱出する

大阪平野の面積は関東平野の一割しかなく、都市がパンクするのは東京より早かった。東京で、郊外の本格的な発展は関東大震災後だが、大阪では明治半ばに、神戸市との間の阪神間を中心に、実業家の住居移転が始まる。昭和初期が舞台の谷崎潤一郎の『細雪』（新潮文庫、一九五五年）は、大阪・船場の商家の次女が芦屋に住む設定だが、それは郊外移転の時代を反映していた。

『日本の近代10　都市へ』（鈴木博之、中央公論新社、一九九九年）によると、電鉄会社の沿線の不動産開発は、一九〇五年に神戸―大阪間の運転を始めた阪神電鉄が最初。一九〇八年に「市外居住のすすめ」というパンフレットを刊行し、翌年に、西ノ宮駅周辺で三〇戸の貸家を建設している。

自分の家族が公害で健康を脅かされたことから、分譲住宅をローンで販売する、という中流層向けのビジネスモデルを生み出したのは、箕面有馬電気軌道（現阪急電鉄）の経営を任された小林一三《いちぞう》である。分譲住宅の供給開始は、大阪府池田市室町で一九一〇年。阪神電鉄も翌年に兵庫県御影町（現神戸市御影地区）で分譲住宅を販売し始める。近接地域に路線を持つ両社が競って開発し、阪神間が大阪・神戸のベッドタウンとして発展する。

大正時代になると、土地会社の住宅地開発も活発になる。西宮市の香櫨園《こうろえん》・夙川・甲陽園、宝塚市の雲雀丘花屋敷などが、やがて高級住宅地となる。芦屋市の超高級住宅地、六麓荘《ろくろくそう》は昭和初期の開発だ。郊外に良好な住宅地を建設し都市から脱出させる、という発想は、イギリスがモデルである。

『現代日本ハウジング史』によると、一八世紀後半に産業革命が起こったイギリスでは、一八三〇年代にはディケンズなどの識者がスラム問題を告発し、まず社会改良家が慈善事業で、良質な賃貸住宅の経営を行う。ユニークなのが、ロンドンのスラムに分け入って、自立心と生活改善意識を育てよう、と一八六四年から借家経営に乗り出した、中産階級のオクタヴィア・ヒルだ。

『英国住宅物語』（E・モバリー・ベル著、平弘明・松本茂訳、日本経済評論社、二〇〇一年）によると、彼女に触発された活動は、欧米を中心に世界に広がり、日本でも創成期の公団などに影響を与えている。

この時期にヨーロッパで始まったのが、低所得者層を対象にした非営利の住宅供給だ。そうした日本にない「社会住宅」は、イギリス、ドイツ、オランダ、北欧諸国に広く普及している。大きく分けて三つのタイプがあり、一つはイギリスに多く、寄付金を基金として財閥や教会がつくった住宅供給団体が運営する。二つ目はドイツに多く、事業範囲を限定し、株式会社だが利益は低家賃の住宅事業の資金確保に充てる。三つ目は北欧に多く、需要者が協同組合をつくって住宅の建設と計画を行い、共同で所有と管理をする。

関一とは何者か？

大阪市へ飛び込んだ関は、市民の住環境を改善するため、日本初の市営地下鉄を敷き、郊外に公営住宅をつくる事業を行う。地下鉄御堂筋線は、アール・ヌーヴォーなどを日本へ紹介した建築家、武田五一がデザイン監修をした。私が記憶する昭和時代の心斎橋駅ホームは、地下なのに天井が高く、蛍光灯を組み合わせたシャンデリアが輝き、エスカレーターでホームの真ん中に降りると、まるで晴れ舞台に出たようだった。地上の御堂筋は南行の一方通行で六車線、幅四三・六メートルもある（銀座の中央通りは約二七メートル）。道沿いには、一九三三年竣工のヴォーリズ建築の大丸（二〇一九年に建て替え）、一九三五年竣工の村野藤吾建築のそごう（二〇〇〇年に閉店し取り壊した）

などが並んだ大阪のメインストリート。電線は埋設され、淀屋橋—難波間はイチョウ並木が美しい。当初市議会で、「市長は船場の真ん中に飛行場でもつくる気か」と非難されたと、『「大大《だいおお》阪《さか》」時代を築いた男　評伝・関一』（大山勝男、公人の友社、二〇一六年）にある。同書を手がかりに、関の人物像を描いてみたい。

非難されたのは当時、自動車保有台数が全国で五〇〇〇〜七〇〇〇台しかなく、本当に交通量が少なかったからだ。しかし関は、やがて訪れる車社会を予見していた。

道路建設に先立ち、難工事の末に完成したのが市営地下鉄御堂筋線。一九三三年五月、梅田の仮駅—心斎橋間の三駅が開通した。二年後に梅田駅本駅と難波までが、一九三七年に天王寺《てんのうじ》までが開業。郊外へ延伸できたのは戦後で、現在は箕面《みのお》市の箕面萱野《かやの》駅から堺市のなかもずまでを結んでいる。

関は、人口が膨張していたが財政難で上下水道などの都市整備が遅れていた郡部を一九二五年に編入し、東京市が郡部を編入する一九三二年までの短期間だが、大阪市を日本一の人口・面積規模の都市にした。関は、一九一四年に助役として大阪市に招かれる前、東京高等商業学校（現一橋大学）の教授だった。満場一致で市議会から推薦され、市長に就任したのが一九二三年一一月。当時は選挙で首長が選ばれる時代ではない。

生い立ちをひも解いてみよう。一八七三（明治六）年、静岡県伊豆で旧幕臣の関近義《ちかのり》の長男として誕生。三歳で東京に移り、東京高商などを経てベルギーとドイツへ留学し、経済学から社会政策学に傾斜していく。帰国後は著作活動も熱心に行い、社会政策や都市政策へ関心を深める。

大阪府警察部長から第六代大阪市長になった池上四郎に市助役として招かれ、二人でさまざまな社会福祉事業を行う。一九一五年に天王寺動物園を開園、一九一七年に全国初の結核療養所、市立刀根山《とねやま》療養所を開設、一九一八年に日本初の公設市場を開設する。児童相談所、公共託児所も全国初。市長になってから、大阪城天守閣の再建や大阪商科大学（現大阪市立大学）の設立も行った。

御堂筋および地下鉄の構想は、都心を整備し高速鉄道網を築いて郊外住宅地を開発し、都市を分散化させて中下流層の暮らしの質を高めることが目的だった。

『〈住宅〉の歴史社会学』によれば、関の旗振りのもと、大阪市社会部は一九一九年から、市内の工場法適用工場職工の二九パーセント、市内全小学校教員の五六パーセントをカバーする「住宅調査」を実施。職工の住宅は一人当たりの畳数が平均二・五畳で、教員は三・七五畳。職工は教員と比べ、住居費を抑え飲食費を多くかけていることを明らかにする。それは、生活が不安定なので、住宅の質向上をあきらめているからだった。その意味で、職工はスラム住人に近いところがある。関は彼らの暮らしの質を引き上げるべく、公営住宅の整備を進めた。住宅使用料を一定期間完納すれば、土地家屋を所有できる供給住宅の制度もつくる。

市営住宅は一九一九年に鶴町、桜ノ宮に建設。『すまい考今学』によれば、合計一五六一戸が建てられた。一九二六年には北畠《きたばたけ》を手始めに分譲住宅も建設していく。『日本不動産業史』（橘川武郎・粕谷誠編、名古屋大学出版会、二〇〇七年）によれば、東京市では財政上の理由からできなかった土地区画整理への助成を一九二五年に開始し、二年後には大阪市土地整理協会を発足させている。

しかし関は、市長在任中の一九三五年一月に腸チフスで倒れ、亡くなってしまう。

同潤会アパートの建設へ

関が『住宅問題と都市計画』を刊行した翌月、最大震度七の関東大震災が発生する。被災地は千葉県、埼玉県、東京府、神奈川県、静岡県にまたがり、死者・行方不明者は約一〇万五〇〇〇人に及んだ。『現代日本ハウジング史』によると、罹災世帯は七〇万弱、罹災者総数は三四〇万人あまりに及ぶ。昼食どきだったこともあり、全焼世帯が五五パーセント、全半壊世帯が二五パーセントを上回った。住宅を失った人は、東京市で六三パーセント、横浜市で六四パーセントにも及ぶ。

家を失った人々のため、まず学校や社寺などが開放され、テントバラックが設けられた。次に亜鉛鉄板葺きの仮設長屋が建てられ、一九二三年末時点で九・五万人を収容。震災後、江戸時代以来の狭く曲がりくねった道路を広くし、落ちた木橋を鉄筋コンクリートに替え、公園をつくる、区画整理をするなど近代化が進む。

大震災の難民救済のため、国内外から寄せられた五九〇〇万円もの義援金のうち一〇〇〇万円で、「住宅の経営」および「災害による不具廃疾者の収容・再教育」を目的とする財団法人同潤会が、一九二四年三月に設立される。九七〇万円で応急住宅、木造賃貸住宅、鉄筋アパートが建設されることになった。この頃、応急バラックに住む人たちは、一・四六万世帯にも及んでいる。

『日本住居史』によれば、同潤会が一九二五年度から一九三四年度までに建てたアパートは、都内一三カ所、横浜二カ所の合計二五〇四戸で、不良住宅改良事業として一カ所に共同住宅を建てている。『同潤会のアパートメントとその時代』（佐藤滋・高見澤邦郎・伊藤裕久・大月敏雄・真野洋介、鹿島出版会、一九九八年）によれば、一九二四年一二月から赤羽、十条、西荻窪、荏原《えばら》、大井、尾久《おぐ》、松江、砂町の東京八カ所、新山下、井土ケ谷、大岡、滝頭《たきがしら》の横浜市内四カ所に合計三四九三戸の木造長屋の賃貸住宅が建設された。住宅の配置計画と外部空間のデザインはイギリスの郊外住宅地を参考にし、住戸が取り囲む中庭に主婦や子どもが集まる空間をつくり、託児所やテニスコート、娯楽室、食堂、診療所などの公共施設も建設。『すまい考今学』によれば、周辺の一般住宅より一〇〜二五パーセント安く家賃を設定している。郊外住宅地の開発と分譲住宅の建設も行った。

同潤会代官山アパートを再現した住戸の台所。

同潤会は、最先端の良質な住宅をつくろうと試みた。耐震耐火構造の鉄筋コンクリートの集合住宅を大量に建設したこと、防犯性を重視し、各戸に和風の水洗トイレをつけ、水道・電気・ガスのライフラインを導入したこと、洗面所や下駄箱、流し、調理台、かまど、網戸棚、ダストシュート、屋上の洗濯室、たらい、物干し場といった、生活に必要な設備をあらかじめ備えたことが画期的だった。ただし、一〇坪程度で二、三室の狭さのため、当時生活改善運動で求められていた椅子座は採用せず、畳を敷いた。

同潤会アパートは、従来の木造住宅に比べて格段に質が良いのに家賃が低めだったため、倍率が五倍以上になることがほとんどで、一九二八年に竣工した三田《みた》では募集開始時で二四・六倍にもなっている。家族向けは、ほぼ満室状態だったという。

借家住まいが一般的だった

同潤会住宅がいかに画期的だったかは、都市に住む庶民の住宅の歴史を知るとわかる。昔の集合住宅と言えば、長屋。『すまい考今学』によれば、間口が狭く坪庭を挟んだ商売人の町家は平安時代からあり、壁で仕切られた家を何軒も並べ、借家にする長屋は江戸時代に発展した。借家は身元保証人がいないと借りることができないが、身寄りのない人から金を取って保証人を引き受ける商売も、一六三二(寛永九)年には大坂で生まれている。家の中の造作を借家人が持つ裸貸し(スケルトン)もあるなど、現在と似たシステムもすでにあった。

『日本不動産業史』によると、都市庶民の大多数が住んでいたのは裏長屋で、三方が隣家の壁に囲まれている。天井板も貼っておらず、壁が屋根裏まで届いていないので隣の音もニオイも入ってくる。一戸がわずか六畳ぐらいで、そのうち一・五畳の土間にかまど、水がめまたは桶が置かれた台所を兼ねた入り口がある、極小のワンルームだった。だから共同井戸が炊事場となり、井戸端会議が発達したのである。

江戸時代の都市の土地は武家、寺社、町人が所有し、周辺の豪商・豪農が購入するなど売買も行われていた。借家経営は主に、富裕な商人が行っている。明治時代になると、大名の土地は政府に納められ、旗本や御家人は困窮して土地を手放す。三井・三菱などの財閥のほか、商人が大土地所有者になる、ドラスティックな変化があった。

都市居住者は、大半が借家住まいだった。東京市の場合、一九二二年は九三パーセントが借家住まいだったが、借地に家を建てる人がふえ、一九三一年に七割へ急減した。しかし、自ら所有する土地に家を建てる人は五パーセントしかいなかった。大阪市では、一八八六年は借家住まいが八一パーセントで、市域が拡大した一九二六年には九〇パーセントになっている。借家がほとんどだったのは、一八九八（明治三一）年施行の民法が定めた土地賃借の権利関係が地主に有利だったからで、借地紛争が頻発し、賃借権の保護立法が相次いで制定される。

第一次世界大戦をきっかけに重化学工業化が進み、京浜、中京、阪神、北九州の四大工業地帯が形成されて公害問題が深刻になり、一九一九（大正八）年には、工場と住宅の住み分けをさせる都市計画法と市街地建築物法ができる。大阪ではこの時点である程度、工場地と住宅地が住み分けされており、その後は関市長の旗振りで開発が進む。一方、東京では都市計画地域が拡大されていく中で、既存の工場立地に計画を合わせる傾向があったため、住み分けのルールは形骸化していった。

住宅政策の本格化

『現代日本ハウジング史』によると、急激に人口がふえた都市では住宅が足りなくなり、家賃が高騰した。借家住まいの人が一間を貸す又貸しが広がり、一九二九年には、又貸しによる同居が二割に及ぶ。「借家人は、不当な家賃値上げ、不合理な敷金、高価な周旋料と移転料などを支払っても、なお借りる家がないという状況が広がり」、団結して家主に対抗する。そうした抗議運動も、一九二一年制定の借地法・借家法などの法整備につながったと思われる。

一九一八（大正七）年、コメ騒動の責任を取って寺内内閣が総辞職、「平民宰相」と呼ばれた原敬が就任すると、初めて政府として住宅政策に乗り出す。一九一八年に小住宅改良要綱というスラム改善の方針を立て、一九一七年に内務省地方局に設置した救護課を、一九二〇年に社会局に格上げした。住宅政策のウエイトは小さく、「住宅政策の歴史に付きまとう場当たり性の根っこが読み取れるかもしれない」、と同書は指摘している。

要綱をもとに、公的賃貸住宅の発想が生まれたことが、同潤会へとつながる。中間層への住宅建設費の低利融資の構想は住宅組合法となって、戦後の住宅金融公庫につながる。社宅の供給も重視されたが、それは労働運動対策でもあったようだ。

一九二七年に関の意見などを採り入れ、不良地区住宅改良法が公布された。『すまい考今学』によると、関や関とともに大阪の都市計画をリードした建築家の片岡安《やすし》、都市計画課長の池田宏は、住居法を制定して住居の最低限度を示し、住居法を運用するために住宅監察制度が必要と指摘したが、現在に至るまで住居法はない。『現代日本ハウジング史』は、「その根底には、国民の権利として住まいの最低基準を決めるという政策発想がなかった」と指摘している。『すまい考今学』はもっと手厳しく、「労働者・庶民の人間らしい住居を確保することが、資本の搾取する剰余価値を減少させるだけでなく、快適な生活は人間を怠けさせる」と支配層が考え、この制度を葬ったと指摘している。

アパートメント・ハウスの登場

近代的な集合住宅として、欧米の「アパートメント・ハウス」を紹介したのは、一九一八年、『建築雑誌』が最初である。『日本住居史』によると、アメリカではガス・電気・給湯・暖房装置などが整った集合住宅を指す、と紹介している。敷地を有効に利用でき、衛生的で安価に耐震耐火構造を実現でき、家事労働をへらせると注目された。

最初に建てられた鉄筋コンクリートのアパートは、一九一六年に三菱合資会社が炭鉱労働者のために長崎県端島（軍艦島）に地上七階などで建てた社宅だ。賃貸住宅は、教育者の森本厚吉が一九二五年に完成させたお茶の水文化アパートメントが最初。森本は生活改善運動にも関わっており、家事を削減し椅子座にするなど、模範的な生活ができる住宅として構想した（『〈住宅〉の歴史社会学』）。『すまい考今学』によると、地下一階、地上四階で、地下に車庫、一階には店舗・食堂・

宴会場・カフェがあり、各部屋は最低五・七坪のワンルーム、最大三一・三六坪の七室までのすべてが洋室で、合計四二戸一〇三室。ワンルームは設備が共用だが、他は水回りとキッチンを備えていて、洗濯ものはメイドが洗濯屋に出す、各自が鍵を持つが門限が夜一〇時というスタイルで、当然ながら家賃は中上流層向けだった。施工したのはヴォーリズ事務所である。この建物は戦後、日本学生会館として一九八六年まで残されていた。

アパートが次々に建つと、それまで安普請の貸家や共同玄関の下宿にしか住めなかった新婚カップルや独身者・学生も、プライバシーが確立され、自由に食事できるアパート暮らしを望むようになった。そうした人たちに向けて、一九二五〜一九三四年頃、居室の独立性を高めた木造アパート、いわゆる木賃《もくちん》アパートが次々と建つ。玄関は共用だが、部屋に鍵をかけられるところが新しかった。

一九三四年の内務省の調査によると、六大都市のアパートは、鉄筋一六一棟、木造七八五棟と圧倒的に木造が多かった。平均階数はそれぞれ、三・六階、二・一階で室数は五一室と二二・四室。東京市社会局の一九三五年の調査によれば、最低一・五坪しかない部屋もあり、採光・通風が悪くスラム化も進んでいた。

公営住宅の始まり

『都市居住の社会学』によると、最初にできた公営住宅は東京市の玉姫町住宅である。一九一一年の浅草・下谷の大火後に、義援金で浅草玉姫町に建った七棟一二八戸の木造長屋を東京市が引き継いだ。東京市は一九一九年に京橋区月島（現中央区月島）で三四四戸、本郷区真砂町（現文京区本郷四丁目）で五二戸の木造住宅を、深川区古石場《ふるいしば》（現江東区古石場一〜三丁目、牡丹三丁目）で鉄筋ブロック造の三階建てアパートを九九戸建て、浅草・本所《ほんじょ》でも建設を進めた。一九二〇年に東京府住宅協会が設立され、一九二二年末までに七カ所五一二戸の木造住宅を建てている（『すまい考今学』）。鉄筋ブロック造とは、コンクリートブロックで壁をつくり、基礎や柱、屋根などに鉄筋を入れる工法で、鉄筋コンクリート造より工期が短く安上がりで、耐震耐火性能は鉄筋コンクリート並みとされている。

同時期に大阪市も市営住宅を建設。『日本住居史』によると、一九二一年に横浜市も中村町第一共同住宅館を、鉄筋ブロック造の二階建てで建設している。三二戸で各戸が六畳などの二間続きの部屋を持ち、キッチン、食堂、浴室、トイレは共同だが、各戸鍵つき、ライフラインは整っている。商店、託児所、公園などの公共施設も計画した。

『日本建築学会計画系論文報告集　第369号』一九八六年一一月の「大正10年建設の横浜市営「中村町第一共同住宅館」について」（水沼淑子）によれば、関東大震災で大きな被害はなく、一九四二年まで市営住宅として使われ、翌年には母子保護施設になり、一九六八年に老朽化で取り壊されている。場所は南区睦町《むつみちょう》。市電の停留所が近く便利だった。

横浜市が想定した居住者は単身者や夫婦二人家庭で、当初は入居申し込みが少なかったものの、ほとんど空室が出ず人気になったことから、敷地内に木造二階建てを建てるなどしている。合計四棟建て、四棟目は三階建てで一階を店舗、二階以上を住宅とした。残念ながら、四棟目は関東大震災で失われた。

住宅営団の試み

資金に制約があった同潤会から、一九四一年に事業を引き継いだのが全額政府が出資した住宅営団である。同潤会が活動した一八年間で建設した住宅は、木造長屋が三七六〇戸、鉄筋コンクリートのアパートが二五〇八戸、木造戸建て住宅が一六二九戸など、合計一万一九八五戸である（『同潤会のアパートメントとその時代』）。対して、住宅営団が五年間で建てるはずだった住宅は、三〇万戸に及ぶ。全国に建つ家のうち約三割を占める大規模な計画だった（『現代日本ハウジング史』）。

一九三七年に日中戦争が始まり、一九三八年に国家総動員法が制定され、軍需工場がふえる都市へ続々と人が集まってきた。『現代日本ハウジング史』によると、政府は戦時体制下で労働力の質を高めようと、「安直な」住宅政策を立てる。一九三八年一月に内務省の衛生局、社会局などを統合して厚生省を発足させ、翌年一二月に社会局内に住宅課を新設する。初めて主に住宅政策を行う部署をつくったのは、兵士になるべき若い男性の体格や健康状態が悪化しているためだった。一九四〇年に住宅対策要綱を設定し、労働者に住宅を供給する住宅営団を設立する、などの内容を定めている。

同潤会本部があった建物に本部を置いた。まず東京、名古屋、大阪、福岡、仙台に支所が置かれ、その後は広島、横浜、高松の支所、さらに二五出張所が加わった。役員らは全員東大出身者で、委員会には建築家の佐野利器、内田祥三が参加している。

厚生省の住宅規格協議会が一九四一年につくった住宅の基準は、九坪から二四坪の住宅の居住室数をそれぞれ定め、日照・採光および通風を重視し、神棚を設けてなるべく床の間をつけること、総面積の一五パーセント程度の押入れをつけ、トイレは居住室や台所と直結させない、洗面・洗濯の場を炊事場流しと別にする、などそれまでの労務者住宅の建設基準に比べて、はるかにキメ細かかった（『すまい考今学』）。

炊事場についても、供給設備が水道で燃料がガスなら二畳、井戸・ガスと水道・木炭が二・五畳など広さを細かく決め、最低一・五畳、最大三・四畳にしている。食堂は、食器棚を置ける大きさで、二～四畳とした。

『すまい考今学』の著者、西山夘三は、発足後すぐの住宅営団に就職している。所属した研究部では、住宅の実態や需要の動向調査を受け、台所を含めて規格化することで大量生産の技術を確立し建設することを計画していた。しかしその構想は、実現できなかった。官公庁出身の建築技術者たちは、請負業者に任せきりで、現場でほとんど住宅規格が採用されなかったからだ。

事業計画が曲がりなりにも進捗したのは、三年目ぐらいまで。規模をなるべく切り詰めた戸建て中心の木造住宅で、立地も早く安く取得することを優先し、交通の便が悪いところが多かった。戦時下での住宅建設は、人手不足かつ統制下で資材調達が難しいうえ、工事現場が遠いことから輸送力まで不足していた。

敗戦後の住宅政策

一九四五年一〇月に誕生した幣原《しではら》内閣のもと、一一月に都市復興行政に当たる戦災復興院が生まれ、住宅行政を厚生省から移管した。住宅営団は一九四六年、戦争協力をした機関とされGHQの命令で閉鎖させられている。占領軍住宅建設の要求が過酷で、資金、資材、人材の余力がなくなったこともあり、他の営団のように存続を申請しなかった。GHQは日本人の住宅政策には関心を向けず、日本政府は産業の復興を優先させた。営団を存続させたかった戦災復興院も、資金不足から閉鎖を求める大蔵省も、どちらも住宅復興は個人の自助努力と割り切っていたようだ（『現代日本ハウジング史』、東京経済大学学術機関リポジトリ内「《研究ノート》占領期の住宅政策（1）―GHQによる住宅営団の閉鎖過程とその意味」大本圭《けい》野《の》）

そんな日本に対し、イギリスは状況が違った。労働党内閣が戦時中の一九四三年から戦後に年間二〇万戸の住宅建設計画を発表していたが、戦争直後の資材不足や建築費高騰で目標を果たせなかったため、国民は年間三〇万戸の建設を公約した保守党政権を選んだ。保守党政権下の一九五一～一九六四年に、公約はほぼまっとうされている。

『すまい考今学』は、戦災復興院が一九四六年につくった復興住宅建設基準は、一人当たり最小一五平方メートルを確保し、椅子座、食寝分離、家事労力の節約、家具をなるべく据えつけるなど暮らし方を重視していたのに、一九四七年以降は建設基準の設定に後退したこと、そもそも復興住宅「政策」ではなく復興住宅「建設基準」という名前に、住宅問題の重要性に対する国民の意識の低さ、専門家たちの弱さを見るべきと指摘する。ヨーロッパは住宅復興を戦後の最重要政策として位置づけ成果を出したが、日本は戦後三〇年で量の不足だけを解消して質が後退した。

戦時中、国は厚生省を設立し住宅政策を実施したが、戦後は戦災復興院が住宅政策の主体となった。そして一九四八年一月に内務省の解体に伴い土木局と統合し建設院となり、七月に建設省になった。『都市居住の社会学』は、住宅が敗戦を機に健康を守る厚生行政から建設省に移管されたことは、住宅政策から社会政策的・生活対策的側面が薄まり、「経済政策として展開されるようになった」ことだと指摘している。

『居住の貧困』によると、厚生省は、生活困難な人たち向けの低家賃の国民補助住宅を計画し、社会福祉政策としてこの厚生住宅法案をつくった。社会福祉事務所や民生委員も関わり、家賃の猶予や減免も導入するよう主張していた（『新築がお好きですか？』砂原庸介、ミネルヴァ書房、二〇一八年）。しかし、厚生委員長が国会を欠席した間に、建設省の建設委員会の公営住宅法案が本会議で可決されてしまう。建設省は、住宅営団の事業をベースに、基準収入を満たす人々を入居対象にしようとした。

結局、建設省案に厚生省案を加える形で、一九五一年に公営住宅法が制定される。地方自治体が主体となり、公営住宅を建設した。住人は家賃を払う必要があるため、支払い能力がない生活保護階層は外された。その後生まれる公団は国庫補助もないため、家賃は高めにならざるを得なかった。このようにして、戦後日本の住宅政策は、経済重視で発展していく。

戦後は、借家社会から持ち家社会へ移行したことも、低所得者層の住宅難につながっていく。賃貸住宅の減少は、戦時下の政策が影響した。まず、開戦で家賃が高騰したことや、物価を抑える狙いもあって一九三九年、一九四〇年に地代家賃統制令が制定され、家賃水準を上げられないようにした。『私たちはなぜ家を買うのか』（村上あかね、勁草書房、二〇二三年）によると、家主にメリットがない法律施行・改正だったため、借家の供給がへっている。

政府は一九四六年、インフレ抑制策の一環として、土地活用を促すために再び地代家賃統制令を制定したが、インフレを抑えられず借地権を高騰させてしまう。建築費も高く、またしても貸家経営から撤退する業者が相次ぐ。『マイホームの彼方に』（平山洋介、筑摩書房、二〇二〇年）によると、政府は住宅困窮者に対して「公的支援を拡大するのではなく、地家主に負担を課す手法を多用し、それが持ち家を増大させた」。地代家賃統制令も、「企業の賃金抑制を可能にし、産業を守る点に主眼を置いていた」。また、一九四六年に公布された財産税法で、個人の全財産に対し一度限りの大規模課税を実施した結果、家賃統制で経営が厳しくなっていた多くの家主が、住居を借家人に払い下げている。

良質で割安な賃貸住宅が潤沢に供給される前提もないのに、どうやって一九四七年に制定された日本国憲法の第二五条「①すべて国民は、健康で文化的な最低限度の生活を営む権利を有する。②国は、すべての生活部面について、社会福祉、社会保障及び公衆衛生の向上及び増進に努めなければならない」を、庶民の現実にできるのだろうか。

2

郊外、持ち家の時代
一九五〇～一九九〇年

住宅すごろくの幻影

持ち家社会化が本格化するのは、戦後昭和の時代である。戦前の持ち家層は一～三割程度だったが、現代においては約六割と二、三倍に拡大している。政府が、ローンを組めば家を購入できる子育て世帯の会社員を、重点的に支援してきたことも大きい。

一九七三年一月三日の朝日新聞に、建築学者の上田篤が考案した「現代住宅双六《すごろく》」が掲載された。大人になって独立すると、アパートに住み、結婚後は賃貸マンション、子どもの成長に合わせて公団・公社アパートか分譲マンションに移り、郊外の庭つき一戸建てが終の棲家になる。このライフコースがぴったりハマったのは、昭和前半に生まれ高度経済成長の恩恵を受けたサラリーマンぐらいだろう。しかし、このイメージは日本人の当たり前、あるいはあるべきライフスタイルと受け止められてきた。

昭和戦後期はまた、ＤＫが誕生し、キッチンの近代化が進んだ時期である。住宅すごろくが本当に当たり前なら、お金を貯めておけば、古くなったキッチンから、時代やライフスタイルの変化に合わせて、理想のキッチンにできる。しかし、現実はそうでないから問題なのだ。何しろ四割近くの人たちは賃貸住まいなのである。本節では、持ち家が当たり前と思われるようになった背景と、実状をたどりたい。

三本柱の住宅政策

貸家事業者がへり、急激なインフレが起こる戦後、人々はまず借地にバラックを建てた。『現代日本ハウジング史』によると、戦災が激しかった浜松市の場合、一九四五年から三年間で建った専用住宅は約一万戸で、そのうち八五パーセントが持ち家だった。浜松市は六坪住宅の一〇〇〇戸、六・二五坪住宅の三〇〇〇戸を地元業者に請け負わせて建設し分譲している。こうした住宅支援は岐阜市でもあった。また、一九四六年の財産税法で、全財産に対し一度限り課税した結果、戦後に家を持った世帯の二割が、住んでいた家を買い取っている。この頃に家賃を上げられなかったため、家賃の一部を先取りする「礼金」を徴収するという法的には根拠がない「慣行」が生まれている（『新築がお好きですか？』）。

恒久的な住宅に関する政策は、一九五〇年から始まる。住宅政策の三本柱、と言われる住宅金融公庫法、公営住宅法、日本住宅公団法のうち、最初に施行されたのは、一九五〇年の住宅金融公庫法である。住宅金融公庫は家を建てることができる人に、長期・固定・低利で融資する。公団住宅は、賃貸と分譲で、公営住宅は賃貸。公営住宅は建設費の二分の一を国庫が補助する第一種公営住宅、三分の二を補助する第二種公営住宅を提供するが、残りは居住者が家賃として支払う。公団団地は、公営住宅に住む人たちより所得が高いサラリーマン層を対象にした。家賃を払えない生活困窮者は、三本柱の対象に含まれていない。

住宅金融公庫は、「木造住宅建設基準」を設け、審査を行った。同時期に、建築全般の最低基準を定める建築基準法も制定され、公庫で家を建てた人たちは、質を担保できた。

当初は頭金を用意できる人が少なかったため、予算を消化する受け皿として、住宅公社・協会がつくられ、一九六五（昭和四〇）年制定の地方住宅供給公社法のもとで住宅供給公社になり、住宅と宅地分譲事業を手がけていく。公団は分譲住宅の供給をふやし、積み立てた資金で持ち家にできる積立分譲方式を導入する。一九七二年には民間団地分譲住宅融資制度をつくり、デベロッパーが大都市圏で行う宅地造成にも融資して、マンションブームに貢献した。こうして家を持つ層を広げていったのである。

『マイホームの彼方に』は、戦後の住宅政策が、中間層の持ち家世帯を中心にする社会プロジェクトだったと指摘する。三本柱の中心は住宅金融公庫で、一九六五〜一九六九年の公的資金による住宅着工のうち、半分近くを公庫住宅が占めた。

公的な住宅に投入された資金のうち、公営住宅向けは一般会計が中心だが、公団・公庫向けは郵便貯金や年金積立金などの、いずれ回収する資金である。つまり、所得再分配に結びつく税金より、採算事業の規模が大きい経済政策だった。

三本柱は家族世帯を優先させた。公庫は一九八〇年代まで、単身者に融資をしていない。公営住宅は、法廷闘争の結果、一九八〇年から高齢者に絞って単身者を受け入れる。同居親族要件は二〇一一年にようやく廃止される。公団は一九七〇年代半ば以降、単身者向けの住宅も建てるが、それは住宅面積を狭くして供給戸数をふやすためと、ふえ始めた空き家対策が目的だった。

『マイホームの彼方に』は、公営住宅政策が戦後の一時しのぎでしかなかったことを明らかにしている。民間の貸家経営が困難だったので「つなぎ」としてつくった、と建設省住宅局長だった伊東五郎が語る。課長補佐として公営住宅法の制定に関わった川島博は、一九五一年に時間ができたので、「アメリカのまねをして公営住宅法でもつくるか、ということで簡単に決まったんです。つくらなくてもよかったんです」とまで語っている。川島は「建設省が考える公営住宅は最底辺の階層は相手にしない」「復興に貢献する人をさておいて、お荷物になる人だけを優遇していたら、日本国家の再建はできない」とも語っている。

高度経済成長期、政府は公営住宅の供給対象をより低所得層にスライドさせていく。一九五九年、収入が一定水準を超えた世帯に、明け渡しの努力義務を課す公営住宅法の改正を、一九六九年には明け渡し請求ができる改正を行うのだ。日本の政府は国民の生活を守るのではなく、稼いでくれそうな人だけを応援した。

諸外国と比較してみよう。一九八〇年頃、持ち家率が六割を超える国は、高い順からニュージーランド、オーストラリア、ノルウェー、アメリカ、カナダ、フィンランド、日本である。いずれも公的な借家が少なく、持ち家政策を進めている。日本以外は使える土地が広く、年収に対する住宅価格が低い傾向がある。公民混合の住宅供給を進めて良質な民間借家が多く、持ち家率が五割台の国は、イギリス、スペイン、ルクセンブルグ、デンマーク、スウェーデン、ベルギー、オーストリア、イタリア、フランス。社会住宅や非営利借家の供給を重視し、良質な借家が多いオランダ、西ドイツ(当時)、スイスは、持ち家率が四割以下。持ち家社会では、公共賃貸住宅が低所得者層に利用が偏り、「救貧住宅」と刻印を押される原因になりやすい(『現代日本ハウジング史』)。

社宅建設の支援

日本が持ち家社会になった要因の一つは、国と勤め先の支援で住宅資金を貯蓄できた会社員がたくさんいたことである。企業は戦後、従業員の離職を防ぐためもあって、終身雇用と家族を養える年功序列賃金の制度を用意し、福利厚生制度を整えた。その中に独身寮・社宅などの住宅制度もある。充実した住宅制度を持てるのは、大企業である。日経連(現経団連)が実施した一九七一年の「福利厚生費調査」によると、従業員五〇〇人未満の企業が負担する住居費は、従業員五〇〇〇人以上の企業の半分ほどでしかない。

産業が復興する中、企業は生産設備の拡充で余裕がないことから、国に社宅への融資を強く求める。そして、公庫は企業の社宅建設への融資も行い、公団も賃貸住宅を建設し企業に譲渡した。

社宅の家賃は割安である。社員が半分以上を負担している場合、家賃の会社負担分は課税対象外にもなった（『現代日本ハウジング史』『マイホームの彼方に』）。

一九六〇年代になると、持ち家支援にシフトし、公庫融資の頭金にする住宅ローン制度をつくる企業が多くなった。給料から天引きされて、勤務先が銀行に預金し、税制上の優遇を受けられる財形貯蓄制度（勤労者財産形成促進制度）は、一九七一年にできている。この金利は公庫融資の金利より高かったため、融資に利用する人は少なかったが、貯蓄する人が多かったので、企業は銀行からの融資が受けやすくなった。銀行にとっても、まとまった量の預金を集められるローリスク・ローコストの手段だった（『マイホームの彼方に』）。所得が高い大企業のサラリーマンは、住宅政策でも下駄を履かされていたのである。

木賃アパートの乱立

一九九〇年代後半、京都の町家や大阪の長屋が注目され、建築家などが先頭に立ってリノベーションを行い、商店や住居として再生する事業が盛んになった。その一つ、大阪の空堀《からほり》商店街は新しく入居したおしゃれな店と昔ながらの店が並び、観光客も地元の人々も使うバランスがいい町に成長した。空堀地区は大阪市の難波からなら、徒歩で二五分、自転車で一〇分程度で行ける。周辺には、昔懐かしい長屋が、今でもたくさん残っている。前節で書いたように、都市へ流入する人たちを対象に、こうした家々が大量につくられたのは戦前である。

高度経済成長期は、さらにたくさんの人々が都市へ集まる。そうした人々が住む木賃アパートがふえ始めたのは一九五三、五四年頃である（『すまい考今学』）。当初は戦前と同じく、できるだけたくさんの戸数を詰め込み、玄関で靴を脱ぎ、トイレやキッチンは共用になっていて、各戸の入り口脇にちょっとした流し、ガス栓がある一室タイプのアパートがつくられた。しかし、戦前と違い、家族入居が多かったからか、やがて各戸にトイレと小さなキッチンがつき、大阪では「文化住宅」と呼ばれるようになった。もともと文化住宅とは、大正時代の和洋折衷住宅を指す言葉だった。こうした貧弱な住まいに新婚夫婦や子育て世帯が住んだのは、人の流入が多過ぎると同時に、公共住宅に入りづらかったからである。

木賃アパートは、工場地帯・低湿地など、それまで宅地開発されなかった悪条件の土地を埋め尽くした。大阪では豊中市庄内、枚方市門真（現門真市）、寝屋川市の香里地区などにあり、少し遅れて東京でも、老朽住宅の建て替えと結びついて、下谷、巣鴨、池袋、戸塚、新宿、原宿、品川に木賃アパート地帯ができていった。

木賃アパートは「既成市街地と郊外住宅地の谷間の農地で、低湿かつ軟弱な地盤のところへ、簡単な盛り土をしただけの宅地」（『現代日本ハウジング史』）に建てられた。工場の騒音・振動・悪臭にも悩まされる。オーナーは一棟単位でアパートを買い取った、会社員の定年退職者や自営業者。資金力がないので、修繕や改良の追加投資が行えず、立地も悪いことから質の低下、老朽化が早く進んだ。総理府「住宅統計調査」によると、一九六八年に一室の木賃アパートが、東京で公共借家の約二・二五倍、阪神圏で約一・二倍もあり、東京圏では総戸数の四分の一を占めていた。

当然、住み心地は悪い。密集しているため日照・採光・通風の条件が悪く、夏は蒸し暑く冬は寒い。室内が暗いので、電灯は日中もつけっぱなしになりがち。救急車や消防車も入り込めない。子どもたちは安心して遊べたが、爆発事故もよく起こった（『すまい考今学』）。

六次まで起こったマンションブーム

この頃、都市でふえた住宅が、マンションだった。前節で紹介したように、大正時代に鉄筋コンクリートの集合住宅が登場し、「アパート」と呼ばれていた。しかし、木賃アパートのイメージがついたことから、高級感を売りにする鉄筋コンクリートの集合住宅は、豪邸を意味する「マンション」を使うようになった。『人口減少時代の住宅政策 戦後70年の論点から展望する』（山口幹幸・川崎直宏編、鹿島出版会、二〇一五年）によれば、「マンション」とつけたのは、一九六〇年に分譲された「市ヶ谷マンション」を供給した不動産会社の担当者で、ヨーロッパ視察中に知ったこの言葉を気に入ったことがきっかけ。

マンションの歴史をひも解いてみよう。まず、一九五五年頃に東京都心に近い山の手で、生命保険会社や不動産会社が高額所得者を狙って賃貸マンションを中心に建て始めている（『すまい考今学』）。『人口減少時代の住宅政策』によると、最初の分譲マンションは、一九五三年五月に竣工した「宮益坂アパート」である。東京都建築局が設計し、東京都住宅協会を事業主とする一一階建て。民間による最初は一九五六年の「四谷コーポラス」で、佐藤工業が設計し日本信販が供給した五階建ての集合住宅だ。

一九六二年に区分所有法が制定され、管理組合の役割や専有部分と共用部分の区分などのルールを定めたことで、第一次マンションブームが起こる。公的機関は中層住宅やテラスハウスを主に分譲したが、民間はエレベーターつきの高層マンションを供給した。『すまい考今学』によると、入居者側も次第に資産価値を認めるようになり、マンション住まいがふえていく。

一九六七〜一九六九年の第二次ブームでは、地価の値上がりで一戸建て取得が難しくなったこともあり、利便性が高い都心のマンションを選ぶ人がふえていく。この頃、住宅ローンも整備されている。一九六一年の日本勧業銀行（現みずほ銀行）が始めた「住宅プラン」、北海道拓殖銀行が始めた「ホーム・プラン」が最初で、次第に都市銀行がサービスを開始し、貸出期間が延長され金利が引き下げられて、貸出額が急速にふえていった（『日本不動産業史』）。

第三次ブームは、一九七〇年に住宅金融公庫が「高層分譲住宅購入資金」の貸しつけを始めたことがきっかけで、一九七二〜一九七三年に起こる（『都市居住の社会学』）。第四次は、団塊世代が住宅取得に動いた一九七七〜一九八〇年。この頃になると郊外にもマンションがふえていく。第五次は、地価が高騰し金余り現象が起こった一九八五年前後で、資産運用も兼ねた。一九八九年頃には平均値が億ションになる。第六次ブームはバブル崩壊で地価が下落し、ローンの金利が急低下した一九九四〜二〇〇五年までの長きにわたり続く。わが家にも二〇〇〇年頃に、マンション購入をすすめる電話が何度もかかってきた。不動産会社の営業担当者が「企業が社宅を手放し、建て替えが進んでいるのでぜひ」と言っていた記憶がある。

くり返すマンションブームにより、入居予定者らがプランづくりから参加するコーポラティブハウスが登場するなど、新しい動きも生まれていった。一九七六年には日影規制が、一九八一年には新耐震基準が定められるなどの質の担保も進んでいく。今や大都市圏では、持ち家の多数派がマンション住まいである。

キッチンの貧弱さが最も深刻なワンルームマンションは、一九七七年にアパート管理専門会社のマルコーが建設した「メゾン・ド・早稲田」が最初。五階建てで青い瓦屋根に特徴がある。『住まいと家族をめぐる物語』によると、一室は一六・五平方メートル（約九畳）で、ミニキッチン、浴室、トイレがつき、居室は洋室。一室平均六〇〇万円で分売して個人投資家が家主になり、仲介と家賃の回収、管理をマルコーが請け負う。

『新築がお好きですか？』によると、こうした投資用ワンルームマンションが激増したのがバブル期。安い投資で収益が高いと見込まれ、三〇平方メートル（約一六・四畳）以下の賃貸住宅が、特に大きい伸びを記録している。

マンションの暮らしとキッチン

マンションとそのキッチンの歩みを、二〇一八年一〇月、東京都多摩市に誕生した「長谷工マンションミュージアム」館長で、長年、長谷工コーポレーションで設計に携わってきた江口均さんに聞いた。同ミュージアムは、UR都市機構などからも協力を得て、自社商品にとどまらないマンションの変遷を伝える構成になっている。

一九三七年、兵庫県尼崎市で長谷川武彦が創業した長谷川工務店が同社の前身で、マンションに注力し始めたのは一九六〇年代の終わり頃から。土地の取得、開発、企画設計、施工、販売、管理、修繕までひと通り手がけるのは「当社しかないのではないか」と江口さんは言う。通常はデベロッパーが土地を買い、ゼネコンが建設し、管理などは不動産会社が行う。長谷工コーポレーションでは、グループで管理まで行うこともあるため、入居者の声を開発などに生かしている。

長谷工マンションミュージアムが、不動産経済研究所のデータから算出した一九七三年のマンションの平均価格は、首都圏が一一七一万円、近畿圏が一〇〇〇万円だった。民間ローンの金利は九パーセントで、平均面積はそれぞれ五五・五六平方メートルと五九・一七平方メートル、価格が最も高かったのは二〇二一年の首都圏で六二六〇万円、バブルピークの一九九〇年の首都圏平均価格より一三七万円も高い。二〇二一年のローン金利は三・四パーセントだった。面積のピークは二〇〇二年の首都圏七八・〇四平方メートル、近畿圏七八・一八平方メートルで、二〇二一年には首都圏六六・八六平方メートル、近畿圏六〇・七〇平方メートルになっている（データは二〇二一年まで）。

同社が最初に建てた自社マンションは、一九六九年の「芦屋松浜ハイツ」。翌年に東京で「日商岩井白金マンション」を竣工し、東京へ本社を移転している。どちらも高級住宅地である。

マンション施工戸数日本一を達成した一九七三年、同社は画期的なマンション生産システム「コンバス」シリーズを開発している。江口さんは「創業者が、「これからは日本も集合住宅が普及する。割安で良質なマンションをつくろう」と号令をかけ、社員が二年間研究してつくりました」と言う。『人口減少時代の住宅政策』は、「企画設計から建設、保守までをカバーする生産性の高い標準設計システムとして開発された。（中略）間取りの標準化に加え、水回りの統一化や設備水準の向上、ファッション性の導入などにも取り組んだ商品バリエーションを開発」と説明し、同社の大量生産システムの登場が、マンション時代を後押ししたことを伝える。江口さんは、規格品にすることで「前もって材料を発注できるので、工期が短くなり建築費も抑えることができました。キッチンも、かんたんな取りつけ方法を開発しました」と話す。

長谷工が様々な部材の材質やサイズなどを規格化して展開した「コンパス」シリーズの間取り。

江口さんが入社した一九八〇年は、戸建てを望む人が多い時代であり、住宅メーカーの戸建てが人気になった時代だった。「キッチンの使い勝手などは、戸建てメーカーさんの研究が進んでいたので、住宅展示場を見て勉強しました。キッチンメーカーさんも戸建てメーカーさんに向けて提案した時代。マンションは、あるモノを使うか独自開発するしかなかったです」。当時の戸建てメーカーは、作業動線や空間にゆとりがあり、動線計画もよくできていた。「面積に限りがある中、マンションのキッチンでもまな板は絶対に置ける調理台にする、二人が行き来できる広さは取れないので行き来しなくていいレイアウトを工夫するなどしました」、と江口さんは説明する。

実は江口さん、使い勝手を体感する意味もあり、結婚すると自分が設計した分譲マンションに入居した。「妻に、キッチンから洗面所に置いた洗濯機への動線を確保するためにつくったドアのせいで、モノが置けないと言われました」と反省点を明かす。

コンバスシリーズはダイニング・キッチンだったが、同社の場合、バブル期に重なる一九八八～一九九〇年、独立キッチンが主流になり始めた。ハッチから料理の出し入れができる対面キッチンは二〇〇〇年代頃に流行したが、二〇一〇年代には吊戸棚をなくしたオープンキッチンを、家電置き場を備えた食器棚とともに採り入れている。

最近の流行は、キッチン横の収納に廊下側、キッチン側と二つドアをつけ回遊動線にできるプラン。パントリーも備えつけてあり、納戸として生活用品を収納することもできる。リノベーション対応として、二〇二〇年から排水方式を工夫し、改修時にキッチンを自由に動かせるマンションも建て始めた。「リノベを検討する一五年後、入居者さんはどこにでも動かせることに驚きますよ」、とほほ笑む江口さん。「コンバスは規格化された設計でしたが、高級水栓や鏡面仕上げの扉などきらびやかなモノが喜ばれたバブル期を経て、一九九五年頃からお客さまの要望も多様化してきました。今は機能性を重視する事業主さんが多い」と変遷を語ってくれた。

「なるほど」と思ったのは、「われわれは最大公約数をつくる。事業主さんがいる場合は、その考え方に合わせますが、基本的にいいと感じてくれる人が七割いないとつくれないんです」という話だ。リビングは広いのにキッチンが狭い部屋が多いことに、私は不満を持ってきたが、結局キッチンを重視する買い手が七割にならないから、狭過ぎるキッチンが多い側面がある。最近、長谷工では賃貸住宅にも力を入れていて、「音楽が趣味の人向け、バイクや自転車が好きな人向けのコンセプトマンションもつくっていますが、料理やキッチンに焦点を当てたマンションはまだありませんね」と話す。もしかすると、家を「生活してはたらく場」ではなく、「くつろぐ場」と認識する買い手の心理が影響しているのではないか。

昭和後期のマンションの課題

マンションの部屋は大量生産の商品であるため、効率を重視せざるを得ない。その中で出てきた問題を、『すまい考今学』が、一九七〇〜一九八〇年頃の大衆的なマンションは「LDKと称する洋風化された居間（リビング）の一角に炊事場流し設備などのついたヘヤが間取りの中心になっている」、と皮肉な表現をしている。というのは、平均的広さはリビングが一二・九平方メートル（約七畳）、ダイニングが七・四平方メートル（約四畳）、キッチンが四・四平方メートル（約二・四畳）しかなかったからだ。LDKと言いつつDKの広さしかないマンションは、本当に多い。

同書は、リビングとされる部屋が奥行きの深い間取りの中心にあることが多く、「他の空間をつなぐ通り抜けの通路」になってしまっているうえ、「直接外気に接せず、電灯つけっぱなしというのが多い」と述べる。窓のないこうした部屋は、「アンドン部屋」と呼ぶそうだ。個室がアンドン部屋になっているマンションもたくさんある。

アンドン部屋でなくても、ホテルのように廊下に面して住戸が並び、大量の住戸を入れられる中廊下型のマンションの場合、廊下に面した部屋は窓こそあるが、一日中部屋に日が射さず暗い。建て込んだ都会の戸建て住宅街も、隣り合った家同士が互いの部屋に日を射しにくくしている場合が少なくないので、日照権が十分に守られていない暮らしは現代にもたくさんある。

丘陵地にはニュータウン

本節最後は、戸建て住宅の開発史をたどりたい。まず、郊外住宅地の話から始める。本格的に大規模な郊外住宅地が開発されるのは、高度経済成長期以降だ。私の義父は、一九七八年に奈良県のニュータウンでセキスイハイムの一戸建てを建て、家族で引っ越した。現在も義父はその家で一人暮らしをしている。運転免許証を返上してから、「この町、坂が多いな」と言い出した。ニュータウンで坂が多いのは、丘陵地を開発したからである。

公団は原則として、団地を一カ所に二〇〇〇戸以上建てなければならなかった。しかし、高度経済成長が進む中で地価も上がり、より都心から遠い郊外を開発するようになった。『すまい考今学』は、既成市街地には広い土地がなく、農地は食料を確保するため転用が制限されていたことから、未開発だった丘陵地や軍用地が対象になった、と説明している。

ニュータウンは、地方公共団体・公団・公社などの公的団体、組合や民間など、さまざまな主体が開発した（『都市居住の社会学』）。一九五〇年代後半から一〇〇〇戸以上の団地が開発され始めたが、本格的な大規模開発は一九六〇年に住宅供給を開始した大阪の千里ニュータウンが最初で、都心から一五キロの千里丘陵に一一六〇ヘクタール、計画人口は一五万人に及んだ。次が東京の多摩ニュータウンで一九六五年、二八五三ヘクタールである。このほか、一九六〇年代後半に開発された、大阪の泉北ニュータウン、千葉北部ニュータウン、筑波研究学園都市、千葉海浜ニュータウン、横浜港北ニュータウン、北摂ニュータウンが一〇〇〇ヘクタールを超える（『現代日本ハウジング史』）。全国のニュータウンの総面積は大阪府にほぼ匹敵する（『人口減少時代の住宅政策』）。ニュータウンでは、新住宅市街地開発法にもとづき、道路や公園、上下水道、学校、病院などの公的な設備と、適切な規模の住宅や店舗などもつくる必要がある。しかし、宮脇が指摘したように（P.278）、大規模ニュータウンでは、カフェなどの息抜きできる空間があまり点在していないのではないだろうか。

イギリスと違って働く場所を計画しなかったので、長い通勤時間に耐えて家族を独りで養うサラリーマンの家族が住む均質な町となった。交通も不便で、バスで駅まで行く場合もある。こうした開発が、郊外の車社会化を進め、のちに限界集落化と空き家の問題を産む。

高度経済成長期には、大手不動産会社も住宅地開発に乗り出した。一九六〇年代に政府は中小の開発を規制する一方で大規模開発は許可した。一九六〇年代後半、西武不動産の神奈川県横須賀市の湘南鷹取台、三井不動産の神奈川県川崎市の新百合ヶ丘などの数千戸規模の団地が誕生し、その後も佐倉市のユーカリが丘、横浜市の汐見台などができた（『すまい考今学』）。

高度経済成長期には大規模な宅地開発の建設計画が法律制定に先行した。その結果、想定以上の高容積・高密度化を認めることもあった。全体的な土地利用計画や規制のしくみがないまま、さまざまな主体が開発し、地価の高騰を誘い込む。都市部では中高層ビルと高速道路の横に木賃アパート地帯ができ、郊外では環境があまりよくない住宅地もできて、農地や自然環境、文化財などがつぶされるなどのさまざまな問題が発生している（『日本不動産業史』）。

庶民を狙ったミニ開発

問題のある宅地開発の一つとして、『すまい考今学』が指摘するのがミニ開発だ。まず、公共賃貸住宅が足りないため、家を買わざるを得なくなった「ニセ持ち家層」を対象に、若干の頭金を用意し親戚・知人からお金を集めれば買える建売住宅が登場する。ローンと建設を請け負う「月賦住宅会社」が、用地取得や面倒な手続きなしで、現物を見て購入しすぐに入居できる利点を売りにして販売。安く速く、粗悪で欠陥構造もあり立地も悪い、「木賃アパートよりも質の低い建売住宅」が大量に誕生した。

劣悪な開発を防ごうと、一九六〇年代後半には自治体が開発指導要綱をつくり、公園、学校などの整備の負担を開発業者に求めるようになった。しかし、ミニ開発は規制対象の一〇〇〇平方メートル（約三〇〇坪）に満たず、一〇戸以内、一戸当たり一〇〇平方メートル以下で、空き地がほとんどない狭小住宅群をつくる。国土庁の同年のミニ開発調査では、東京・大阪で一棟平均三五平方メートル（約一〇・六坪）、建蔽率五四・二パーセント、床面積六五・九平方メートルと、猫の額ほどの家がたくさんできた。さらに、一九八七年に建築基準法が改正されて木造三階建てが建てられるようになり、平成以降に一段とふえる（『人口減少時代の住宅政策』）。

ミニ開発は、税制上有利だからと地主が細分化して処分した元農地、市街地の空き地、工場跡地、邸宅の処分跡などで行われた。私が育ったのは、こうしたミニ開発で建てられた家で、お屋敷跡に一〇軒の建売住宅が五軒ずつ向かい合っていた。両親が一九七五年に新築で買った三三坪の敷地に建つ3ＬＤＫの家は、二〇年後に阪神・淡路大震災で傾き、ジャッキアップして五、六年をしのいだ後に建て替えられた。わが家の区画は、お屋敷のゴミ捨て場だったそうである。

住宅メーカーの躍進

庶民も良質な商品を手に入れられるよう、アーツ・アンド・クラフツ運動を始めたウィリアム・モリスの思想を、大衆化できる規格品にしたのは、バウハウスである。コンクリートの近代的ビル、シンプルなデザインの生活用品、住宅やキッチンのベースもバウハウスがつくった。ウィリアム・モリスの製品は工芸品で手間がかかり、購入できたのは富裕層だった。庶民が手軽に買える商品にするには、規格化し大量生産する必要がある。戦後に登場したメーカー住宅は、そうした思想が広がった延長線上にある。

日本で戦後最初に規格化に取り組んだのは、建築家の前川國男。彼が戦時中に飛行機製造を行っていた山陰工業と組んで開発した、木造パネルを組み立てるプレモスがそれである。浜口ミホが自邸に採用したことは第三章で書いたが、販売体制が整わず失敗（『昭和住宅物語』）。池辺陽も住宅の工業化を試み、設計する住宅の名前を「№.〇〇」とした。『積水ハウス50年史』（積水ハウス、二〇一〇年）によると、戦前にも伊藤為吉がプレキャストコンクリートの建築工法を考案し、バウハウスの影響を受けた岸田日出刀《ひでと》、市浦健、土浦亀城などが工業化を試みている。

最初に住宅の大量生産に成功したのは、一九五五年に創業した大和ハウス（現ダイワハウス）で、四年後に売り出したのが、庭に建てる一室分のプレハブ小屋「ミゼットハウス」である。『日本住居史』によると、最初は百貨店で実物を展示し販売した。六畳で、工事時間は六時間、価格は一一万八〇〇〇円だった。『モノ誕生「いまの生活」』に再録された大和ハウス創業者の石橋信夫が書いた『闘いの商法――富も名誉も勝ってとれ』（徳間書店、一九八一年）によると、釣りが趣味の石橋は、一九五五年頃から家に居場所がないため釣りに来る子どもがふえたことに気づく。団塊の世代が小学生になり、大量の「部屋なき児」になっていることに気づいて、独立勉強部屋を構想した。資材や大工などの職人が不足する時代を見据えた狙いは当たり、会社の業績は飛躍的に伸びてプレハブ住宅時代の土台となった。

当初は地域の工務店や大工へ下請けさせた住宅メーカーも、次第に工場生産の比率を高め、既製品化に成功している。その結果、現場がへった大工のなり手がへり、人手不足も深刻化する（『間取り百年』）。

工場生産を徹底させたのが、一九七一年に「セキスイハイムM1」を販売したセキスイハイムである。母体の積水化学工業からはその一一年前、積水ハウスが独立していた。『積水ハウス50年史』から、当初の試みを拾ってみよう。空襲で焦土になった日本では、燃えない家づくりが切実な望みだったため、鉄とアルミとプラスチックで軽量鉄骨の住宅をつくり始めたのだ。火災に強いこうした大量生産住宅の増加を受けて、公庫も一九六二年からプレハブ住宅への融資を開始している（『すまい考今学』）。

メーカー住宅を普及させたかったのは日本だけではない。フランスでも、ジャン・プルーヴェが第二次世界大戦後の復興で、仮設住宅として組み立て住宅を開発している。『人口減少時代の住宅政策』によると、一九六三年に建築生産近代化の権威でフランス建築総監のカミュ・ボノムが来日し、日本政府に公共住宅・建築の近代化に積極的な施策を講じるべき、と助言・勧告し、国はプレハブ化に総力を挙げた。

一九六〇年頃から、軽量鉄骨以外に木質系、コンクリート系などのメーカー住宅が誕生し、一九七八年には、新築住宅着工戸数の一割を占めるまでになる。住宅メーカーは、銀行とプレハブ住宅ローンを開発した、公団・公社、電鉄会社などと団地開発で提携した、代理店や特約店方式で販売網を築き住宅総合展示場をつくった、一般社団法人としてプレハブ建築協会を設立した、など多方面で販売を支える仕組みをつくった。また、公庫も割り増し融資制度を開始。まさに国を挙げて住宅の工業化を進めている。

『すまい考今学』は、大量生産体制に伴う規格化について説明している。一九六〇年に建設省が開発し発足したのが、規格と価格を決めたＫＪ（公共住宅用規格）制度で、公団団地でステンレスシンク、換気扇、衛生機器、ドア、サッシなどの部品が規格化される。その後、一九七三年に建設省の要請で住宅部品開発センター（現一般財団法人ベターリビング）が設立。メーカーが自由な設計と価格で設計した部品を応募し、審査を経て認定される優良住宅部品（BL）制度をつくる。UR都市機構の増重さんによると、BL制度の導入により、キッチンなどの開発は公団の手を離れる。

高度経済成長期は、大量生産を前提に、ステンレスや合板、プラスチックなどさまざまな新建材が使われ、住宅が進化した時代でもある。『人口減少時代の住宅政策』によると、この頃登場した住宅部品に、公団が関わったステンレスシンク、換気扇もある。一九六三年には床・壁・天井などの内装パネルの製品化も始まる。しかし、システムキッチンがそうであるように、メーカー住宅も会社ごとにシステムが異なるため、互換性はない。『すまい考今学』は、こうした開発の仕方が、メーカー住宅の総合的な発展を著しく阻害していると指摘している。

システムキッチンと同じく、メーカー住宅は細かい要望には応えきれない。そして、商品化された住宅が広がったことは、住み手の意識を「建てる」から「買う」へと受動的にさせた。

広島県の山村で明治に生まれた私の祖父は、軍隊生活を経て故郷に戻ると、買った家に何度も手を入れ建て増しをし、できる限り住みやすく整えていった。雪が積もる冬への対応として、縁側を張り巡らし窓をつけて冷気を遮断し、縁側の内側に障子を立てた。祖母はタマネギの葉先を結んで暗い納屋の壁に吊るし、サツマイモはもみ殻で包んで地下に、と野菜と住まいの性質に合わせて保存。こうした知恵を、現在の私たちはどれほど持っているだろうか。便利な既製品がふえる社会で、私たちは自分がどんな住まいとキッチンを得て暮らしたいか、イメージする力を手にしているのだろうか。

3 平成・令和の貧しくなる住まいとキッチン

日本に影響を与えた英米の住宅政策

戦後日本は、住宅政策を経済政策として実施し、庶民を巻き込んで持ち家社会をつくろうとしてきた。低所得者層は、条件が悪い住宅を買わされる、あるいは割高な賃貸住宅に住むしかなく、より質の高い家を手に入れられる中上流層との格差が開いていく。格差が社会問題として認識され始めるのは、二〇世紀の終わり頃だ。押し広げたのは新自由主義に基づく政治で、一九八〇年代の中曽根政権、二一世紀初頭の小泉政権がその代表。最終節では、政治によって住まいの格差がどう広がったか明らかにしたうえで、キッチンの実状を考えたい。

第二次世界大戦後、資本主義陣営は戦争の反省もあり、福祉国家体制を整え、社会の安定と国際協調を図ってきた。しかしオイルショック後、経済の停滞に苦しむようになる。「ゆりかごから墓場まで」と謳っていたイギリスは、その高福祉で経済停滞が深刻になって、サッチャー政権は社会保障費を削り、規制緩和を行った。

『居住の貧困と「賃貸世代」　国際比較でみる住宅政策』（小玉徹、明石書店、二〇一七年）によると、イギリスは戦後、一九五一年までに公営住宅を九〇万戸も供給した。サッチャー政権が誕生した一九七九年の時点で、公営住宅と住宅協会が提供する社会住宅が、八八パーセントも占めていた。一九一四年には住宅の九割が民間賃貸だったので、割合がほぼ逆転している。また、生活が厳しい居住者を保護するため、一九七二年制定の住宅財政法で家賃補助も行っていた。民間賃貸の場合は家賃手当を出し、公営住宅入居者で家賃の負担が難しい人には割引が行われたのだ（『居住の貧困』）。

サッチャーは、一九八〇年度から公共住宅の新規計画を中止し、住宅予算を一九八五年度まで六一パーセントも削減する。さらに、三年以上公共住宅に住む人に原価の三三パーセント引きなどの公共住宅を譲渡するバーゲン政策を打ち出し、売却金で財政難解消を図った。公共住宅は二〇〇三年時点で、一二パーセント前後で、サッチャー政権発足時の三〇パーセントに対し半分以下にへっている。買ったのは余裕がある人たち、売れたのは立地がよいところだけで、残った公共住宅は低所得層の福祉住宅になってしまう。

アメリカは持ち家社会だが、オイルショック後に財政赤字と貿易赤字の「双子の赤字」で苦しむ。『マイホームの彼方に』によると、一九八一年に成立したレーガン政権は、低所得者向けの住宅事業を圧縮し、持ち家促進に一層力を入れた。

住宅政策三本柱を捨てた小泉政権

日本を含む東アジア諸国は、欧米より経済発展が遅かったことから、住宅建設を経済開発の中心手段にしている。福祉は家族頼みで、雇用機会をふやすことで、自分で稼いで自力で住まいを得るよう仕向けてきた。

日本は住宅金融公庫、公営住宅、公団住宅の三本柱の住宅政策で焦土からの復興をめざした。総務省統計局によると、二〇〇八年の総住宅数は五七五九万戸で、公営・公団の賃貸住宅は全体の五・三パーセントで、イギリスと比べてかなり少ない。

高度経済成長期に東京都ほか革新自治体が力を持ってきたことから、ようやく田中角栄首相が「福祉元年」を打ち出した一九七三年、オイルショックが起きる。自民党は経済優先路線に戻り、一九七九年に発表した論文が「日本型福祉社会」で、女性に、介護や育児などの「福祉」を負わせようとする内容だった。これを受けつつ、女性差別撤廃条約の圧力を受けてできた、男女雇用機会均等法、労働者派遣法、専業主婦のための第三号被保険者制度が、女性の分断と貧困化を進めた。

一九八二年に政権に就いた中曽根康弘首相は、レーガンやサッチャーに共鳴していた。そして日本電信電話公社をNTTへ、日本専売公社をJTへ、日本国有鉄道をJRに、と三公社を民営化する。住宅政策については、一九八一年に公団を宅地開発公団と統合して住宅・都市整備公団とし、公庫とともに事業を縮小させていた。中曽根が経済界と立ち上げた第一次行革審（臨時行政改革推進審議会）の一九八六年の答申では、住宅不足は量的に充足されたとし、民間の領域を大きくする方向性が打ち出された。

この頃、公庫と旧公団は、オイルショックで政府が持ち家促進に傾いたことで経営が悪化していた。公庫がより資金力が小さい人々に住宅ローンを供給し金額をふやすため、一般会計から補てんする金額が次第にふえたからである。公団は、住宅不足が緩和し地価が上がる中、建設戸数を確保するために住宅地向きとは必ずしも言えない土地を買い、「高家賃・狭小・遠隔立地の住宅を建てた。ここから未入居空き家と未利用地が増大した」（『マイホームの彼方に』）。

そのうえで三本柱を解体したのが、二〇〇一年に誕生した小泉純一郎政権である。まず財政支出が大きい道路四公団、都市基盤整備公団、住宅金融公庫、石油公団の七法人を改革する。三度も組織の役割と名称が変わった元日本住宅公団は、二〇〇四年に独立行政法人都市再生機構（ＵＲ）となり、二〇〇五年七月には住宅金融公庫も廃止され、独立行政法人住宅金融支援機構になる。ＵＲは基本的に建て替え以外の新規賃貸住宅の建設は行わず、民間の再開発事業の支援を行う。住宅金融支援機構は、一般金融機関の住宅資金の貸しつけを支援する業務に特化する。つまり、どちらも民間の住宅関連業界を後押しする役割を担うのだ。公営住宅も、従来の補助金の代わりに支給される交付金の規模はわずか一〇分の一になり、公営・公社住宅の管理を民間に委ねる道を開くことになった。小泉改革で、国や自治体は住宅政策から撤退した。

庶民に居住権はあるのか?

住宅政策三本柱の代わりにつくられたのが、二〇〇六年施行の住生活基本法だ。この名称が曲《くせ》者《もの》で、求められていたのは住み手の居住権を定める住宅基本法だったのに、実際に決まった法律が対象にしたのは住宅を提供する側で、民間の住宅市場拡大を重視する内容だった。『居住の貧困』は、「社会的弱者のための賃貸住宅供給に努める」、という趣旨の説明はあるが、具体的な内容について説明がないことを指摘する。この名称は、男女雇用平等法ではなく男女雇用機会均等法、性差別禁止法ではなく男女共同参画社会基本法になった経緯をほうふつとさせ、守るべき一番大切なポイントをぼかして平等を実現しにくい法律をつくってしまう、自民党政権の限界を示しているように見える。

こうした政策で苦しむのは、庶民である。二〇〇四年度の公営住宅の応募倍率は、大都市を中心に平均一〇倍以上、最も高い東京で二八・五倍にもなった(『居住の貧困』)。しかし、三位一体改革の結果、公営住宅の管理戸数は二〇〇五年の約二一九万戸をピークにへり始める。公営住宅と公団・公社賃貸住宅の合計戸数は一九八三年度で住宅全体の七・六パーセント、全借家の約二割だったが、二〇一八年度にはそれぞれ五パーセントと一四パーセントに下がっている(『「仮住まい」と戦後日本』平山洋介、青土社、二〇二〇年)。

URの賃貸住宅は、保証人も更新料も必要ないが、家賃が割安とは言い難い。一九九九年に都市基盤整備公団として再編された時点で、周辺の相場に合わせる市場家賃となっていたからだ。人気の東京・中央線沿線杉並区のUR賃貸住宅は、七〇平方メートル台のファミリー物件の家賃が月二〇万円を超える。その家賃を払えるのは、そもそも勤め先から家賃補助を受けられるような会社員たちではないだろうか。

日本には、基本的に公的な家賃補助制度がない。利便性が高い地域で割安に住むには、旧耐震基準の一九八一年以前に建った古い建物、狭めの物件、あるいは日当たりが悪いなど居住条件が悪い部屋になる。そうでなければ、騒音が多い、公共交通機関へのアクセスや買いものの条件が悪い、坂が多い、湿気が多いなどの場所に住むしかない。

一九六六年制定の住宅建設計画法が居住水準の目標を定めたことから、持ち家の延べ床面積は増加していった。しかし、『「仮住まい」と戦後日本』が、賃貸住宅に関しては「政府がこのグループの居住に関する最低レベルを上げる「方針」を少なくとも積極的にはもっていない」ことから停滞し、四人家族の最低居住面積の水準は、長年五〇平方メートルのままだったし、それより狭い借家に暮らす家族も、二〇〇三年の東京都に一六パーセントもいた。

二〇一八年の住宅・土地統計調査によれば、持ち家では一〇〇平方メートル以上の住宅が五七・六パーセント、一五〇平方メートル以上が二一・七パーセントもあり、すっかり「ウサギ小屋」水準を超えた。一方、借家の一〇〇平方メートル以上はわずか四・三パーセントで、四九平方メートル以下が六割以上、二九平方メートル以下も三割近くある。

この一〇年は新築住宅価格が上昇する影響で、賃貸マンションの家賃も上昇を続けている。二〇二四年三月一四日放送のＷＢＳ（テレビ東京系）の「〝築古マンション〟再生に商機」特集によれば、アットホームの調査で東京二三区の五〇〜七〇平方メートルの平均家賃は一〇年前より約五万円上がり、過去最高の二二・二万円になっている。同社が扱う物件の中でもファミリー向けは一五パーセント程度しかないことに加え、分譲マンション価格の上昇もあり、パワーカップルが借りるので、家賃が下がる要素がないという。家賃上昇と物件数の少なさにより、トランクルームの需要が拡大。市場規模は二〇〇八年の三倍近くあるという。トランクルームで補完できるスペースは小さいが、ないよりはマシなのだろう。キッチンどころか、住空間全体が狭過ぎるのだ。

政府が賃貸住宅政策に力を入れてこなかったのは、誰もがやがて持ち家に住むはず、とみなしてきたからかもしれない。しかし、持ち家だけの先進国はない。「誰もが結婚して子どもをつくり、家を建てるはず」という考えは幻想だ。四割の人々は、賃貸住宅を終の棲家にするのである。

諸外国の住宅政策

外国の住宅政策は、どうなっているのだろうか。イギリスの低所得者への住宅保障は、一九三〇年の住宅法で自治体による任意の家賃割引が導入されたことから始まる。一九七二年の住宅財政法では、公営住宅の借家人への家賃割引、民間と住宅協会の借家人への家賃手当を制度化する。サッチャー政権下ですら、住宅手当は維持された（『居住の貧困と「賃貸世代」』）。そして、一九九七年に首相になったブレアは、市場優先に傾き過ぎた政策を是正するべく、公営住宅の供給をふやし建設補助金を復活させ、良質な住宅のストックをふやしていった（『居住の貧困』）。

アメリカは所得水準が高く、原則として持ち家政策で、住宅金融市場の育成に力を入れてきた。レーガン政権下で福祉、住宅予算が削られ、低所得者層の住宅難は深刻になったが、一九九〇年に住宅法が、すべての国民に適切・安全・衛生的な住宅を確保できるよう、就業機会をふやす、低金利のローンを提供するなどを約束した。サブプライムローン問題はあったにせよ、低所得者への補助や公的な住宅の供給は着実に進んでいる（『居住の貧困』）。二〇一四年時点で公営住宅に一一〇万世帯が住み、家賃補助を一二〇万世帯が受けたなどしている（『居住の貧困と「賃貸世代」』）。

スウェーデンは、第二次世界大戦後のインフレで家賃水準が上昇。二人以上の子どもを持つ貧困家庭と年金生活者は、地方自治体が一定水準を満たすと判断した住宅に住む場合は住宅手当が給付された。一九六九年には子どもを持つすべての世帯が、一九七四年には子どもがいない単身者が住宅手当の対象になった（『居住の貧困と賃貸世代』）。民間賃貸住宅も、借家人協会が家主協会と決める家賃水準があり、住宅市場は市場原理で形成されていない。住宅の質を向上させるために、キッチンの規格化などの住宅基準もつくっていた（国立社会保障・人口問題研究所「特集 各国の住宅政策」スウェーデンの住宅政策、外山義《ただし》）。

ドイツは敗戦国だが、一九四九年から国家の助成で住宅建設が急速に進み、一九五〇年代、社会住宅が総戸数の六〜八割も占めるまでになった。公共側が建設費を負担し家賃補助を行う社会住宅では、住宅の質、入居者資格、家賃などの水準を一定期間守らなければならない。そして、中下流層の労働者に、質の良い住宅を供給することが目的だった。一九七〇年の第二次住宅手当法からは、家族世帯の所得が高いほど手当てを低くするが、家賃が高額になるほど手当てがふえ、世帯規模が大きいほど補助が大きくなるよう設計された（『居住の貧困と賃貸世代』）。

『居住の貧困』は、韓国の例も紹介している。一九八八年のソウルオリンピックで住宅価格が高騰し、大都市で深刻な住宅不足が生じる。盧泰愚《ノテウ》政権は、公平な再分配を実現する「土地公概念」を約束し、一九九〇年に値上がり分や土地の売買で得た利益を税金として徴収する関連三法を制定した。地価が沈静化すると三法は有名無実化したが、二〇〇〇年前後に格差が大きくなったことを受け、二〇〇三年に居住権を採り入れた住宅法を定める。快適な居住生活に必要な住宅を建設・供給・管理する、住宅が公平に効率的に供給される、低所得者層や無住宅層に国民住宅規模（五人で八五平方メートル）の住宅が優先的に供給されるといった、生存権と居住権を保証する文言を明確に入れている。低所得層向けの国民賃貸住宅建設を含む住宅総合計画も、二〇〇三年に策定された。

いずれの国も、現在まで非常にうまくいっている、とまでは言えないが、少なくとも居住権を保障し、国民の暮らしを守ろうとしてきた。しかし、住み手ではなく住宅提供者に向けた経済政策を行ってきた日本では、公的住宅の規模は縮小し、公的な住宅手当もほぼない。

『マイホームの彼方に』は、日本の住宅扶助は生活扶助などと合わせて供与される生活保護制度しかないと指摘する。しかも受給世帯は全世帯のわずか二パーセント程度。二〇〇九年の「大阪市ひとり親家庭等実態調査」で、生活保護を受給している母子家庭の大部分は住宅扶助を受けていないことがわかった（『居住の貧困と「賃貸世代」』）。住宅扶助は所得レベルに応じた家賃補助で、家族数に応じた居住水準の確保はできない。日本の制度には、良質な住宅に住む居住権が抜け落ちている。

狭くて高い賃貸住宅の供給

住宅政策・都市計画が専門の平山洋介は、『「仮住まい」と戦後日本』で、公共住宅が、一九九〇年代後半から賃貸住宅の建設が削減されたうえ、団地の建て替えや、複数の部屋を集約させ物件当たりの面積を広げて戸数をへらし、売却などで二〇〇五年をピークにへり始めたことを指摘する。たとえば、前川國男と津端修一が設計し、赤い三角屋根のテラスハウスで人々に愛された公団の阿佐ヶ谷住宅は二〇一三年に取り壊され、広い跡地は野村不動産の高級マンション、プラウドシティが埋めている。

社宅も住居費の高騰でバブル崩壊後に減少し、二〇一八年にはピーク時の一九九三年の半分強になった。だから、二〇〇〇年代初めに社宅だった土地に次々とマンションが建ったのだ。

一九八三年には公的な住宅や社宅が全借家の三四・五パーセントあり、居住条件が悪いので家賃が安い木賃アパートは一九八〇年代後半まで二割を超えていた。つまり、五割以上が市場家賃ではない割安な賃貸住宅だったのである。しかし二〇一八年には、全借屋のうち賃貸マンションが三〇年前の二・四倍の五七・一パーセントを占める一方で、公的な住宅と社宅は合わせて二割弱、木賃アパートは一二・三パーセントにへっている。

低家賃の住まいの少なさは、親の家を出られない人々もふやしている。『「仮住まい」と戦後日本』は、著者ら住宅政策提案・検討委員会が二〇一四年に首都圏と関西圏の二〇～三九歳の未婚、年収二〇〇万円未満の人たちの居住実態を調査した結果を公表している。首都圏・関西圏の親同居率は七七・四パーセントで、二〇一五年の国勢調査による首都圏・関西圏の二〇～三九歳全体と比べて一四・一パーセントも高い。家賃が高過ぎるから実家を出られないし、結婚も子どもを持つこともできない若者が多いのである。

賃貸居住者にとって、もう一つの問題は、住める部屋が狭いことである。一九九九年に導入された定期借家制度は、オーナーにとっては明確な収益予測ができる市場性が高い制度だが、入居者は安心して住むことができない。ファミリー物件に多いので、それでなくても少ないファミリー向け賃貸住宅が、ますます選択肢として少なくなっている。子育て世帯など同居家族が多い人たちは、家を買う圧力を受けるのである。狭い部屋が多い事情を、四年前までデベロッパーで東京二三区内の分譲・賃貸マンション建設企画に携わっていたKさんに聞いた。

「都心はワンルームのほうが投資効率がいいので、ファミリー物件が少ないんです。二〇平方メートルのワンルームを一〇万円で貸せる場合、四〇平方メートルの部屋は二倍ではなく一五万円弱しか取れない。また、全体的にファミリー物件は狭くなり続けています。昔は3ＬＤＫは七〇平方メートルないと厳しいと言われていたのに、今は五〇平方メートル。ワンルームは建築基準法で水回りを抜いて七平方メートル以上ないと住宅として認められないのですが、七平方メートルジャストで、部屋全体で一〇平方メートルのモノが多い。ＬＤＫが何平方メートル以上という決まりはないので、ＤＫでしか使えない部屋がＬＤＫとしてまかり通っています」とＫさん。市場原理だけだと、住み手の都合を無視した家ばかりが建設されるのだ。

住宅が狭いのは、不動産価格が上がり続けてきたからで、資材、人手不足が主な要因。二〇一〇年頃から土地自体がなくなってきたので、土地代も上がっている。その高騰ぶりはコロナ禍とロシア－ウクライナ戦争で加速した。

分譲マンションでも、住みやすさはあまり考慮されていない。「建築基準法により、緊急時は窓から避難することを考え、一番大きな窓は道路に面していないといけないんです。道路に面した部屋を何個つくれるかで物件数は決まるので、道路に向く面積を狭くする。日当たりより収益性。今でも、窓がないアンドン部屋はつくられていると思います」（Ｋさん）。

政府は、家を買える人を支える

『すまい考今学』によると、建設省の住宅需要実態調査で、住宅困窮者のうち、家を持ちたい人と借りたい人の割合は一九六〇年は半々だった。しかし次第に買う派がふえ、一九七八年には借家居住者で住宅の改善を考える人たちの四分の三は、持ち家を望むようになっていた。

日本で持ち家志向が強くなったのは、公的住宅が少な過ぎ、居住権もないので借家の居住環境が悪く、狭過ぎることが要因である。西山夘三が主張するように、日本人は持ち家取得に追い立てられてきたのである。

ローンを組んで家を買う人たちには、資産価値を期待する動機もある。しかし『マイホームの彼方に』は、持ち家でおつりが来たのは昭和後期に家を買った人たちだけで、平成以降はむしろ負動産化が生活を圧迫している、と警鐘を鳴らす。一九六〇年代まで国は公的な住宅建設に力を入れてきたが、一九七〇年代になると住宅ローンを拡充する。公庫融資で家を建てた人の、建築工事費に占める借入金の割合は、一九六八年は五六・二パーセントだったが、一九七五年に七二・七パーセントに上昇し、一九八〇年代を通じて七割弱だった。一九五〇年代なら、持ち家など思いもよらなかったはずの層も、家を買うようになったからだ。

一九七〇年代の低成長時代に企業の資金需要がへったこともあり、民間金融機関も住宅ローンに力を入れ始める。国は公庫融資の対象を広げ、一九九八年度には一般会計からの補給金を一九八二年度の倍近くまで拡大している。一九七九年に当初三年間は金利が低く、その後負担が急増するステップ償還制度が創設された。一九九三年には当初五年間まで返済負担を下げた、ゆとり返済制度になる。公庫で借りやすくなるにつれ、無理して家を買う人がふえていく。

背伸びして家を買った人たちは、所得が伸び悩むと返済に苦労する、あるいは断念して手放す道を選ぶ。一方で、一九九四年に民間ローンの規制緩和で低金利の住宅融資商品ができたので、余裕がある人は割安な民間ローンに乗り換えくり上げ返済した。そのことも格差を拡大し、住宅金融公庫の収入をへらす結果を招く。批判を受けて、公庫のゆとり返済制度は二〇〇〇年に廃止された。

ゆとり返済制度は、アメリカのサブプライムローンをほうふつとさせる。住宅ローンのお金が証券化されたことで、金利が上がって払えなくなった人々が一斉に破綻したことは、二〇〇七〜二〇〇八年の世界金融危機を招いた。一九九七〜一九九八年のアジア通貨危機は、東南アジアと韓国の不動産バブルの崩壊が要因である。日本では、一九八〇年代に住宅ローン利用へ人々を誘導したことも、住宅バブルの要因になった。無理な住宅取得がトレンド化すると、バブル経済の発生とその破綻をもたらすのだ。

政府は一九八〇年以降、住宅ローン減税もくり返し実施している。一九九九年一月〜二〇〇一年六月の最大控除額は五八七・五万円もあった。住宅を買う人しか恩恵を受けないこの政策も、格差を拡大させる。

結局、政府は住宅政策を経済政策のまま進めて格差を拡大させ続け、非正規雇用者がふえたバブル崩壊後に、貧困問題を深刻化させている。まともな住宅に住めない人たちの中には、健康をむしばまれ、家族関係が悪化した人たちがいるだろう。少子化問題も加速した。

家を買ったばかりに……

『「仮住まい」と戦後日本』は、平成世代の住宅難を描く。人々は所得が拡大する予想のもと、資産価値と将来の生活保障を求めて家を買ってきた。一九八八年に全世帯の三七・二パーセントは、住宅ローンの返済がない持ち家に住んでいる。二〇一三年には四三・八パーセントまでふえたが、その要因は社会の高齢化である。

バブル崩壊で住宅価格は低下し、住宅ローン金利も下がったが、所得もへったため、住居費支出の割合はふえた。それは頭金が少ないローンを組んでいたからでもある。一九九八年二月〜二〇〇二年三月にかけて、公庫は利用者をふやそうと頭金不要のローンを用意していた。全国消費実態調査報告によると、住宅ローンを抱え持ち家に住む人たちの住居費の割合は、一九八九年には所得の一二・八パーセントだったが、二〇一四年にはその一・五倍ほどにふえている。

無理をしてローンを組んだ結果、住宅を手放さざるを得なくなった人たちに関するデータもある。司法統計年報によれば、住宅が過半数を占める不動産の競売と強制執行で売られてしまった数は、一九九一年の約四・四万件に対し、一九九八〜二〇〇三年は七万件台後半、と最も多い。二〇一八年には二万件余りにへったが、それは二〇一〇年代に任意売却を促すビジネスが登場し、競売前に売却する人が多くなったからだった。

もう一つの問題は、負動産化である。住宅・宅地評価額の平均値は、一九九四年の四四〇二万円から、二〇一四年の二四五〇万円まで大きくへった。その後、大都市では不動産価格が上昇し始め、特に東京で上昇率が高くなった。一九九〇年代末から政府が世界都市として東京の経済競争力を高めようとした結果、不動産投資が東京に集中したからである。そのことは郊外や地方の住宅の値崩れを招いてしまった。とはいえ、近年は不動産価格の上昇が続き、『日経ビジネス』(日経BP社) 二〇二三年五月一－八日号が「令和版バブル」と呼ぶ事態になっているので、郊外一戸建ての資産価値は上昇したかもしれないが。

いずれにしても、不動産価値が高い都心で新たに家を建てることは困難で、マンション価格も高騰した。その結果、近年ようやく中古住宅の市場が育ち始め、第一章で紹介したような、リノベーションで理想の住まいにつくり替えようとする人がふえている。

タワーマンションの世界

東京のベイエリアや各地の都市、都市近郊に林立するタワーマンション。マンションの利便性が認識される時代になり、今や富裕層は住宅街の庭つき一戸建てではなく、都心のタワマンの高層階でホテルのような暮らしを求めるらしい。高層階の暮らしでセレブ感を味わえる、転売や賃貸などの投資対象として魅力的、急激な人口増で地域が混乱する、将来の建て替えが難し過ぎる、など賛否両論を呼んでいる。東急線二子玉川駅前は、複合ビルの二子玉川ライズとタワマンが再開発で誕生し、デベロッパーが描く図面のままの、若い家族連れでにぎわうおしゃれタウンに生まれ変わった。同じく東急線の武蔵小山駅前も、飲み屋街が再開発され、日中はにぎわう下町のアーケード商店街とゴーストタウンのようなタワマンエリアのコントラストが、見事過ぎる街に変貌した。

『老いる家　崩れる街』（野澤千絵、講談社現代新書、二〇一六年）によれば、タワマンが建ち始めたのは一九八〇年代後半頃。『マイホームの彼方に』は、建設が増大したのは一九九〇年代末頃から、と紹介する。

『人口減少時代の住宅政策』が、林立の背景を解説している。バブル崩壊後の地価の下落で、企業の遊休地放出、不良債権処理による土地の処分が進み、都心や湾岸エリアの再開発が進んだ。後押ししたのは、国土交通省の第五次首都圏基本計画（一九九九～二〇一五年）。拠点的な都市を中心にした機能分担と連携・交流を行う分散型ネットワーク構造をめざす一方で、都市空間の再整備を進めた。一九九七年に都心居住施策の一環として「高層住居誘導地区」が導入される。容積率や斜線制限（建物の各部分の高さを制限することで、道路や隣接地の採光・通風を確保し、圧迫感を和らげること）を緩和、日影規制も適用除外されたことから、二〇〇三年以降、首都圏・湾岸地域で、総戸数五〇〇戸を超える大規模マンション、三〇階を超えるタワマンが次々と建設されるようになった。

都心居住は、共働きのパワーカップルの望むところだった。これまでも書いてきたように、郊外暮らしができるのは、高所得の片働きサラリーマン家族だけ。子育てしながら働く人は、職場がある都心に近い場所に住みたい。格差が拡大する社会で、共働きパワーカップルは、便利で快適な暮らしを選ぶことができる。タワマンには、共用部にゴージャスなシェアキッチンがあったり、住居内の部屋に吊戸棚なしの対面キッチンがリビングを見渡せる位置にあったりする。背面には収納力たっぷりの食器棚が置かれている。気に入らなければ、リノベーションして好みのキッチンにつくり替えればいい。バリバリ稼いで経済貢献ができる彼らは、社会保障も、職場の家賃補助も手に入れ、豊かになった時代を満喫できるはずだ。

不動産業者から見た本音のキッチン

住宅事情の背景がわかったところで、不動産業界の二人への取材から、現状のキッチンについて聞いた話を紹介したい。

まず、阪神間で不動産会社を営むYさんの話から。この地域は大阪と神戸のベッドタウンで、一九九五年の阪神・淡路大震災の被災地である。『人口減少時代の住宅政策』によると、この震災全体の死者は六四三四人で、その八割が木造家屋の倒壊による圧死だ。夜明け前の地震で、外出先での被災は少ない。住宅は全壊が一〇万四九〇六棟、半壊が一四万四二七四棟。マンションは二五三二棟が被災している。被害が集中したのは、旧耐震基準の建物だった。木賃アパートに住んでいた一人暮らしの高齢女性や学生が大勢亡くなっている。建て替えられた家は、地震に強いとされ工期が短ったメーカー住宅が多い。

Yさんが扱う物件の場合、ファミリー用分譲マンションのキッチンは幅二六〇〇ミリ程度が一般的で、冷蔵庫の位置は気にしたことがなかったと言う。

問題はワンルーム。「狭いので、キッチンは通路にある。まだ賃貸マンションで電熱コイルのコンロがあるので、オーナーさんにIHへ取り替えるようすすめています。コンロとシンクしかない九〇〇ミリのキッチンもあります。ちょっと高めの家賃八万円ぐらいのワンルームで洗面所とトイレが別、浴室乾燥機がついている物件は、IHの斜め置き二口コンロで横幅一九〇〇ミリでした。築九年で入居者の八割が女性です。背面が洗面所の入り口なので、収納を置くスペースはありません」と話す。

一方、東京都心でワンルームを中心に建てたデベロッパー出身のKさんが語る現状は、かなり厳しい。「ワンルームのキッチンの幅は、一三五〇ミリか一二〇〇ミリが一般的ですが、僕が働いた五年間でも狭くなり続けていました。キッチンは最後に残ったパズルのピースみたいな存在で、奥行き六五〇ミリが確保できればいい、という考え方。幅一二〇〇ミリになると縦置きの二口コンロですね。一〇五〇や九〇〇ミリのミニキッチンだと、シンクとポータブルIH一口コンロを置いて、調理台幅はせいぜい四〇〇ミリ。水切りかご置き場は考慮していません。位置は廊下で、水回りの隣や向かい側にピッタリサイズで置くので、周囲に収納を置くスペースはない。冷蔵庫は二ドアタイプまでしか入りません」

ファミリー物件のキッチンは、「小さいですが、幅二五五〇ミリです。五〇平方メートルの部屋なら、大きくても二四〇〇ミリぐらい」。私が二〇年間三軒で一八〇〇ミリ幅のキッチンを使ってきた話をすると、「それはかなり小さいです」とあっさり言われた。しかし私自身は「水切りかごを置いたら、まな板一枚分しか調理台がない」と人に言うと、「わかる」と返されることが多いので、おそらく安い物件だとそれは珍しくない。ということは、Kさんが携わったキッチンが貧しい物件は、どちらかといえば割高なマンションである。

「基本的には分譲・賃貸ともに三口コンロにしますし、水切りかごは置けます。カウンターつきキッチンが主流なので、作業台は一応取れます。小さめの食洗機を入れるタイプがふえたので、洗いものを置く場所は不要と考えられています。後ろに収納棚を置けるようにしますが、冷蔵庫はコンロ前がスタンダードで、おそらく使い勝手は考えていません」と話すKさん。

Kさんが、作業台が六〇〇～七〇〇ミリ幅取れる二五五〇ミリを「狭い」と言うのは、水切りかごや鍋の置き場を確保できないからだ。また、キッチン前の通路幅も九〇〇ミリ程度が多いが、二人で作業するには一二〇〇〜一三〇〇ミリ欲しい。しかし、「不動産会社は、リビングダイニングを広くしたほうが売れる、という考えが根強く、キッチンは縮小されがちです」とKさん。

Kさんは、「取材を受けても利益にならない」、と考える業者が多いことも指摘する。本書では取材先を探すのに本当に苦労し、一般的には数日以内にアポ取りができるのに、今回は数カ月以上かかることが珍しくなかった。また、最初から断ればいいのに、質問事項だけ出させたり、検討する時間が欲しいと言って、うやむやにしてしまう会社がいくつもあった。

そのように相手の事情に配慮しない行動に、住み手の暮らしを考えない実態が垣間見えたと思うのはおかしいだろうか。関一の提案から一〇〇年経っても住居法が成立しないこの国では、最低限必要な住まいやキッチンの条件が整わないうえ、公的な住宅支援がほぼないので、社会的弱者がまともな住まい、キッチンを得られない実態が野放しになっている。そのうえ住宅価格の高騰で事態はますます悪化している。キッチンは、人の命を支える食事を生み出し、住み手たちの人間関係を支える大事な場所である。居住権すら保障しない国は、もしかするとまともな住まいを得て自己評価が上がり、人権意識に目覚める人をふやしたくないのだろうか。

食卓を囲む大切さはこの十数年、食の関係者たちが声高に言い続けてきたことだが、そうしたことがやりやすい環境を手にできるのは、ごく一部の「勝ち組」だけなのである。

歴史学者から見たキッチンの昔と今

対談　歴史学者 **藤原辰史**さん × 阿古真理

藤原辰史さんは、『ナチスのキッチン』で注目を集め、コミュニティと食を描く『縁食論』（ミシマ社、二〇二〇年）など、食や暮らしの研究も行う大学の研究者だ。共感するところも多い藤原さんと、キッチンの過去から未来まで語り合った。

阿古　『ナチスのキッチン』に、第一次世界大戦中のシェアキッチンの試みを書いたくだりがありますが、シェアキッチンがどうなったかは読み取りにくい。挫折した、と考えてよいのでしょうか？

藤原　そこは悩んだところで、なぜ失敗したのか書いた資料があまりなかったんです。失敗した理由の一つ目は家庭で異なる味を統一することへの違和感、二つ目はこぢんまりと家族で食べる安心感がないことをにおわせる程度しか書けませんでした。成功例もあったし、人間の歴史の中で、危機的な状況になれば出てくる試みとして書きたかった、という思いもありました。

阿古　日本では同じ頃、栄養指導の目的で佐伯矩が試みていたことが、須崎文代さんの論文に出てきます。ヨーロッパは、コペンハーゲンは、コペンハーゲン以外は第一次世界大戦後に挫折するんですよね。

藤原　そうです。コペンハーゲンは、ロの字型アパートの一階にキッチンを置いた。戦争と関係なく、コミュニティをつくる試みでした。

阿古　お茶の水文化アパートメントも、食堂とキッチンなどをシェアする設計でした。

藤原　日本でもあったのですね。私は今、現代世界史の概論を書いているのですが、一九二〇年代をつかみきれないんです。日本は大正デモクラシーの時代で、生活の合理化を進める中で同潤会アパートが出てきて、中産階級の人たちがクオリティ・オブ・ライフを求め始め、食や文化、映画、絵画などいろいろな実験がなされました。第一次世界大戦後に人間の心もサラになって、新しくやろう、という時代に佐伯の試みや共同キッチンがあるのはおもしろいです。

阿古　本書のキッチンの歴史も、台所改善運動が起こったこの時代が起点です。大阪市長になった関一が、庶民の生活をよくしようと公共住宅を建て、理想の郊外住宅地をつくろうと構想した。賀川豊彦の社会運動などもありました。一九二〇年代というより、二〇世紀最初の二〇〜三

「もしかすると、今こそ公共キッチンが
活躍する時代が来てしまったのかもしれません。
何しろ、子ども食堂は児童館より多いんです」（藤原）

〇年が社会改善運動の時代だった。世紀の変わり目が日本の産業革命期で、資本家と庶民の格差が非常に大きくなる。民衆が自我と権利に目覚め始めた時期だと私は思います。

藤原　コメ騒動も私は世界史的な事件だと思っています。第一次世界大戦でヨーロッパは飢えて、植民地の東南アジアからどんどんコメを輸入する。世界のコメ市場の価格が上がり、日本にも飛び火して一九一六年頃からコメの値段が上がってきていた。そこへシベリア出兵が始まり、みんなが投機として買うのでガーンと上がる。矛盾は女性問題、労働問題、スラム問題など、ほぼ同時に出てくる。

ニューヨーク、パリ、ベルリン、東京、と世界各地の大都市で、給食施設が急増する時期でもある。資本主義のひずみとして出てきた、食べることが困難な家庭の子どもたちを救うために。でもそこに、栄養を与えて兵士に育てる目的も含まれています。社会福祉と立派な兵士の育成が合体していく時代が、世紀転換期でした。

阿古　キッチンでは、テーラー・システムを導入する動きがあり、重要な存在がバウハウス。バウハウスはモダニズムの思想を世界に広めるわけですが、その少し離れたところで、マーガレット・リホツキーがフランクフルト・キッチンを生み出す。バウハウスのキッチンより実用的で、システムキッチンの原型になるんですよね。

藤原　おもしろいのは、バウハウスよりリホツキーのほうが共産主義的なんです。ガチンコでテーラー主義を入れる。バウハウスのほうが、デザイン的で資本主義的なんです。

阿古　すごく乱暴な分類ですが、もしかすると男性は資本主義的、女性は共産主義的なところがあるかもしれない。シェアキッチンは、女性のほうが切実に求めているのではないでしょうか？

藤原　明らかにそうです。

阿古　生活時間の実感に基づいて、「作業をわけたらよくない？」と女性は考えるけど、男性は所有意識が強く権威的でデザイン的。キッチンの話をすると、男性のほうがビジュアルを気にするんですよ。女性はデザインも気にしますが、それより使いやすさが大事。そうすると、みんなが使えるキッチンがいい。それは共産主義と親和性がありそう。

藤原　少し興奮してきたので落ち着きます。阿古さんがおっしゃっているのは、スターリンの集団主義的な共産主義ではなく、食べていくための共産主義ですよね。リホツキーは第一次世界大戦直後、子どもたちをオーストリアからオランダに連れていって食べさせる。フランクフルト・キッチンには、飢えへの恐怖が常にあります。

　バウハウスは、考えてみれば校長も先生も男で、家父長的なドイツを克服しようとしたのにマッチョな目線を持っていた。その鬼っ子であるリホツキーが、原始共産主義的なシステムキッチンをつくった歴史は、二重三重におもしろいです。

阿古　今の話で思い出したのが、村山由佳が書いた伊藤野枝の評伝小説『風よ あらしよ』（集英社、二〇二〇年）です。この中で、伊藤野枝が仲間に、自分が育った村では自治的な組合があって困ったときに助け合う、そのときに上はいない、と話す場面があるんです。彼女の無政府主義の根本には、パートナーの大杉栄《さかえ》ではなく、村社会のコミュニズムがあったのではないでしょうか。

藤原　それは歴史を違った角度から見ましょう、というご提案だと思います。大杉栄は伊藤野枝が見ざるを得なかったことを、自分の運動の中心には据えなかった。しかしそこには可能性があった。私の師匠も伊藤野枝で論文を書き「やっぱり大杉栄じゃなくて伊藤野枝だよ」、と大学院生たちに言っていた。でも、歴史の教科書には大杉栄しか出てこない。

阿古　キッチンに話を戻しますが、ヨーロッパの人たちにとってキッチンは家の中核にある。ヴォーリズもまずキッチンから家の設計を考える、と書いています。ところが日本では、残ったスペースに無理やり納める。

藤原　確かにある時代からは、ヨーロッパはキッチンが家の中心ですが、近代化で隅っこに追いやられた時代はありました。その前は、暖炉と一緒で家の中心にあります。

阿古　日本には囲炉裏がありました。

藤原　暖まることと光源、集うこと、料理すること。家の中心になければいけないのに、近代化で端っこに追いやられる。それが、電気とガスで煤や煙から解放されたリホツキーの時代に、また中心に考えるようになった。

阿古　しかし、日本はそうならなかった。料理中はモノを広げなければいけないのに、そういうスペースがないキッチンがとても多い。台所史を研究する山口昌伴さんが、昔の台所は動線が長いかもしれないが、いろいろな空間でモノを使えた。今のキッチンはおいしい料理ができる気がしない、と書いています。私もその指摘は正しいと思っていて、作業スペースがないと、買ってきた総菜を温める場所になってしまいます。

今の若い人たちは、リノベーションでキッチンを大きくする代わりに、ダイニングテーブルをあきらめて、広くしたキッチンカウンターの一角で食べます。

藤原 人類は火が真ん中になければ生きていけない時代を何万年も過ごした後、つい最近にキッチンを追いやる時代が来た。一つは男女の問題で、女性をキッチンで仕事させる空間設計を、男性が行う。もう一つは資本主義で、労働者に安いキッチンを使わせるために狭くする。そして男性が女性を支配していく、という二つの要素がギュッとキッチンに入っているので、振りほどくのにとても時間がかかっている。でも、今は人類史の正統である、真ん中に戻りつつあるわけですね。

阿古 日本も、一九二〇年代の台所改善運動と、一九五〇年代のダイニング・キッチンで、環境をよくしようとした。しかし、使いやすいキッチンは一部にとどまり、庶民は今も狭くて使いにくいキッチンにストレスを感じている。キッチンは今どういう場所で、家族にとって食卓って何だろうと思うんです。

藤原 それはすごく難しい問いですね。

阿古 公共的なキッチンと言えば、暖かい地域の昔の台所から、別の可能性が見えてきます。囲炉裏は山間部や東日本の寒い地域にありますが、西日本、南日本は暑いので、台所が別棟で戸外につながっていたんです。また、井戸に行って洗いものをし食材を切る。そこにはコミュニティがあり、井戸端会議が発達した。

また、冠婚葬祭ではみんなが集まって料理をつくります。矢野敬一が書いていますが、そうした場には放浪の男性料理人が来て、かっこいい料理をつくってくれる。みんなでつくる、みんなで食べる中で料理技術も教え合えてレパートリーがふえる。

藤原　その話で写真家の石内都さんを思い出しました。彼女は料理が大好きで、女性が料理の奴隷という考え方がすごく嫌で、それは一〇代の経験があったからです。

阿古　横須賀で小学校二年生から料理をしています。

藤原　くわしい！

阿古　評伝を書きたいんですよ。今のところ、織物産業や横須賀、群馬など周辺情報を収集しています。

藤原　書いて欲しいです。石内さんは長屋に住んでいて、台所が一個しかないから、みんなが井戸にまな板を持ってくる際に料理を教えてもらい、すごく楽しかった、と言っていました。それは今の言葉にするとヤングケアラーなんですけど、彼女は料理を身につけられたし、化学変化していく食材を見ているのが楽しかったと話すんです。

阿古　私は昔、写真評論家の夫と石内さん宅に招かれたとき、衝撃を受けました。石内さんが料理してサーブし、パートナーの方は座ったまま。女性差別に敏感な人やフェミニストは家事からの解放を求める、と思い込んでいました。そこから女性と料理の関係について改めて考え、『小林カツ代と栗原はるみ』（新潮社、二〇一五年）で、上野千鶴子さんの『家父長制と資本制』（岩波書店、一九九〇年）には、与える喜びが書かれていない、と書いた。今の家事のムーブメントにもキッチンの歴史にも、料理する喜びや与える喜び、シェアする喜びが抜け去っているように感じます。

藤原　そうだと思います。料理は無理がない範囲で冒険できる場なのに、特定の性に徹底的に質を求めてきた男の目線がダメにした。「ちょっと食べてみて」という喜びは、社会を形成する原点にあると思います。

阿古　現在のシェアキッチンの試みを、藤原さんはどのようにご覧になっておられますか？

藤原　それは二つあって、一つは反動。人の暮らしが個人化され、商品化され過ぎた。それから、皆さんが長生きになり一人で暮らす時間がふえた。一人で食べる人もふえ、無縁社会になっていく反動として、「友達と一緒に暮らして食べても楽しい」という若者たちが出てきた。

二点目は、若い人たちの生活が経済的に苦しくなり、学生にも料理当番を決めてシェアしている人がすごく多い。でもやってみたら、家族じゃない人と暮らしをシェアする楽しさに気づく。今の社会とは違うオルタナティブな世界を彼らが見ていることは、希望に見えます。

阿古　戦争でシェアキッチンができたように、経済が厳しい中でシェアが再び生まれた。では、もし未来に、生活が充足すればどうなるのでしょうか？

藤原　その可能性は考えたことがなかったですが、彼らは歴史の限界を見ているから、仮にお金を持つようになっても、寄り集まって食べるのではないでしょうか。

子ども食堂がコロナ禍で急速にふえて全国に七〇〇〇カ所、と児童館の五〇〇〇～六〇〇〇カ所より多くなっています。私は、子ども食堂を実は大人も求める「大人食堂」だと見ているのですが、一人で生きる中で、子ども食堂に立ち寄る人はふえていく。豊かになればなるほど生活は個人化するので、寂しさを分かち合う喜びは、むしろもっと受け皿を必要とするのではないでしょうか。

『縁食論』を書いてから、家庭料理を共有する試みについてお便りをいただくようになりました。奈良県に住む退職後の女性は、料理がすごく得意なのに持て余すので、自宅を開放して、みんなにつくって食べさせている。それが生きがいなんです。

盛岡市の開業医の医院では、女性の患者が多いのですが、診療中より雑談中のほうが、彼女たちが癒されていることに医師が気づく。それならおしゃべりできる場所をつくったらどうか、と自費で病院の隣に無料食堂をつくった。すると、そこがコミュニティスペースになって、近所のお年寄りも通うようになったそうです。

阿古　私が物件探しでつらいのは、郊外のほうが割安で質の高い設備を入れた部屋が多いのですが、そういう場所はチェーン店と果てしなく続く住宅街で、住んでいる方には申し訳ないですが、ある種の砂漠に見える。自宅で仕事をするので、近所にカフェなど息抜きできる場所が欲しいんです。でも、藤原さんの話をうかがうと、食堂を通じてコミュニティができれば、郊外も住みやす

ばんざい東あわじ／大阪市のマンション街の半地下の商店街にあるおばんざい屋さん「ばんざい東あわじ」。スーパーがなくなり、買いものに困っていた近所のお年寄りやビジネスパーソンがやってくる。

くなるのではないかと思えます。歴史のある町で古民家再生などでおもしろくなった例がふえていますが、ニュータウンも変わるかもしれない。

藤原　言われてみれば、そうした話はだいたい新興住宅地です。キッチンから開放すると、カフェなどができて郊外にも雑然とした商店街ができていくきっかけになる。カフェが必要、というのは切れ切れになった縁をつなぎ直す意味でも大事な話です。

阿古　となると、魅力的な郊外や田舎の町がふえる可能性が出てきたのですね。居心地のよい場所がふえれば、一部の人気の町に住みたい人が集中する問題も、解消していきます。その始まりがキッチンの開放、シェアというのは希望が持てる話です。今日は貴重なお話をたくさんありがとうございました。

藤原辰史

一九七六年、北海道に生まれ、島根県で育つ。京都大学人文科学研究所准教授。食と農の現代史を専門とする。主な著書に『[決定版]ナチスのキッチン』(共和国)、『縁食論』(ミシマ社)、『給食の歴史』(岩波新書)、『食べること考えること』(共和国)、『トラクターの世界史』(中公新書)ほか多数。第一回河合隼雄学芸賞、第四一回サントリー学芸賞などを受賞。

おわりに

令和の台所改善運動は続く

以前から、キッチンの歴史を書いた本はなぜ少なく、あったとしてもダイニング・キッチンの誕生までで終わるのか疑問を抱いていた。現代史はインターネットの記事などで少しある程度だ。今年は、ステンレスシンクを導入した団地のダイニング・キッチンが登場して六六年。私が疑問を抱き始めた頃にはすでに、半世紀は過ぎていた。半世紀を超えれば十分に歴史である。

「はじめに」で書いたように、私がキッチンの歴史に取り組んだきっかけは、自身の生活で使いやすいキッチンを探したことである。食文化研究の一環として家庭料理の世界を見ているうちに、家事の問題へ関心が広がり、やがて料理をする現場であるキッチンにも目は向き始めていた。そんな折に部屋探しをして、庶民がまともなキッチンを手に入れにくい現実に愕然とし、「令和の台所改善運動」を始めた。ＹｏｕＴｕｂｅで配信するオンライン座談会「理想のキッチン検討会」ほか、クックパッドニュースの連載「作家・阿古真理さんのキッチン探しストーリー」（終了）、そして原因を探るために歴史をたどる本書が現状の活動である。

住まい回りに関しては、コピーライターをしていた一九九〇年代に住宅設備会社の販促物をつくる仕事などでかかわったが、あとは個人的に建築とその歴史が好きだった程度だ。特に不動産は、完全に門外漢である。

幸い、なぜか関西に多い大学研究者などによる不動産史の本が何冊かあったので、かき集めて格闘した。校閲の方々の厳しい指摘もあり何とかまとまったが、知識が足りないところ、認識の誤りがあれば、それはこの分野に暗い私の力量不足である。

不動産以外も歴史がわかる資料を探したが、文章化されていない史実も多い。さまざまな関係者にご協力いただき、キッチンの近現代史の空白をある程度埋めることができたのは何よりうれしい。何しろ取材は難航した。キッチンについて取材されたことがないのか、業界外の人間に応える気がないのか、残念ながら問い合わせに返答がないケースも少なくなかった。そうした外の目を意識しない体質があるとすれば、それももしかすると、使いやすいキッチンが当たり前になりにくい要因かもしれない。

そんな中、キッチン史の重要な一角を占めるクリナップ広報課の小泉恭子さんが、歴史を形にする意義を認め協力してくださったのは、本当にありがたかった。開発に携わった齊藤隆一さん、舟生美幸さんとともに「何時間でも語れる」と取材でお話しくださった成果は大きい。

建築家の駒田由香さんは、日頃からキッチンを重視し自らキッチンの図面まで引く方であり、エヌキューテンゴ（まち暮らし不動産）の齊藤志野歩さんも、問題意識を共有してくださった。以前、別の媒体で充実した対談ができた社会史の研究者、藤原辰史さんと、キッチンについて幅広い視点で語り合えたことも意義深かった。

個人的につながりがある方々は、喜んで一肌脱いでくださった。元クックパッドの倉田峰至《たかし》さんが連載の担当編集者として、さまざまな取材機会をくださったことも役に立っている。他にもたくさんの方々が取材協力および資料提供にご協力くださった。

本書の刊行予定時期は構想から三年だが、執筆など私の実作業期間は一年ほどである。版元を見つけるまで一年、さまざまな待ち時間が合計一年。予想の何倍も何十倍も時間がかかるプロセスが、くり返しあった。さらに知識と経験不足から資料の解読に時間がかかる。その結果、使いやすいキッチンを求めて本を書いているのに、せっかく手に入れた自宅のキッチンでは、手短に調理するしかない。そんな期間がようやく終わりそうなことが、何よりうれしい。

関係者への取材が難しかったのは、キッチンの現代史や現状を伝える批評的な発信があまりなかったからかもしれない。「あの人のステキなキッチン」を紹介するメディアは多いが、紹介される多くはコストやセンスの面で、一般人の生活から遠い。あるいは、キッチンは舞台に過ぎず、苦労人たちのささやかな幸せを伝える内容。そういう話も興味深く学べることは大きいが、それだけしかないのは情報が偏っているのではないか？

庶民も実現できるステキなキッチンは、どうしたら手に入るのか？　何を工夫すればよいのか？　誰がそうしたキッチンを提供しているのか？　そうした今も伝えたくて二〇二二年から一年間、「クックパッドニュース」（「たのしいキッチン」にも掲載）で書いたルポの連載は、残念ながらクックパッドがキッチン事業から撤退し終了した。媒体は今も探しているので、ご関心がある媒体の方はぜひご一報ください。私自身のキッチン探しのプロセスもｎｏｔｅ「理想のキッチン」で連載したが、こちらも再構成して本にまとめたい。前述のＹｏｕＴｕｂｅで発信するオンライン座談会「理想のキッチン検討会」は、今も参加者を募集中である。

住まいやキッチンへの関心は、家族が縮小し、格差の拡大で持ち家が当たり前でないと認識され始めたこと、空き家や集合住宅の老朽化問題が深刻化して、そのことに関する報道が盛んになったこと、コロナ禍で住まいへ関心を向ける人がふえたことなど、複合的な要因からようやく高まりつつある。料理で健康を守りコミュニケーションの機会をつくるキッチンの重要性が理解されるのは、これからかもしれない。本書がキッチンとその背景について知りたい、と思った人に届く本であってほしい。

遅々として進まない仕事のグチを言う私を受け止めてくれた、夫や友人・知人には本当に感謝している。また、怒りっぽい私をなだめつつ、本の完成に向けて伴走してくださった、編集者の宮崎謙士さんにも感謝を述べたい。

阿古真理

主要参考文献

はじめに

『40年のあゆみ　サステナブル社会に貢献する工業会活動　1965-2005』キッチン・バス工業会、二〇〇五年

『図解　住まいの寸法　暮らしから考える設計のポイント』日本建築協会企画、堀野和人・黒田吏香著、学芸出版社、二〇一七年

『キッチンとダイニングのレシピ』グラフィック社編集部編、グラフィック社、二〇一四年

第一章

『プロが教えるキッチン設計のコツ』井上まるみ、学芸出版社、二〇〇四年

『家事は大変って気づきましたか?』阿古真理、亜紀書房、二〇二二年

『建築家は住まいの何を設計しているのか』藤山和久、筑摩書房、二〇二三年

『ずらり　料理上手の台所』お勝手探検隊編、マガジンハウス、二〇〇七年

『ずらり　料理上手の台所　その2』お勝手探検隊編、マガジンハウス、二〇一一年

『台所の工夫』地球丸、二〇一三年

『別冊天然生活　暮らしを育てる台所』扶桑社、二〇二二年

『天然生活』二〇二二年一〇月号、扶桑社

『クロワッサン特別編集　50代からの、住まい塾。』マガジンハウス、二〇一七年

『Ｃａｓａ　ＢＲＵＴＵＳ　完全保存版！　理想のキッチンの作り方。』マガジンハウス、二〇一三年

『Ｃａｓａ　ＢＲＵＴＵＳ　楽しいキッチン』二〇一七年七月号、マガジンハウス

『座談会　台所空間学』山本夏彦・玉村豊男・石毛直道・栁沢成明・栄久庵憲司・柴田献一・野口瑠璃・曽根真佐子・山口昌伴、ＧＫインダストリアルデザイン研究所編、筑摩書房、一九八五年

『ＲＥＡＬ　ＫＩＴＣＨＥＮ＆ＲＥＮＯＶＡＴＩＯＮキッチンからリノベーションを考える本』本間美紀、小学館、二〇二二年

『新建築住宅特集』二〇一九年一二月号、新建築社

『日本の近代建築（下）―大正・昭和篇』藤森照信、岩波新書、一九九三年

『昭和住宅物語』藤森照信、新建築社、一九九〇年

『日本の建築』隈研吾、岩波新書、二〇二三年

『巨匠の残像「建築」を拓いた17人の遺風』日経アーキテクチュア編、日経ＢＰ社発行、日経ＢＰ出版センター発売、二〇〇七年

『住宅建築』二〇二三年四月号、建築資料研究社

『住宅建築』二〇二一年四月号、建築資料研究社

『宮脇檀の「いい家」の本』宮脇檀、ＰＨＰエディターズ・グル

ープ発行、ＰＨＰ研究所発売、一九九八年
『近代家庭機器のデザイン史 イギリス・アメリカ・日本』面矢慎介、美学出版、二〇二〇年
『戦後モダニズム建築の極北 池辺陽試論』難波和彦、彰国社、一九九九年
『魔法のリノベ』⑤星崎真紀、双葉社、二〇二二年
『魔法のリノベ』①星崎真紀、双葉社、二〇一六年
『リライフプラス』vol.39、扶桑社、二〇二〇年
『リライフプラス キッチン&ダイニングのベストプラン２０１９』扶桑社
『大阪 新・長屋暮らしのすすめ』橋爪紳也編、創元社、二〇〇四年
『日経ビジネス』二〇二三年五月一・八日号、日経ＢＰ社
『東京シェア生活』ひつじ不動産監修、アスペクト、二〇一〇年
『シェアハウス図鑑』篠原聡子＋日本女子大学篠原聡子研究室編著、彰国社、二〇一七年
『住まいから問うシェアの未来』住総研「シェアが描く住まいの未来」研究委員会編、岡部明子・鈴木亮平・山道拓人・猪熊純・前田昌弘・門脇耕三・小川さやか著、学芸出版社、二〇二一年
『お母さんは忙しくなるばかり 家事労働とテクノロジーの社会史』ルース・シュウォーツ・コーワン著、高橋雄造訳、法政大学出版局、二〇一〇年
『ナチスのキッチン 「食べること」の環境史』藤原辰史、水声社、二〇一二年

第二章

『日本女性史論集6 女性の暮らしと労働』総合女性史研究会編、吉川弘文館、一九九八年
『近代ニッポンの水まわり 台所・風呂・洗濯のデザイン半世紀』和田菜穂子、学芸出版社、二〇〇八年
『日本の近代住宅』内田青蔵、鹿島出版会、一九九二年
『日本住居史』小沢朝江・水沼淑子、吉川弘文館、二〇〇六年
『生活学第二十三冊 台所の一〇〇年』日本生活学会編、ドメス出版、一九九九年
『すまい考今学 現代日本住宅史』西山夘三、彰国社、一九八九年
『「モノと女」の戦後史 身体性・家庭性・社会性を軸に』天野正子・桜井厚、平凡社、二〇〇三年
『にっぽん台所文化史』小菅桂子、雄山閣、一九九一年
『日本インテリアデザイン史』内田繁監修、鈴木紀慶・今村創平著、オーム社、二〇一三年
『〈住宅〉の歴史社会学』祐成保志、新曜社、二〇〇八年
『お母さんは忙しくなるばかり 家事労働とテクノロジーの社会史』ルース・シュウォーツ・コーワン著、高橋雄造訳、法政大学出版局、二〇一〇年
『家事は大変って気づきましたか?』阿古真理、亜紀書房、二〇二二年
『うちのご飯の60年 祖母・母・娘の食卓』阿古真理、筑摩書房、二〇〇九年

『日本の民俗2 日本人の衣食住』瀬川清子、河出書房新社、一九七六年
『日本人の住まい［新装版］』E・S・モース著、斎藤正二・藤本周一訳、二〇二二年
『台所空間学事典』北浦かほる・辻野増枝編著、彰国社、二〇〇二年
『近代の記憶　民俗の変容と消滅』野本寛一、七月社、二〇一九年
『台所から戦後が見える』朝日新聞学芸部、朝日新聞社、一九九五年
『暮らしの革命　戦後農村の生活改善事業と新生活運動』田中宣一編著、農文協、二〇一一年
『農産物直売所／それは地域との「出会いの場」』関満博・松永桂子編、新評論、二〇一〇年
『農家女性の戦後史　日本農業新聞「女の階段」の五十年』姉歯曉、こぶし書房、二〇一八年
『住まいと家族をめぐる物語――男の家、女の家、性別のない部屋』西川祐子、集英社新書、二〇〇四年
『日本住宅の封建性』濱口ミホ、相模書房、一九五三年
『現代日本ハウジング史　1914〜2006』住田昌二、ミネルヴァ書房、二〇一五年
『都市居住の社会学　社会調査から読み解く日本の住宅政策』大谷信介、ミネルヴァ書房、二〇二〇年
『ダイニング・キッチンはこうして誕生した　女性建築家第一号　浜口ミホが目指したもの』北川圭子、技報堂出版、二〇〇二年
『間取り百年　生活の知恵に学ぶ』吉田桂二、彰国社、二〇〇四年
『建築家　人と作品（上）』川添登、井上書院、一九六八年
『戦後モダニズム建築の極北　池辺陽試論』難波和彦、彰国社、一九九九年
『占領軍住宅の記録（上）』小泉和子・高藪昭・内田青蔵、住まいの図書館出版局発行、星雲社発売、一九九九年
『占領軍住宅の記録（下）』小泉和子・高藪昭・内田青蔵、住まいの図書館出版局発行、星雲社発売、一九九九年

第三章

『しあわせは食べて寝て待て』①水凪トリ、秋田書店、二〇二一年
『しあわせは食べて寝て待て』③水凪トリ、秋田書店、二〇二二年
『団地へのまなざし　ローカル・ネットワークの構築に向けて』岡村圭子、新泉社、二〇二〇年
『団地の空間政治学』原武史、NHKブックス、二〇一二年
『現代日本ハウジング史　1914〜2006』住田昌二、ミネルヴァ書房、二〇一五年
『台所から戦後が見える』朝日新聞学芸部、朝日新聞社、一九九五年
『すまい考今学　現代日本住宅史』西山夘三、彰国社、一九八九年

『モノ誕生「いまの生活」１９６０－１９９０』水牛くらぶ編、晶文社、一九九〇年
『暮しの手帖46』一九五八年秋号、暮しの手帖社
『ダイニング・キッチンはこうして誕生した　女性建築家第一号　浜口ミホが目指したもの』北川圭子、技報堂出版、二〇〇二年
『昭和住宅物語』藤森照信、新建築社、一九九〇年
『「51C」家族を容れるハコの戦後と現在』鈴木成文・上野千鶴子・山本理顕・布野修司・五十嵐太郎・山本喜美恵、平凡社、二〇〇四年
『近代ニッポンの水まわり　台所・風呂・洗濯のデザイン半世紀』和田菜穂子、学芸出版社、二〇〇八年
『ちゃぶ台の昭和』小泉和子編、河出書房新社、二〇〇二年
『ヴォーリズ著作集１　吾家の設計』W・M・ヴォーリズ、創元社、二〇一七年
『人と暮らしの中に――流し台の歴史――　創業30周年記念出版』井上工業、一九七九年
『高蔵寺ニュータウン夫婦物語　はなこさんへ、「二人からの手紙」』津端修一・津端英子、ミネルヴァ書房、一九九七年
『炎と食　日本人の食生活と火』大阪ガスエネルギー・文化研究所　炎と食研究会編、ＫＢＩ出版、二〇〇〇年
『はじまりコレクションⅡ』チャールズ・パナティ著、バベル・インターナショナル訳、フォー・ユー発行、日本実業出版社発売、一九八九年
『図説　英国のインテリア史』トレヴァー・ヨーク著、村上リコ訳、マール社、二〇一六年
『キッチンの歴史　料理道具が変えた人類の食文化』ビー・ウィルソン著、真田由美子訳、河出書房新社、二〇一四年
『ナチスのキッチン　「食べること」の環境史』藤原辰史、水声社、二〇一二年
『バウハウス・テイスト　バウハウス・キッチン』パナソニック電工汐留ミュージアム企画、美術出版社、二〇一〇年
『台所空間学事典』北浦かほる・辻野増枝編著、彰国社、二〇〇二年
『生活学第二十三冊　台所の一〇〇年』日本生活学会編、ドメス出版、一九九九年
『住まいを語る――体験記述による日本住居現代史』鈴木成文、建築資料研究社、二〇〇二年
『家事は大変って気づきましたか?』阿古真理、亜紀書房、二〇一三年
『21世紀をめざして　クリナップ40年史』クリナップ株式会社社史制作編集委員会編、クリナップ、一九九〇年
『冷たいおいしさの誕生　日本冷蔵庫１００年』村瀬敬子、論創社、二〇〇五年
『50周年記念誌　激動の10年間と最新動向　２００５－２０１５』キッチン・バス工業会、二〇一五年
『40年のあゆみ　サステナブル社会に貢献する工業会活動　１９６５－２００５』キッチン・バス工業会、二〇〇五年
『建築と社会』一九八一年四月号、日本建築協会

第四章

『50周年記念誌 激動の10年間と最新動向 2005-2015』キッチン・バス工業会、二〇一五年
『40年のあゆみ サステナブル社会に貢献する工業会活動 1965-2005』キッチン・バス工業会、二〇〇五年
『炎と食 日本人の食生活と火』大阪ガスエネルギー・文化研究所 炎と食研究会編、KBI出版、二〇〇〇年
『建築と社会』一九八一年四月号、日本建築協会
『a+u』二〇二二年一月号、エー・アンド・ユー
『住宅建築』二〇〇六年七月号、建築資料研究社
『住宅建築』二〇二三年四月号、建築資料研究社
『INAX REPORT』二〇〇一年六月号、INAX
『建築家 林 雅子 1928-2001』「建築家 林 雅子」委員会編、新建築社、二〇〇二年
『建築家 人と作品(下)』川添登、井上書院、一九六八年
『建築家 宮脇檀・名作椅子コレクション 父の椅子 男の椅子』宮脇彩、PHP研究所、二〇〇一年
『住宅という場所で』ギャラリー・間企画・編集、植田実・内藤廣・中村好文監修、TOTO出版、二〇〇〇年
『宮脇檀の「間取り」図鑑』山崎健一、エクスナレッジ、二〇一二年
『宮脇檀の住宅デザインの教科書』中山繁信、エクスナレッジ、二〇一四年
『暮らしをデザインする』宮脇檀、丸善、一九九五年
『宮脇檀の「いい家」の本』宮脇檀、PHP研究所、一九九八年

第五章

『住宅問題と都市計画』関一、弘文堂書房、一九二三年
『現代日本ハウジング史 1914~2006』住田昌二、ミネルヴァ書房、二〇一五年
『居住の貧困』本間義人、岩波新書、二〇〇九年
『〈住宅〉の歴史社会学 日常生活をめぐる啓蒙・動員・産業化』祐成保志、新曜社、二〇〇八年
『胃袋の近代 食と人びとの日常史』湯澤規子、名古屋大学出版会、二〇一八年
『日本の近代10 都市へ』鈴木博之、中央公論新社、一九九九年
『英国住宅物語 ナショナルトラストの創始者 オクタヴィア・ヒル伝』E・モバリー・ベル著、平弘明・松本茂訳、日本経済評論社、二〇〇一年
『「大大阪」時代を築いた男 評伝・関一』大山勝男、公人の友社、二〇一六年
『すまい考今学 現代日本住宅史』西山夘三、彰国社、一九八九年
『日本不動産業史 産業形成からポストバブル期まで』橘川武郎・粕谷誠編、名古屋大学出版会、二〇〇七年
『日本住居史』小沢朝江・水沼淑子、吉川弘文館、二〇〇六年

『同潤会のアパートメントとその時代』佐藤滋・高見澤邦郎・伊藤裕久・大月敏雄・真野洋介、鹿島出版会、一九九八年
『都市居住の社会学 社会調査から読み解く日本の住宅政策』大谷信介、ミネルヴァ書房、二〇二〇年
『新築がお好きですか? 日本における住宅と政治』砂原庸介、ミネルヴァ書房、二〇一八年
『シリーズ 数理・計量社会学の応用② 私たちはなぜ家を買うのか 後期近代における福祉国家の再編とハウジング』数理社会学会監修、村上あかね著、勁草書房、二〇二三年
『マイホームの彼方に 住宅政策の戦後史をどう読むか』平山洋介、筑摩書房、二〇二〇年
『人口減少時代の住宅政策 戦後70年の論点から展望する』山口幹幸・川崎直宏編、鹿島出版会、二〇一五年
『住まいと家族をめぐる物語——男の家、女の家、性別のない部屋』西川祐子、集英社新書、二〇〇四年
『昭和住宅物語』藤森照信、新建築社、一九九〇年
『積水ハウス50年史 未来につながるアーカイブ1960-2010』積水ハウス株式会社社史編集室、積水ハウス、二〇一〇年
『モノ誕生「いまの生活」1960-1990』水牛くらぶ編、晶文社、一九九〇年
『間取り百年 生活の知恵に学ぶ』吉田桂二、彰国社、二〇〇四年
『居住の貧困と「賃貸世代」 国際比較でみる住宅政策』小玉徹、明石書店、二〇一七年
『「仮住まい」と戦後日本 実家住まい・賃貸住まい・仮設住まい』平山洋介、青土社、二〇二〇年
『老いる家 崩れる街 住宅過剰社会の末路』野澤千絵、講談社現代新書、二〇一六年

索引

す

せ

そ

た

阿古真理《あこ・まり》

作家・生活史研究家。「くらし文化研究所」を主宰する。食を中心にした暮らしの歴史やトレンド、ジェンダー関連について執筆。２０１８年、スープ作家の有賀薫さん、料理人&レシピ文化研究家の伊藤尚子さんと「新しいカテイカ研究会」を結成（現在は解散）。２０２３年、食生活ジャーナリスト大賞（ジャーナリズム部門）受賞。主な著書に『昭和育ちのおいしい記憶』（筑摩書房）、『料理に対する「ねばならない」を捨てたら、うつの自分を受け入れられた。』（幻冬舎）、『小林カツ代と栗原はるみ』『料理は女の義務ですか』（共に新潮新書）、『日本外食全史』『家事は大変って気づきましたか？』『大胆推理！　ケンミン食のなぜ』（すべて亜紀書房）、『おいしい食の流行史』（青幻舎）がある。

くらし文化研究所 https://lab.birdsinc.jp/

日本の台所とキッチン一〇〇年物語

2024年6月25日　初版第1刷発行
2024年10月23日　初版第2刷発行

著者　阿古真理
発行者　下中順平
発行所　株式会社平凡社
〒一〇一－〇〇五一
東京都千代田区神田神保町三－二九
電話 〇三－三二三〇－六五七三（営業）
平凡社ホームページ
https://www.heibonsha.co.jp/

印刷・製本　中央精版印刷株式会社

ISBN 978-4-582-54479-4

【お問い合わせ】
本書の内容に関するお問い合わせは
弊社お問い合わせフォームをご利用ください。
https://www.heibonsha.co.jp/contact/

編集　宮﨑謙士（みるきくよむ）
イラスト　山下アキ
図面トレース　濱本大樹（しらとり製図室）
デザイン　廣田萌（文京図案室）